显微镜下的大明

马伯庸 著

目 录
Contents

序　言 001

学霸必须死
徽州丝绢案始末

001

笔与灰的抉择
婺源龙脉保卫战

075

谁动了我的祖庙
杨干院律政风云

127

显微镜下的
大　明

天下透明
大明第一档案库的前世今生

173

胥吏的盛宴
彭县小吏舞弊案

303

正统年间的四条冤魂

327

序　言

开门见山，先澄清一下读者看完书后可能会产生的两个误会：

这本书不是小说，是历史纪实；

我不是专业的明史学者，我是个作家。

那么一个以虚构为业的作家，为什么突然要写这么一本非虚构的历史纪实？

这完全是机缘巧合。

2014年我和一位喜欢明史的朋友聊天，她讲到万历年间徽州有一桩民间税案骚乱，过程跌宕起伏，细节妙趣横生，结局发人深省，这引起了我的极大兴趣。

听完讲述，我意犹未尽，去搜寻了一番资料，发现关于这桩案件的资料实在太丰富了。当时的一位参与者把涉案的一百多件官府文书、信札、布告、奏章、笔记等搜集到一起，编纂成了一本合集，叫作《丝绢全书》。在中国历史上，很少有一个地方性事件能够保存下来如此全面、完整的原始材料。

这桩丝绢案在《明实录》里却只有一句冷冰冰的记录，但如果把《丝绢全书》里的细节加入其中，整个事件就立刻变得鲜活起来。里面的钩心斗角，里面的人心百态，当时官场和民间的各种潜规则，简直比电视剧还精彩。我们看到的，是一个个有血有肉的人，是一篇篇生动细腻的故事。

这种史学意义上的"起死人，肉白骨"，已具备了文学上的美感。

兴奋之余，我迫不及待地想跟别人分享这个发现。可是对大部分人来说，阅读原始史料太过困难，无法自行提炼出故事。我自己动手，把这桩丝绢案整理出来，用一种不那么"学术"的方式转述给大众，遂有了《学霸必须死——徽州丝绢案始末》。

是文最初发表于我自己的微博，立刻引起了广泛关注，读者们的热情程度让我始料未及。我好奇地问他们，这篇文章到底什么地方最吸引人？他们纷纷表示，这些沉寂于历史中的细节太迷人了。

长久以来，历史在我们脑海中的印象，是烛照万里的规律总结，是高屋建瓴的宏大叙事。这虽然是正确的，但视角实在太高了，高到没什么人情味。即使有些讲述者有意放低视角，也只停留在庙堂之上、文武之间，关心的是一小部分精英，再往下，没了，或者说记录很少。

普通老百姓的喜怒哀乐，社会底层民众的心思想法，往往会被史书忽略。即使提及，也只是诸如"民不聊生""民怨鼎沸"之类的高度概括，很少会细致入微地描写。

柳宗元的《捕蛇者说》为什么名扬千古？因为他没有泛泛地感慨一句"苛政猛于虎"，而是先细致地勾勒出了一个百姓的真实生活状态——抓到了蛇，便弛然而卧；抓不到，就要被悍吏骚扰。读者们看到这些细节，自然就能明白为何他要冒着生命危险去抓蛇，从而理解作者的深意。

《丝绢全书》的价值，也正在此。从官修实录的视角来看，徽州税案只是一句简单的记载，记下有这么个事就够了。可这起案子如何而起，如何演变，如何激化成民变，又如何收场，详尽过程还得看《丝绢全书》才能了然于胸。

具体到每一笔银子怎么分摊，具体到每一封书状怎么撰写，具体到民众闹事、官员开会的种种手段，具体到各个利益集团的辩论技巧，一应在目，恍如亲临。

写完徽州丝绢案，我对这个领域充满了兴趣，随后又相继写了《笔与灰的抉择——婺源龙脉保卫战》《谁动了我的祖庙——杨干院律政风云》《天下透明——大明第一档案库的前世今生》等几篇纪实。

几篇纪实的侧重点略有不同。在《学霸必须死——徽州丝绢案始末》里，我们看到的是一项不公平的税收政策，如何在诸多利益集团的博弈下发生变化；《谁动了我的祖庙——杨干院律政风云》讲的是歙县一桩民间庙产争夺的案子，通过几个平民的视角，见证了明代司法体系在基层的奥妙运作；《笔与灰的抉择——婺源龙脉保卫战》讲的是婺源县一条龙脉引发的持续争议，我们可以看到县级官员如何在重大议题上平衡一县之利害；《天下透明——大明第一档案库的前世今生》讲的是大明黄册库从建立到毁灭的全过程，从中探讨明代政治是如何一步步垮掉的。

这些事件和徽州丝绢案的风格如出一辙，通过丰富的细节来考察某一个切片、某一个维度。这些都是具体而微的细节，但恰恰从这些"小"中，我们才能真切地见到"大"的意义。它就像是一台显微镜，通过检验一滴血、一个细胞的变化，来判断整个人体的健康程度。

这就是为什么我给这本书起名叫《显微镜下的大明》。我相信，只有见到这些最基层的政治生态，才能明白庙堂之上的种种抉择，才能明白历史大势传递到每一个神经末梢时的嬗变。

张立宪在评论著名纪实文学《巴黎烧了吗？》的两位作者时说："真正的叙事高手从来不用定性或装饰性质的字眼，而是把得出结论的权利和快乐留给读者，这一点拉莱·科林斯和多米尼克·拉皮埃尔也做到了。"我对这句话心有戚戚焉，因此也效仿先贤，在这几篇文章里，尽量不去下什么结论，而是忠实地把所有的事情都展现出来，交给读者自己去判断。

另外，再次重申，我不是专业学者。

在研读这些资料时，我发现自己需要学习的东西太多了。几乎每一处细节记录，都会产生很多衍生的背景问题。比如说，明代采用两京制，南京同样设有六部，但徒有虚名而无实权。在丝绢案初稿里，相关人等要去户部上告，我下意识地认为是去北京户部。后来在他人提醒后才知道，南京户部要负责江南税收，颇有实权。再比如说，在《笔与灰的抉择——婺源龙脉保卫战》里，我算错了一位县令的年龄，以为他是个少年才俊，后来经人提醒才发现自己犯了计算错误。

要搞清这些问题，确保细节无误，你别无选择，只能去阅读大量的资料和研究论文。

这些论文旁征博引，推论严谨，运用史料的方法更是精妙。每一篇论文，都着眼于解决一个或几个小问题，正好能回答我对某一处细节的疑问。许多篇论文汇总起来，就能在一个方向上形成突破，形成独特的创见，让你拨云见日、豁然开朗。在研读过程中，你能够清晰地感觉到所谓"学术共同体"的存在，他们彼此支援、借鉴与启发，一个学术成果引出另外一个，环环相扣，众人拾柴，最终堆起了一团醒目的学术火焰。

其实很多我们觉得惊艳或罕有的历史再发现，在学术界早就不新鲜了。比如徽州丝绢案，研究它的学者很多，并不是什么新奇的突破。只可惜学术与大众之间有高大的藩篱，彼此不通，这才让如此生动的故事被冷落良久。

从这个角度来说，我只是一个转述者、一个翻译官。我的职责，只是把原始史料和诸多学者的成果总结出来，用一种比较轻松的方式分享给大众。

所以这本书的诞生，首先要归功于这些可敬的学者。

在《学霸必须死——徽州丝绢案始末》中，我参考最多的是秦庆涛、章亚鹏、李义琼、廖华生几位老师的研究专著。其中秦庆涛将《丝绢全书》全书做了点校注释，是整篇文章的基础；章亚鹏、李义琼两位把徽州丝绢案放到整个明代税收史中去，并从财政学角度进行了深入解析；廖华生从更宏观的视角勾勒出了徽州府的基层政治生态。

其中李义琼老师还花了宝贵时间，帮我推敲文章中表述不严谨或疏漏之处。她是这样说的："希望你能用妙笔，写出更加丰富的故事来，给大众普及极富故事性的历史知识，让史学研究走向大众。这，也是我的心愿。"

廖华生老师更是提供给我更多的素材，他的学生佘伟先生点校了婺源《保龙全书》这本基础史料，这才有了后续的《笔与灰的抉择——婺源龙脉保卫战》一文。

在撰写《谁动了我的祖庙——杨干院律政风云》时，特别要感谢的是社科院的阿风老师。他不仅提供给我一系列基本材料，还与我讨论很久，使我获益匪浅。

《天下透明——大明第一档案库的前世今生》的主要参考书是《后湖志》，这要归功于南京的吴福林老先生。他以古稀之年，将深藏故纸堆中的《后湖志》整理点校出来，实在令人钦佩。《后湖志》版本稀少，存本质量差，里面还有大量俗字、错字、漏字，逐一校对是件极辛苦的工作。像这种冷门史料，即使校对出来，也鲜有人问津，做这件事几乎是没有任何回报的。吴老先生在导读里如此说道："我这个年龄的人已无意钱财，只想踏踏实实地做些什么，只要有益于世，便于愿足矣。"

除去他们之外，我还参考了海量的论文，篇幅所限，不能尽列。总之，我只是站在学者们的肩上，没有他们爬梳史料的努力和解决一个又一个问题的思考，我一个人不可能完成这本书。

学霸必须死

徽州丝绢案始末

引 言

大明万历年间，徽州府爆发了一场民间骚乱。

这场骚乱规模不算大，动静却不小，前后持续时间将近十年，将当地百姓、乡绅乡宦、一府六县官员、应天巡按、应天巡抚乃至户部尚书与当朝首辅都裹挟了进去。从中枢到地方、从官僚到平民的诸多利益集团各怀心思，彼此攻讦、算计、妥协。大明朝廷的决策如何出炉，地方执行如何落实，官场规则如何运作，利益集团之间如何博弈，在这个案子里真的是纤毫毕现。

有意思的是，这一次骚乱的起因，既不是天灾，也不是盗匪，追根溯源，竟是一位学霸做数学题闹出来的。

第一章　都是学霸惹的祸

这个故事，要从徽州府下辖的歙县说起。

大明共分为十三个承宣布政使司，以及一南一北两个直隶，咱们可以把它们粗略地理解为省份。

南直隶下辖有一个徽州府，历来人杰地灵，无论官场还是商场都是英才辈出，是有名的文教繁盛之乡。其时徽州府一共统辖六县：歙、黟、休宁、婺源、祁门、绩溪。其中歙县最大，同时它还是附郭县——也就是说，徽州府治设在县内，与歙县县衙同城办公。

府县同城，很多府一级的文书档案，自然就存放在县城的阁架之上，以便随时调取勘合。这些关于税粮户籍的案牍十分重要，关乎一县之兴衰，可又超级无聊，全是各种枯燥的数字罗列。所以它们长年被束之高阁，无人问津。

隆庆三年（1569年），有一个歙县人忽然对这些档案产生了浓厚的兴趣。

这个人叫帅嘉谟，字禹臣。严格来说，他没有歙县户口，不算当地居民，而是个祖籍江夏的军户，隶属于徽州府境内的新安卫。军户是大明特有的一种户籍，世代都是军人，归属于各地卫所——类似于军分区——不过这出身没什么不好，朝中此时有个叫张居正的大人物，也是军户出身，正是冉冉上升的政治明星。

【注释】

徽州府与新安卫：根据《明史·地理志》与《明史·兵志》的记载，明代的整个疆土管理分别隶属于两大系统，即六部、布政使司、府、县这一行政系统，与五军都督府、都指挥使司、卫、千户所这一军事系统。明初，徽州府直属中书省，后改属南直隶，下辖歙、黟、休宁、绩溪、祁门、婺源六县，歙县为附郭。新安卫，直隶于中军都督府，虽设于徽州府辖区，其守备衙署亦在歙县，却不受徽州府管辖。

图一·1《徽州府山阜水源总图》（来自弘治《徽州府志》）

军户：据《大明会典·户部》记载，明太祖朱元璋下令管理天下户口，置户帖、户籍，记录人户之名字、年龄、居住地等信息，户帖发给百姓，户籍上交户部，作为核实户口、征调赋役的根据。明代人户分军、民、医、匠、阴阳等多种类型，除优免差役者外，其他人必须承担不同的差役，不允许变籍，所担差役亦世袭。其中，军户便是世袭供应军差义务的特定人户，负担沉重，社会地位也相对低下，故明人一般以脱离军户为幸。明代诸多著名阁臣如李东阳、万安、刘吉、梁储、高拱、张居正、叶向高等人，皆出自军户。

帅嘉谟在文武两道的表现都很一般，注定仕途无望。他只有一个特长：对数字天生敏感，擅长算学，是个学霸级的数学天才。

可惜在大明，可没多少领域能让这位理科生一展才华。最好的就业方向，就是去当个管钱粮的小官吏。而这个岗位，要求对钱粮税赋的计算很熟悉，需要做大量的应用题来练习。

当时没有教辅和习题集，帅嘉谟一腔做数学题的欲望无处发泄。好在这个苦恼没持续很久，他便发现了一个绝好的题库：歙县架阁库。

徽州府历年的税粮账册，都存在歙县库房里。大明税赋结构很是繁复，徽州又是纳税大户，账册涉及大量加减折算、书算钱粮，这正是绝佳的应用题题例。磨炼好了这门手艺，以后就业便有保障了。

于是在隆庆三年的某一天，帅嘉谟设法接触这些官府账册。一个学霸就这样高高兴兴地开始做起数学题来。

做着做着，帅嘉谟觉得哪里有点不对劲。

凭借着对数字的高度敏感，他注意到徽州的历年税赋里有一个疑点：徽州府每年向南京承运库缴纳的税粮中，除正税之外，还有一笔科目叫作"人丁丝绢"，须以实物缴纳，且数额颇大，每年要缴 8780 匹生绢。

帅嘉谟再往下去查徽州府下属诸县的分账，发现徽州府下辖六县，其他五县都没有"人丁丝绢"这么一笔支出，只有歙县的账簿上有记录，数字与徽州府上缴南京承运库的等同。

换句话说，徽州府每年 8780 匹生绢的这笔税支，是由歙县单独负担的。

帅嘉谟大为骇异，这可不是小数。为了确保自己没犯错，他还特意去查了一下《大明会典》。

【注释】

《大明会典》：明代官修的记载典章制度的大全。有明一代于弘治、嘉靖、万历三朝先后编修、续修和重修《会典》。弘治年间，徐溥、刘健等奉敕修成《大明会典》

180卷，至孝宗死，未及颁行。正德年间，李东阳等奉敕重加校订后由司礼监刻印颁行，是为正德本。嘉靖年间续修的《会典》并未刊行。万历年间，大学士申时行等奉敕重修《会典》成228卷，为万历本。文中帅嘉谟所阅者应为正德本《大明会典》。

《大明会典》是一本官方发布的资料集，里面收录了典章沿革以及各级政府税赋资料、行政法规，从弘治朝开始，每代都会进行修订，算是政府法令的一个汇编，亦勉强可以当作年鉴来用，权威性很高。

帅嘉谟在《大明会典》里的徽州府条目下，找到了同样的纳税记录。更重要的是，《大明会典》里只提及是由徽州府承担"人丁丝绢"，并无任何字样表明是歙县独自承担。

按道理，徽州府的这一笔"人丁丝绢"税目，应该是六县均摊，怎么只压在歙县一处呢？虽然歙县的体量比其他五县都要大，可也不能这么欺负人哪。

帅嘉谟心想，这件事关乎一县之民生，可不能这么糊涂下去，必须挖个水落石出！

就像所有的学霸一样，帅嘉谟看到眼前出现了难题，不惊反喜，兴高采烈地继续深入挖掘。最终，他在《徽州府志》里找到一条看似无关的古早线索。

【注释】

《徽州府志》：现存明代《徽州府志》有两个版本，一为彭泽、汪舜民等人编修的弘治《徽州府志》12卷，一为汪尚宁等人编修的嘉靖《徽州府志》22卷。特别需要注意的是，汪尚宁为歙县人，曾官至通议大夫、都察院右副都御史，退休归里，组织一帮人员重修了《徽州府志》，后来亦被卷入学霸帅嘉谟引起的这场争论。

徽州这个地方，归附于洪武爷的时间很早。朱元璋在元至正二十四年（1364年）称吴王之后，在徽州实施的第一件事，就是修改元税，称为"甲辰法制"。结果年底核查,行中书省发现数字有问题,于是在至正二十五年(1365年)搞了一次"乙巳改科",对很多科目的税额重新做了调整。

【注释】

乙巳改科:据《徽州府志·食货志》记载,吴元年(1364年),明太祖朱元璋重新修订了徽州府的赋税旧制,将六县的"夏税生丝"折麦征收。第二年,即乙巳年,行中书省核查徽州府赋税时发现,该府吴元年的田赋增减额存在问题,派人将府、县所属官吏羁押至省,在严密监督之下,重新更定了徽州府的田赋数额,岁史称"乙巳改科",其中特别指出了歙县亏欠原额夏麦9000余石。

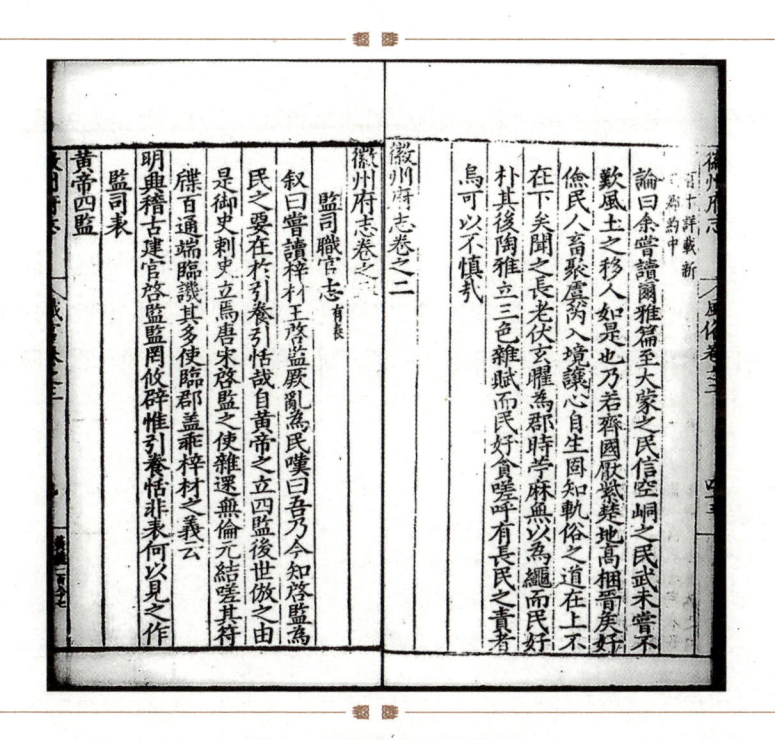

图一·2 嘉靖《徽州府志》书影

在这次改制中，朝廷发现歙县的夏麦数量有问题，与去年同比差了9700石，于是对歙县的3646顷轻租田，每亩各加征"夏税生丝"四钱，以弥补夏麦缺额。

【注释】

石：古人把石块凿孔成凹形，用于称量粮食，"石"因此成为容量单位，音（dàn）。《说苑·辨物》载："十斗为一石"。古代的容量单位有：勺、合（gě）、升、斗、石，为10进制。出自《淮南子·缪称训》的"以升量石"，比喻以肤浅的理解力难以推测深奥道理。出自明人凌濛初《二刻拍案惊奇》的"朝升暮合"则用以形容生活的艰难。日常生活中，石与合因其过大或过小而较少被使用，人们常用的是升和斗，故有升斗小民、日进斗金、不为五斗米折腰等说法。

这个"补欠夏税"年代太过久远，看起来和"人丁丝绢"全无关系。帅嘉谟凭着天才般的直觉，觉得这两者之间一定有什么联系，于是拿起笔来，粗粗算了一下。

歙县补的9700石夏麦，按照隆庆时的官方换算标准，每石折银3钱，9700石粮食折算成银子，是2910两。而每年"人丁丝绢"补交的生绢折成银子，每匹7钱，所以8780匹折银6146两。嗯，两个数字似乎没什么关联。

【注释】

折率：明初所定的赋税，本是建立在实物财政的原则之上，政府根据需要的物品来确定征收的物品种类，百姓根据各地土产的特点缴纳不同的物品。但是，各地的出产与政府的需要总有不一致的时候，就需要用其他的物品来代替。或者，在政府实物储备充足的情况下，改征当时具有一般等价物职能的物品作为财政储备，这时就需要有一定的换算比例，即折率。明中叶赋税改革，逐渐以白银作为衡量标准，折率也就主要是折银率了，这一比率主要是由税物要送往的仓库与用途等因素决定。如据嘉靖《徽州府志》可知，嘉靖年间，徽州府夏麦征收，征入当地永丰仓每石征银4.5钱，送往京库（北京）每石征银2.5钱，运往南京光禄寺每石征银6钱。

帅嘉谟到底是个学霸，脑子转得很快。他很快想到，徽州六县彼此相邻，一个县夏麦歉收，其他五个县不可能幸免。他再一追查，发现在同一时间，黟、休宁、婺源、祁门、绩溪五县也亏欠夏粮，一共是10,780石，可折银3234两。

2910+3234=6144。

这个数字，和"人丁丝绢"只差2两。

帅嘉谟很快得出了结论：在国初，整个徽州府六县共亏欠夏粮20,480石，以"夏税生丝"为名义补之，折8780匹生绢。按说这笔钱是由六县共同承担的，不知为何，却变成了歙县单独缴纳。

更可怕的是：徽州并不养蚕，歙县的老百姓必须先把粮食卖成银子，拿银子去买生丝，再缴给官府。周转两次，负担更重。

如果从至正二十五年"乙巳改科"开始算起，到隆庆三年，这笔冤枉税足足交了两百多年！

歙县简直倒霉透了。

帅嘉谟做事很谨慎，他没有急着去惊动官府，而是在歙县摸了一圈底。结果他发现，自己并不是最早发觉有问题的，早在嘉靖十四年（1535年），已有两个歙县人——程鹏、王相发现这个"人丁丝绢"有问题。

他们没有在徽州府本地抗议，而是越级呈文给了徽州府的上级——应天巡抚和应天巡按，而且还不止一次！

应天巡抚和应天巡按，这两个官职的管辖范围可不只有应天府一个地方，而是涵盖了除凤阳、庐州、淮安、扬州四府之外的整个南直隶地区，其中徽州府也受其辖制。

在具体的分工上，应天巡抚协调各府州县，以赋役为主，也兼管司法、治安；巡按以监察为主，但也插手民政、司法、军事。勉强用现在做对比的话，一个是省长兼军区司令，一个是省高级法院院长兼纪委，找他们两位，算是拜对了衙门。

市里不管，难道省里还不管吗？

第一次接呈文的是应天巡抚陈克宅、巡按宋茂熙，两位很快给了批复，要求徽州府彻查。可是他们很快便升迁转走，没人再去追问。接任的巡抚欧阳铎、巡按游居敬，接到了同样的呈文，也给了批复，要求徽州府召集六县合议。结果负责此事的官、吏，都是其他五县出身，敷衍塞责，推诿拖延。

在来回拖延之中，王相、程鹏先后莫名去世，此事最后不了了之。

查到这里，帅嘉谟推开账册，做了一个决定：他要第三次呈文，为歙县讨一个公平！

到底是正义感和乡土情结使然，还是想借此炒作自己？史料不全，不好妄自揣测他的动机。

无论如何，他决定冒着触动利益集团的巨大风险，开始采取行动。

隆庆四年（1570年）的年初，帅嘉谟撰写了一份呈文，详细地写明自己的查考过程，然后提交给了当时的应天府巡按御史刘世会。

在这篇呈文里，帅嘉谟玩了一个心眼，在讲述缘由时加了这么一句话："缘本府递年奉户部勘合，坐取人丁丝折生绢八千七百八十匹，原额六县均输，府志可证。"

大概意思是，我说的这个问题，在《徽州府志》里也提到了，这是铁证。

《徽州府志》是徽州府出面编撰的地方志，可信度很高。可是，府志里其实只是含糊地记载了徽州府或歙县缴纳"人丁丝绢"多少多少，根本没有明确说过"原额六县均输"的话，更没有和国初那笔亏欠的夏麦联系到一起。

帅嘉谟偷偷加了这六个字，是想给上官造成一个先入为主的印象，方便行事——殊不知这一处小小的手脚，后来却成了聚讼的一个关键焦点，这个后头再说。

除了偷改了原文，帅嘉谟还发动了情感攻势。他动情地说：

"南京承运库每年收丝绢20,190匹，其中浙江、湖广这种产丝大区，才缴纳8501匹；应天（等）十三府，只要缴2905匹。我们徽州府根本不养蚕，却要负担8780匹。当地民众只能卖了粮食，折成银子，从浙江等地回购，这两道手续，让成本翻倍，苦不堪言。更何况，这笔负担若是六县分摊，还能勉强忍受，可现在是歙县一县承担——这一县之税，比浙江、湖广两司都高，根本不合理啊！"

【注释】

细查帅嘉谟所引用之《大明会典》可知，浙江、湖广的各布政司、府、州运往南京户部承运库的夏税丝绢数分别为 3509 匹、4992 匹，二者共计 8501 匹。应天等十三府为：应天府、常州府、镇江府、太平府、庐州府、安庆府、宁国府、苏州府、淮安府、松江府、凤阳府、扬州府与池州府。上述各处所缴为丝绵折绢或农桑丝折绢，唯有徽州府缴纳的税项有些不同，乃是人丁丝折绢，有 8779 匹，与帅嘉谟所说的 8780 匹稍有出入。

  这是帅嘉谟玩的一个统计学小花招。因为大明税制不是统收统解，一个地方往往要向数处交税。

  当时浙江、湖广等地的丝绢税，不只解往南京承运库，还有很大一部分会送往太仓银库、丙字库等。从万历年间的税收记录来看，浙江的丝绢税总额高达 130,000 匹，湖广的总额 27,000 匹，都远超歙县。

  帅嘉谟是这么个逻辑：不谈总数，单单拿出南京承运库做比较，主要为了显得歙县格外悲惨。

  这个手段的绝妙在于这些数字都是真实的，全经得起查证，只是在统计方式上稍做手脚，立刻显出卓然效果——歙县本身的负担确实沉重不假，但被帅嘉谟这么一比较，变得简直惨绝人寰，读之触目惊心。

【注释】

大明税制：帅嘉谟引用《大明会典》所载各司、府送往南京户部承运库的丝绢税额，来哭诉歙县独自承担的徽州府丝绢税额比浙江、湖广两司的总额还多，实在太失公平。他如此计算，隐含着一个前提，即认定南京承运库记载的税额，就是各布政司、府所纳丝绢税额的全部。但实际上，这样的假设完全站不住脚。因着两京制度，明代的承运库有南、北之分，帅嘉谟引用数据并未将北京承运库算入。并且，地方上交中央的丝绢税并非都送往承运库，部分折银可能送至太仓银库，部分丝绢可能送至丙字库。所以，南京承运库所收纳的，仅是丝绢税额的一部分而已。如本页图表所示，若给《万历会计录》所记载的嘉靖、万历时期各布政司、府、县的丝绢税的总额做个排名，可以发现，徽州府的丝绢税在全国诸府中名列第九，歙县则在诸县中名列第六，都比较靠前，却也与名列第一的严州府、淳安县有相当大的差距，更不能与浙江、湖广二司共计167,544 匹的总额相比。

这真是只有学霸才能玩出的手段。

排名	按司		按府		按州县	
	名称	数（匹）	名称	数（匹）	名称	数（匹）
1	浙江	139,654	严州府	49,216	淳安县（严州府）	17,019
2	山东	56,662	湖州府	41,319	乌程县（湖州府）	12,802
3	北直隶	44,853	杭州府	34,537	归安县（湖州府）	11,457
4	南直隶	42,592	济南府	18,623	海宁县（杭州府）	9295
5	湖广	27,890	苏州府	18,319	建德县（严州府）	9259
6	江西	18,078	真定府	15,548	歙县（徽州府）	8781
7			兖州府	13,897	桐庐县（严州府）	8584
8			青州府	10,437	富阳县（杭州府）	7357
9			徽州府	8894	遂安县（严州府）	6049
10			衡州府	8740		

表一·1《万历会计录》所见嘉靖、万历时期的丝绢税收排名

除了在史料和统计学上做手脚之外,帅嘉谟还准备了第三张牌:政治牌。

他呈文的第一句话是这么写的:"天下之道,贵乎均平,故物有不得其平则鸣。歙县久偏重赋,民困已极,躬遇仁明在位,备陈情款,恳乞均平。"

【注释】

天下之道,贵乎均平,故物有不得其平则鸣。歙县久偏重赋,民困已极,躬遇仁明在位,备陈情款,恳乞均平:普天之下,最重要的道理就是均平,故遇见不均不平之事,必须发声抗议,维护公道!歙县独自承担如此沉重的赋税重担这么多年,百姓已贫困至极,无以为生了。幸蒙上天眷顾,遇见您这样仁慈、贤明的御史大老爷,小的有幸向您详细陈明状况,恳乞大老爷均平赋役,救歙县百姓于水火!

短短一段话,先后两次要求"均平"。

隆庆年间,江南正在推行一条鞭法。而一条鞭法的口号恰好是:"均平赋役,苏解民困。"所以帅嘉谟两次"均平",把这次税赋争议拔高到响应国家政策的高度。

【注释】

一条鞭法:据《明史·食货志》可知,明初沿用两税法,根据官方登记的户籍,田地要征收田赋,分夏、秋两季缴纳;丁要承担多种徭役。后官府借各种理由加征赋税、加派杂役,百姓困苦不堪,大量逃亡以躲避赋税。政府亦出现严重的财政危机,故决定将一州一县的田赋、种类繁多的徭役、杂税合并起来,除必须的米麦之外,都折成银两,分摊到该州县的田地上,按照拥有田地的多寡来征收赋税,官方征收、官方解运,称为"一条鞭法"。这不仅使国家财政收入得以稳定增加,也大大简化了税收程序,提高了效率。

从深层次来讲，一条鞭法的核心要旨，是合并田赋、徭役，取消米麦之外的实物税，统一改为折收银两。所以帅嘉谟在呈文中反复强调"人丁丝绢"是折色实物税，缴纳十分麻烦，这和中央精神紧紧地挂上了钩。

只要此事能借到国策的东风，便能引起应天巡抚的格外关注。

要知道，这一任应天巡抚，对一条鞭政策的推行很下力气。只要他肯表态，这事就成了一半，不，一大半！帅嘉谟之所以有这个底气，是因为这位巡抚太有名气，远非寻常官员可比——他叫海瑞，号刚峰。

【注释】

海瑞：据《明史·海瑞传》等可知，海瑞，字汝贤，号刚峰，海南琼山人，自幼丧父，靠母亲节衣缩食抚养成人，对百姓的贫苦深有体会。海瑞中举后曾至南平任代理教谕，有御史来县学视察，一些学官想要讨好上司，一见面就全身趴在地上行磕头大礼。海瑞则只是作揖而已，他认为学校不是官府衙门，是师长教导学生的地方，不应该屈膝下跪。因此，就有了这样一个画面：身为教谕、站在中间的海瑞，只是作揖，不下跪；两边的学官趴在地上磕头，正如一个"山"字，又像一个笔架，因此海瑞就有了"笔架博士"的外号。海瑞升任淳安知县后，不仅坚决抵制上司的额外摊派，并且积极取消不合理的赋税、杂役，减轻百姓负担。

不用多说了。

其实较起真来，帅嘉谟此举属于强行拔高。

因为这次"人丁丝绢"争议的核心，是税负归属，到底歙县单出还是六县一起出？至于实物折算，只是一个次要问题，跟一条鞭法关系不大。

这就好比两个人为吃饭买单起了争执。谁出这顿饭钱，才是争执的重点，至于这钱是给现金还是刷信用卡，并不重要。等警察来了，其中一位喊一嗓子："民警同志，你给评评理，为了响应国家鼓励使用信用卡的号召，这顿饭钱该谁出？"警察听了肯定莫名其妙，这两件事根本没关系啊。

但在帅嘉谟的妙笔之下，这个逻辑错误被巧妙地掩盖起来，非但不露破绽，反而显得煌煌正气，高度一下子就提上去了。

除了这些，帅嘉谟还准备了第四张牌——解决方案。

他深谙官僚禀性，知道他们最不耐烦的，就是下面的人争吵却又拿不出办法。所以在呈文的最后，他急上峰之所急，十分贴心地提出了一个解决方案："要么按照《大明会典》的原则，六县按照人丁分摊；要么按照《徽州府志》，六县按照田地分摊，折麦再折银再折丝。"

看，方案我都给您做好了，您朱笔批准便是。

这样一来，无论按人头统计还是按田地统计，歙县都能减少至少一半负担。

不得不说，帅嘉谟的这一篇呈文，当真是诉状杰作。开头借了朝廷大势的东风，立意高远；中间数字翔实，论据确凿，层层推论极有说服力；篇尾不忘煽情，描绘歙县人民生活有多艰辛，诉于情感层面。文字、逻辑上玩的小花招层出不穷，如羚羊挂角无迹可寻。

关于帅嘉谟的职业，史无明载，徽州其他五县骂他是个奸猾讼棍。从这份诉状来看，若非状师大手，还真写不出来这等文字。

这一篇雄文递上去以后，效果立竿见影，果然得到了抚院与按院的高度重视。

钱粮税赋，历来都是民政事务的重中之重。隆庆四年二月初十，巡抚海瑞给出批示："仰府查议报夺。"意思是我很重视，你们好好查清楚。随后，巡按刘世会做出了更详细的指示：请徽州府召集六县负责官吏、乡绅、耆老等民众代表，就这件事进行查证合议。

徽州知府段朝宗接到文书，一看海刚峰的大名，没敢耽搁，立刻发牌催促六县派员过来商议。

谁知道，就在这节骨眼上，竟然出事了。

隆庆四年二月二十五日，也就是两院批示发出后的第十五天，突然传来消息，海瑞调职，改任南京粮储。

海瑞为何突然从应天巡抚离职，这是另外一篇好大文章，这里按下不表。总之，徽州这摊事，海刚峰是顾不上管了。

海瑞是帅嘉谟最大的倚仗。他突然调任，让"人丁丝绢"案子陡然失去了前进的动力。尽管巡按刘世会还在,尽管徽州知府段朝宗还在,可是没了海刚峰当主心骨,他们可不愿意去触这个霉头。

要知道,他们要面对的,是一个庞大的既得利益集团。

帅嘉谟的主张,对歙县有利,但对其他五县来说可是彻头彻尾的坏消息。一旦议成,他们平白要多交不少赋税。因此对这个提案,五县籍的官员、胥吏、乡绅、百姓都坚决反对。

要知道,徽州府不比别的小地方,在朝中做过官的人极多。那些致仕的官员与中央关系密切,又热衷于彼此联姻,经营成一个盘根错节的关系网络。这里的乡绅乡宦,个个能量巨大,手眼通天。六县纷争,动辄能攀扯出政坛上的大人物。别说徽州知府,就算是应天抚、按两院也不得不有所顾虑。

【注释】

徽州府出身官员中身居高位者众多,进入《明史》名臣列传者就有四十多位,在安徽省内,仅次于太祖朱元璋的老家、明初因军功任职者众多的凤阳府。特别的是,徽州府出身的官员多是宣德以后以科第进入仕途、官运亨通的。嘉靖、万历时期在朝为官者,绩溪有官至工部尚书的胡松,以计谋擒获倭寇首领、后官至兵部尚书兼都察院右都御史的胡宗宪;休宁有官至福建兵备签事的汪泗论;婺源有官至兵部左侍郎、赠兵部尚书的汪元锡,官至都察院右佥都御史的余懋学,官至兵部侍郎、别号"潘青天"的潘珍;歙县有官至都察院右副都御史的汪尚宁,官至兵部侍郎的汪道昆,官至礼部尚书兼文渊阁大学士的许国,等等。

而从徽州知府的立场来看呢?

无论"人丁丝绢"在六县怎么分配,对府里来说都没区别,只要每年凑够8780匹生绢给南京就好。所以这笔丝绢税如果不改,局势平静如初,最多歙县抱怨两句——反正你们交了两百多年了,早习惯啦;若是支持帅嘉谟的主张,把赋税均摊到六县,徽州府得不到半分好处,反而引起其他五县骚动,可谓有百害而无一利。

徽州府会怎么选择，不问可知。

帅嘉谟为什么当初不去找徽州府讨公道，反而要越级去向两院呈文？理由很简单，因为他在本地根本得不到支持。

现在海瑞离开，倚仗已去，整个事情立刻推动不下去了。

应天巡按在二月十四日指示六县合议，徽州府随即也发牌催促。但下面毫无反应，恍若未闻。别说黟、休宁、婺源、祁门、绩溪五县，就连苦主歙县，居然也悄无声息。

帅嘉谟一打听才知道，歙县知县房寰正赶上丁忧，县务无人署理。其他五县的知县则宣称要忙着准备朝觐事宜，因循停阁，不办公了。

明代从洪武十八年（1385年）开始，规定地方官员逢丑、辰、未、戌年，也就是每隔三年，要进京朝觐一次，接受吏部和都察院的考查黜陟。这对官员来说，是一件大事。

但问题是，隆庆四年为庚午，隆庆五年（1571年）为辛未，才是朝觐之年。你明年才上京，今年二月份就开始停阁不办公了？

而且还不是一位，是五位知县都这么回答。

很明显，五县已经商量好了，对这次合议采取消极不合作的态度，尽量拖延下去，拖到黄，拖到忘，拖到无疾而终，然后就天下太平了。歙县在嘉靖朝的两次申诉，不就是这么被拖没的吗？

于是，从应天巡按批示之日起，地方上拖了足足两个月时间。一直到了四月十八日，绩溪县才慢吞吞地回了一封申文。至于其他四县，干脆连回应都懒得回应。

这份绩溪县的申文，是以本县教谕杨存礼的名义提交的，还有几个县中耆老的连署。由教谕出面，也从一个侧面反映了绩溪的态度——此事无关钱粮，是教育问题！

比起帅嘉谟那篇雄文，这份申文的干货不多，刀笔却暗藏机锋。

一开头，杨教谕先喊了一句政治口号："为恳恩遵国典、据府志，均赋救偏，以苏困苦事。"然后画风陡然一变，先大骂帅嘉谟"变乱国制，罔上虐下"，是个"假公挟私"的无耻讼棍,又骂嘉靖年呈文的程鹏、王相是刁民。

【注释】

为恩恩遵国典、据府志,均赋救偏,以苏困苦事:本县为了响应府衙的号召,今特遵照《大明会典》《徽州府志》之记载,均平赋税,补救弊政,切实缓解百姓多年之困苦,以示大人的浩荡洪恩!

变乱国制,罔上虐下:(帅嘉谟)实乃假公济私的无耻之徒,他兴风作浪,妄图变乱国家大政,对上欺骗、蒙蔽大人,对下虐待、陷害百姓。

骂了半天,杨教谕终于说到了主题。首先他承认了帅嘉谟的发现,如今的"人丁丝绢",确实就是国初的"夏税生丝"。但他解释说,根据府志记载,当年朝廷发现歙县亏欠夏麦9700石,责令他们补交"夏税生丝",一共8780匹给南京承运库。所以这是歙县自己的责任,跟其他县没关系。

然后他又说,这笔税款交了两百多年,从来没人抗议过。嘉靖十四年,两个歙县刁民程鹏、王相去告刁状,当时的徽州知府冯世雍主持过一次调查,甚至还去巡院查过版籍,结论是"人丁丝绢"就该歙县单独交。此后三十多年,也风平浪静。谁知道又冒出一个讼棍帅嘉谟,无视组织决定,又要兴风作浪。

杨教谕的这个辩驳,实在毫无道理。

帅嘉谟已经算得很清楚了。按照隆庆年间的折率,8780匹生丝,换算成麦子是20,480石,跟歙县拖欠的9700石根本对不上。即使按洪武年间的折率,也不可能差那么多。杨教谕到底是文科生,没算明白这笔账。

不过技术细节无关宏旨,因为文科生最擅长的,是抒情。

杨教谕动情地写道:"我们绩溪,一共才方圆二十四里,土地贫瘠,民众贫苦,每年丁粮才七百石不到;他们歙县方圆二百二十四里,每年丁粮得六万多石。哪里有把上县的负担转嫁给下县的道理?"

他哭诉完之后,别有深意地加了一句:"照旧定纳,庶免小民激变之忧,官民两便。"意思是：您最好按照原来的做法征税，免得激起民变，这样官府和民众都方便。

杨教谕前面那些话，都是废话，真正的文眼，恰好就在这里。

这句话虽然谦卑，却隐隐带着威胁。反着读，意思就成了：如果您不照原样征税，恐怕会引起民变，到那个时候，可就官民两不便了。

这句话非常狠，一下就击中了徽州府的要害。

要知道，这个威胁虽然出自绩溪代表之口，但其实背后是五县的共识。也就意味着，如果此事不令他们满意，将会使整个徽州府大乱。明年就是朝觐考查年，青天大老爷，您自个儿掂量着办吧。

杨教谕这一手玩得很有分寸。如果五县一起威胁闹事，迹同谋反，切不可为。现在四县不吭声，推出最小的绩溪在前头说话，绩溪人口太少，怎么闹，也绝对上升不到谋反的地步。这样一来，既委婉而隐晦地把威胁传达到，又给知府留出了足够的面子，方便日后转圜。

大明地方官员一向的治政思路是以稳定为主，不出事什么都好说，至于讲不讲道理还在其次。下头老百姓们也明白这个逻辑，所以碰到什么纠纷，甭管有理没理，先闹一阵。闹成了，官府往往就会按闹分配；闹不成，也是法不责众嘛。

你看，这就是文科学霸解决问题的思路。杨教谕根本不屑去查证什么"人丁丝绢"的技术细节，数字不重要，仕途才是重点。只要点明这事处理不当会引发民变，危及知府的前程，就足够了。

果然，徽州府一看这篇申文，心领神会，不再催促合议。在几方心照不宣的默契中，这件事慢慢地不再有人提起，眼看就要黄。

当事人帅嘉谟一看，急了，好不容易走到这一步，岂能无疾而终？问题的症结，到底在哪里？

从这里，就能看出文理思路的差别了。

杨教谕的申文不提业务对错，只谈官员仕途。而帅嘉谟没读出申文这一层机锋，一厢情愿地认为，之所以徽州府不愿推进，是因为整件事还说得不够清楚——典型的技术人员思考方式。

他顺着这个思路，重新考虑了一下，发现之前的呈文里，确实有一处很模糊。

国初六县均输的"夏税生丝"，就是如今歙县独输的"人丁丝绢"，这个没问题。那么，"夏税生丝"这个科目，又是怎么被改成"人丁丝绢"的呢？

搞清楚这个关键节点，真相便会浮出水面。

帅嘉谟挽起袖子，又扑到浩如烟海的案牍文书里去。他要在这积存了两百年的六县档案的大海里，找出那根关键的针来。

这次的调查，持续了数月之久。皇天不负苦心人，居然真的被帅嘉谟找到了线索：

奥妙就奥妙在征税科目上。

帅嘉谟翻出了历代户部给徽州的勘合——类似于收据，上面写得很明白："坐取徽州人丁丝绢。"也就是说，南京承运库要徽州征发的科目，是"人丁丝绢"，而且没有指明由哪个县单独缴纳，一般默认是六县均摊。

而帅嘉谟再去查徽州府发给六县的催缴文书，却发现"人丁丝绢"这个科目没了。只有歙县的交税科目里，多了一个"夏税生丝"。

于是，这其中的手脚，很清楚了。

徽州府在向歙县征税时，用的名目是"夏税生丝"。恰好歙县确实有一笔国初欠麦的"夏税生丝"科目，因此地方并不觉有异。等这笔税收上来以后，徽州府向上递交时，又从"夏税生丝"抽出应有的数目，划归到"人丁丝绢"之下。

这样一来，原本六县均摊的税负，便神不知鬼不觉地成了歙县独扛。"人丁丝绢"这只鸠，就这么堂而皇之地占了"夏税生丝"的巢。可怜歙县百姓不知内情，辛辛苦苦交税，却不知道供养的其实是六县负担。

做这个手脚的人，绝对是个高手。他既熟知国初钱粮掌故，又精通案牍流程，巧妙地利用歙县补交夏麦的这个科目，移花接木，混淆视听，玩了一手漂亮的乾坤大挪移。缴税这种事，一旦形成了惯例成法，就会坚定不移地执行下去，很难改变。就这样，歙县一口气交了两百年"人丁丝绢"而不自知。

帅嘉谟一拍桌子，这必然是有徽州府户房的书手从中舞弊！

这个猜测，并非凭空臆测。

在大明府、县这两级的政府里面，具体政务的执行机构叫作"三班六房"，三班指皂班、壮班、快班，合称为衙役；六房分为吏房、户房、礼房、兵房、刑房、工房，与中央六部相对应。知府和知县是流官，干几年就会调走，但三班六房的职位往往为本地胥吏所把持。这些人都是本地土著，熟知基层，他们又掌握着专业技能，职务世代相传，自成一个体系。没他们配合，贵为知府也没法施展拳脚。

尤其是六房中的户房，分管钱粮，是胥吏管理的重灾区。小吏们有各种手段可以颠倒乾坤。手段高超的书手，甚至能"使连阡陌者空无籍，无立锥之家籍辄盈野"，你说这得多嚣张。嘉靖年间的一位官员霍与瑕就曾无奈地写道："各县各户房粮科，年年派粮，时时作弊。"可见当时基层之混乱。

【注释】

使连阡陌者空无籍，无立锥之家籍辄盈野：明代的田地主要有官田与民田两种，皇庄、学田、牧马草场、园陵坟地、勋贵庄田、百官职田、边臣养廉田等，都是官田，其余为民田。田地是政府征收赋税的重要来源，明初曾核实天下田地，造有鱼鳞图册，以制定赋税额度，每一次田地的变动都要记录在案。但是，当土地兼并严重的时候，富人可以田连阡陌，贫者却无立锥之地。更可怕的是，被收买的小吏，可以使用高超却卑鄙的手段，使得家有良田千亩的富家在官方记录中表现为无田，富家便可轻松逃避赋税；而根本没有田地的穷家却被登记为田产丰富，需要承担沉重的赋税。

这笔丝绢税，一定是当年的经手小吏在账簿上做了手脚，才让歙县蒙受不白之冤！

事不宜迟，帅嘉谟迅速又写了一篇呈文，简单描述了一下自己最新的研究成果。他知道，吏目向来世代相继，如果彻底掀出来，很可能会得罪一大批人，所以他对于成因，只是含糊地提了一句"先年不知弊由何作"，只强调这个税科是被篡改过的，是不对的。

人，可以不追究，毕竟过去两百多年了；事，做错了，就得拨乱反正。

帅嘉谟还提出另外一个重要论据："人丁丝绢"明明是人头税，那应该就是按人口收取，单独让歙县缴纳，难道其他五个县一个人都没有吗？

隆庆四年十一月二十五日，帅嘉谟正式把这篇呈文提交徽州府，满怀期待能够得到回应。

应该说，这次的呈文比上一次的更有说服力，新提出的两个证据也都很合理。可是报告递上去，毫无动静。徽州府这次连回复都没有，置若罔闻。

帅嘉谟到底是数学学霸，在探究人心方面不及文科学霸杨教谕。他不明白徽州知府的冷漠是考虑到稳定和仕途，跟技术性问题无关。帅嘉谟把一个战略性错误当成了战术性错误，一味钻牛角尖去查考细节，等于媚眼抛给了瞎子看。

换了其他人，大概就认命了，可是帅嘉谟没有退缩。这个耿直倔强的数学学霸，意识到从徽州府和应天两院都得不到支持，遂做了一个惊人的决定。

进京上访！

我找你们领导去！

这里要特别插一句，帅嘉谟的这个行为，在别的地方可能惊世骇俗，但在徽州，还真不算出奇事。

徽州这个地方，民风彪悍。这个"彪悍"不是说他们好打架，而是说徽州人好打官司。

中国老百姓一般都有逃避打官司的倾向，爱打官司的人，会被当成"刁民"。地方官考评，也以"涉讼事少"作为民风淳朴的标准之一。但徽州人的做派，和如今美国人很相似，动辄兴讼，有事没事就喜欢对簿公堂，所以盛产精通法律条文的状师、讼师——号称"健讼"。

这民风不是明代才培养出来的，早在北宋时期，徽州人就喜欢打官司。欧阳修曾经如此描述徽州民风："民习律令，性喜讼。家家自为簿书，凡闻人之阴私毫发、坐起语言，日时皆记之，有讼则取以证。"徽州人，家家都有个小账本，没事就暗暗记下别人的言行，打官司时甩出来当证据，这法律意识真是够强的。

以至于南宋时，徽州籍贯的理学大宗师朱熹也无奈地评价本乡人："其俗难以力服，而易以理胜。"

所以帅嘉谟在本地打不成官司，毅然赴京上访，这个做法很符合徽州人的风格。

不过他这个"上京"，可不是去北京，而是去南京。

当时大明中枢分成南北二京，北京的六部、都察院、通政司、五军都督府、翰林院等政府机构，在南京都有一套一模一样的备份。南京这套备份政府，虽然权力远不及北京的大，但在南直隶这片地方还是很有发言权的。

尤其是钱粮税收这块，南京的户部统管南直隶、浙江、江西和湖广诸司，都是膏腴之地，天下半数税赋，皆出于这里。南京户部的影响力，不比北京户部正印差多少。

帅嘉谟抵达南京以后干了什么，没有资料记载。但从各种官府文件透露的细节能推测出，他应该没去找户部，而是先去找了都察院一位姓宋的御史，求递陈情状子。

这是个明智的决定。以帅嘉谟的身份，想直接找户部高官申诉很难，但搭上一个言官就容易多了。

都察院十三道监察御史，职责为稽查六部百司之失，一向喜欢搜集民意，风闻奏事，找他们管用。

不过他没走弹劾的路子。对京官来说，这事太小，又不涉及中枢官员，专门上书弹劾意思不大。帅嘉谟也不想跟地方政府彻底撕破脸。他所求的，只是朝廷一个态度，批几句话，就够了。

隆庆五年的六月初二，帅嘉谟的呈文终于被宋御史递交上去，并很快转发给南京户部。同随呈文过去的，还有一段都察院的批语："典有所遵，赋当均派，合从抄出酌行。"意思是，要求应该遵守法典，均摊赋税至六县，请户部酌情办理。

这个批语，正是帅嘉谟梦寐以求的结论。

南京户部接到这道文书，加了一句"候本处巡按衙门题"，转发给应天巡抚和巡按，让他们酌情办理。与此同时，户部还特意给徽州府发了一份咨文，特别指出："转行该府从公查勘，前项人丁丝绢起自何年，因何专派歙县。其各县有无别项钱粮相抵，如无相抵，今应作何议处。"

这段话虽然还是疑问口气，但其实已经有了定论：歙县的税赋肯定有问题，所要搞清楚的，无非是何时开始，以及怎么摊回到其他各县。

获得了户部的支持，帅嘉谟这趟进京之旅，可谓圆满结束。接下来，他只要赶回徽州，等着配合上峰调查就够了。帅嘉谟高高兴兴地离开南京城，踏上了返乡之旅。

他不知道，此时一道死亡威胁的阴影，已经悄然笼罩在他的头顶。

断人财路，如杀人父母。五县明面上虽然对"人丁丝绢"一事反应淡漠，但私下里十分重视。京官之中，也不乏五县籍贯者。帅嘉谟在京城的举动，他们了解得很清楚。

整件事的症结，就是这个新安卫的讼师！没他上蹿下跳，就天下太平了。

要不，把他干掉算了。

这也不是第一回了。嘉靖年间，那两个纠缠"人丁丝绢"的歙县"刁民"程鹏、王相，最后也是莫名身死收场。奈何桥上，不差这一条冤魂。

帅嘉谟在归途中，果然遭遇一场绝大的危险，全靠好运气才侥幸逃脱。具体是什么危险，是谁指使的，没有记载流传下来。但帅嘉谟真是被吓破了胆，敌人这是动了杀心。他压根儿不敢回徽州，携带家人逃回了老家湖广江夏县避祸。

帅嘉谟这一逃，让好不容易启动调查的丝绢案陷入停滞——提告的苦主都没了，还怎么查？于是在各方敷衍之下，这件事终于再度沉寂下去。至于朝廷户部，日理万机，不可能一直盯着徽州这个小地方。

隆庆五年，毫无动静。

隆庆六年（1572年），也毫无动静。

在这一年，隆庆帝终于驾崩，万历帝即位。再然后，张居正排除掉了一切政敌，成为首辅，整个大明迈进了新时代。但徽州丝绢案，仍旧毫无动静。

在接下来的日子里,整个大明都忙着适应这位新首辅的执政风格。至于丝绢案和那个躲去原籍不敢回来的数学学霸,已经彻底被人遗忘,再没人提起过。他心灰意冷,不敢再去争辩什么。

整个故事,似乎就这么结束了。

可到了万历三年(1575年)的年初,已沉寂四年的徽州丝绢案,似乎被什么力量激发,突兀地掀起一阵巨大的波澜,震惊朝野。

显微镜下的大明

第二章 六县大辩论

万历三年三月初九，徽州知府崔孔昕突然向歙县发下一道逮捕令，要求缉拿帅嘉谟。

逮捕令是这么写的："今照帅嘉谟，既能具词呈告抚按，必为有力之家，有谋之辈，何为捏作在外，屡提不到。中间必有主使之者，拟合行提。为此，仰县官吏速究帅嘉谟有无妻子兄弟，是否在外，此辈奸恶，渐不可长，设法缉拿解府，从重问拟，庶足以警余奸，毋得迟违。"

这个缉拿帅嘉谟的罪名，实在有点莫名其妙：你帅嘉谟有本事去两院告状，怎么没本事留下来配合调查？一直躲在外头，一定非奸即恶！

太不讲道理。帅嘉谟外出避祸，可不是自己情愿的。何况户部隆庆五年下的文，时隔四年，徽州府这才想起来指责别人不配合调查，这反射神经未免也太迟钝了。

这一看就是欲加之罪，仓促拟成。从逮捕令的字里行间，我们能感受到徽州府浓浓的焦虑，有点气急败坏，似乎有什么大事要发生，迫使他们不得不加快行动。

这份急就的逮捕令，很快下发到了歙县。知县姚学闵倒是没耽误，立刻安排人手联合执法——因为帅嘉谟是军户，隶属新安卫，所以这事必须跟卫所协调。

军户历代都得当兵，户籍寄在各地卫所之下，自成体系。地方民政部门如果碰到涉及军户的事，必须知会卫所。

半个月以后，也就是三月二十四日，在新安卫的协助下，歙县总算逮到帅家的一个亲戚，叫帅贵。一问方知，帅嘉谟带着老婆孩子，一直躲在江夏县没回来过，只留下帅贵看家。

知县姚学闵迅速把这个情况回报徽州府，然后还特意加了一句"无凭拘解"。意思是，想抓他，就得跨省执法，跨省执法需要凭据，我们歙县可拿不出来。

歙县在捉拿帅嘉谟这件事上，一点也不热心，毕竟帅嘉谟是在为本县利益奔走。徽州府对此心知肚明，可也不能说什么，只好先把帅贵拘押了事。

没想到，这事才过了十几天，到了四月初十，徽州府忽然接到一封呈文，署名正是帅嘉谟。

在这篇呈文里，帅嘉谟旧事重提，先把关于"人丁丝绢"的前因后果重述一遍，然后回顾了各级各届领导对此事的批示。紧接着，他解释了一下自己的行踪："回途遇害，羁縻远避，未申情款。"

帅嘉谟并没说这危险是什么，也没提谁是主使。但既然他不敢回徽州，那凶手从何而来，昭然若揭。这一句指控，真是绵里藏针。

当然，对于徽州府，帅嘉谟的态度还是很诚恳的："今奉爷台仁恩催议，千里奔归，伏乞作主，怜悯偏苦，洞察奸弊。"意思是，今天您既然催促我，我便千里星夜赶回，希望您能为小人做主。

这句话，算是针对徽州府"屡提不到"给了一个解释。

在呈文的最后，帅嘉谟又提出了一项新证据：顺天八府，也有"人丁丝绢"这个税种，皆为诸县分摊，没有例外。

这个顺天八府的税种虽非决定性证据，但是一个强而有力的旁证。同样是"人丁丝绢"，人家都是分摊解决，怎么就你徽州府这么特殊呢？

看来他在江夏县这几年，根本没有心灰意冷，仍旧在孜孜不倦地搜寻证据，还把视野扩散到了全国范围。

不过帅嘉谟提交这一篇呈文的时间相当蹊跷。

徽州府的缉拿令发于三月初九，到了三月二十四日，歙县才搞清楚帅嘉谟的下落。即使他们立刻派人赶往江夏通风报信，送到也得四月初了。而到了四月初十，帅嘉谟的呈文竟然已经送到了徽州知府的案头。

徽州到江夏差不多一千里地，帅嘉谟从接到报信返回徽州，到撰写呈文提交官府，只用了十七天时间，这未免也太有效率了吧？

除非，这封呈文，帅嘉谟早就准备好了。

除非，徽州府的动向，歙县早就已经向他通报了。

这才符合实际情况，帅嘉谟为歙县万民请命，歙县怎么可能会无动于衷？明面上歙县乡绅们不便公开支持，但私下肯定会给予支持。

从种种蛛丝马迹能感觉到，帅嘉谟和歙县之间，早在暗中密切联络，而且他们在策划一个很大的动作。

无论如何，帅嘉谟的再度出现，让徽州府松了一口气。大概是嗅到空气里什么味道，比起上一次的敷衍态度，徽州府这回的态度积极得可怕，一百八十度大转变。

两天之后，四月十二日，徽州知府崔孔昕迫不及待地把帅嘉谟的呈文转发给歙县，说有人向本府投诉人丁丝绢案，你们好好详查一下。

这个命令，很有意思。按道理，这件事应该是六县合议，再拿出个章程。你现在不通知其他五县，让歙县先去详查，岂不等于让原告自己去审犯人吗？

没想到，歙县比徽州府还积极。详查文书发出三天之后，歙县竟然就发了一篇申文给徽州府，洋洋洒洒好长一篇。

这篇申文，出自知县姚学闵之手，代表了整个歙县官方的态度。申文的开头气势十足："歙县为蔑制蔑悖典，射害殃民，恳恩遵照《大明会典》，均平绢赋，以苏偏困事。"

姚学闵的申文，简单来说就是两点：第一，《大明会典》记载徽州府输"人丁丝绢"8780匹，从来没提过让歙县单独交；第二，"人丁丝绢"被人篡改成了"夏税生丝"，以致五县之税落到了歙县头上。

这篇申文，基本就是复制帅嘉谟之前的论点。唯一不同的是，上一次是下民上书，这一次却是知县大人亲自背书，不光背书，还要赤膊上阵。

此前帅嘉谟也提过户房舞弊之事，可他不敢把话说得太明白，只能隐晦表示。而姚学闵根本不多顾虑，直接撕破了脸皮，指着户房那些书吏的鼻子开骂。

知县大人表示，徽州府的户房，一直以来都是由五县胥吏把持，世顶名缺，从来没有出过歙县籍的粮官。歙县没人在府里，只能被人欺负。所以

"人丁丝绢"被篡改成"夏税生丝"这件事,一定是出自徽州府户房粮科的书吏之手。

【注释】

世顶名缺:明代的官员有严格的人事回避制度,不仅不得在本籍任职,且不能久任;而胥吏都是本地土著,在地方上有盘根错节的势力,故有"流水的官、世守的吏"之说。户房的书吏,是衙门内六部胥吏的一种,负责办理夏税秋粮的征收、丁差徭役杂课的派遣,绝对是大有油水的肥差。

这故事的真假,没法查证,反正姚学闵说了,这是"父老相传"。

姚学闵一介知县,怎么突然变得如此生猛?谜底就在申文里的一串人名。

为了壮大声势,姚学闵找了本地的一批乡宦联署。这些乡宦大多是退下来的本籍高官,虽然无权,但在当地仍旧拥有着绝大的影响力,不容忽视。

事实上,这些乡绅乡宦才是歙县真正的统治者。他们下对基层平民控制力度相当大,上有官场的人情网络,又坐拥数量巨大的田亩与各项产业。如果不获得他们的支持,歙县知县什么也做不了。中国有"皇权不下县"的说法,政府机构必须靠这些"乡贤"的配合,才能真正对底层实行有效统治。

现在这些人一个接一个地浮出水面,向徽州府展现出肌肉。

【注释】

皇权不下县:根据费孝通先生的论述,在帝制中国,皇帝拥有绝对的权力,但他并不能凭借一己之力管理整个国家,官僚体制即为皇权的执行者或工具。而实际上,中央派遣的官员到知县为止,县以下没有任何行政单位。所以,在县衙门到百姓家门口这个范围,是地方乡贤、宗族在发挥重要作用,中央的权力进入不了与人民日常有关的地方公益范围，故有"皇权不下县"之说。

看看这份联署名单的前几名吧：

汪尚宁，歙县竦口人，进士，官至都察院右副都御史。（相当于现在的最高人民检察院副检察长）

汪道昆，歙县千秋里人，进士，官至兵部左侍郎。他文名极盛，和王世贞并称南北两司马，为"后五子"之一。后人猜测《金瓶梅》的作者时，汪道昆也是被怀疑的对象之一，可见这人的实力。

【注释】

兵部左侍郎：据《明史·职官志》记载，明代的兵权分为两部分，五军都督府负责军队的管理与训练，而征调军队的权力归属于兵部，二者互相制约。兵部左侍郎，正三品，兵部尚书的副手，辅助尚书负责各地驻军的粮草、军队的调动以及军队官员的任命，相当于现在的总后勤部、总参、武装部、国防部等部的副部长。

江珍，歙县溪南人，进士，官至贵州左布政使。

【注释】

贵州左布政使：据《明史·职官志》记载，明朝的地方政府权力乃是一分为三的，承宣布政使司负责民政，提刑按察使司负责刑名，都指挥使司负责军事，最高长官分别为布政使、按察使、都指挥使，三权并立，互不隶属。贵州左布政使，从二品，为贵州省最高行政长官，相当于现在的贵州省省长。

方弘静，歙县人，进士，官至南京户部右侍郎。

【注释】

南京户部右侍郎：据《明史·职官志》记载，明廷原本定都金陵，明成祖朱棣夺位后迁都北京，但依旧保留了金陵陪都的地位，改称南京，并设置了南京六部。其中，南京户部右侍郎是南京户部尚书的副手，辅助尚书征收南直隶与浙江、江西、湖广三布政司的夏税秋粮，督责漕运和全国盐引勘合，负责全国黄册的收藏和管理。虽不及北京的户部侍郎，但也可相当于现在的财政部副部长。

程大宾，歙县槐塘人，进士，官至贵州按察使。

【注释】

贵州按察使：据《明史·职官志》记载，按察使，执掌一省司法监察之权，纠察官员风纪，澄清吏治，铲除奸暴，断案平冤；并对布政使、都指挥使有监察之责，将情况上告吏部、都察院，以备考核。贵州按察使，相当于现在的贵州省高级人民法院院长、人民检察院检察长、政法委书记的总和。

曹楼，歙县雄村人，进士，官至江西右参政。

【注释】

江西右参政：据《明史·职官志》记载，各布政司内参政一职，从三品，人员不定，因事而设，分管粮储、屯田、军务、驿传等事，分担布政使的职能。明代的江西布政司设有督粮道一人，负责征收、押运漕粮；督册道人员不定，负责督造鱼鳞图册、黄册等，以作为当地征收赋税、摊派徭役的根据；分守道人员不定，负责向各府、直隶州传达催办布政司的公事。曹楼所任之江西右参政，即为上述三道之一。

江东之，歙县江村人。此时他还没进士出身，要到后年才考中。再后来，他以御史身份首先向冯保开炮，也是万历朝中一个名人。

【注释】

御史：江东之弹劾冯保时任山东道御史。据《明史·职官志》记载，明代都察院设有十三道监察御史，正七品，主要负责纠察内外百官之风纪。若在京，则稽查两京衙门审理刑狱案件有无拖延、枉曲，并巡视京营、仓场、内库、皇城等；若外派，则为巡按，代天子巡狩，是皇帝的代表和化身，位卑却权重，负责纠察地方官吏、举荐人才、断理冤案、督察税粮与户口、督修水利等公共设施、检查学校教育等。山东道御史，相当于现在中纪委派往山东的巡视组组长。

要说徽州，真是人杰地灵的学问之乡，底蕴深厚。区区一个歙县，随随便便就拽出六七位还在世的进士高官助阵，个个身份显赫，地位不凡，简直就是全明星队，别人眼睛都要被闪瞎了。

有他们背书，这份申文的分量之重，可想而知。

从联署名单就能知道，歙县这次突开重炮，绝对是筹谋已久。从徽州府发文到歙县回复，一共就三天，若是临时准备串联，哪里来得及？

歙县乡绅们一定是早早开始筹划，就等着突发奇袭，打五县个措手不及。

可是，歙县哪儿来的胆量，把所有的矛盾都摆到台面上跟五县打对台？就算有乡宦联署，也不至于这么直白大胆吧？

很快答案就来了。

五月十日，应天巡按鲍希贤下文给徽州府，说歙县申文干系重大，必须仔细地检阅会典、府志、赋役等文件，会同五县通查，一有结果，立刻上报。

注意，此前包括海瑞在内，历届应天巡抚、按两院给的批复，都是"仰府查议报夺"，没太多倾向性，就算催促六县合议，也是不急不忙。

但鲍希贤这次的口气明显偏向歙县，反复强调这次五县通查，一定得查出一个结果来。而且鲍希贤不是直接在徽州府的上文做批复，而是让兵备道发出宪牌。

【注释】

宪牌：在明代，官府发出的公文告示，称为信牌，而兵备道、巡按御史、巡抚等均属监察官员，他们发出的信牌，称为宪牌。

所谓兵备道，是大明中后期在地方上负责整饬兵务的机构，独立于地方官府而存在。它虽有军方色彩，但兵备道长官却经常挂着一个按察使副使的头衔，所以兵备道也算是半个司法线上的机构，有受理诉讼的职能，而且手里有武装力量，必要时可弹压地方。

南直隶没有按察使，但是有巡按御史，同样属于兵备道的上级主官。

徽州附近的兵备道，全称叫作"应、安、徽、宁、池、太六处兵备道"，简称徽宁兵备道，由兵备副使冯叔吉兼领。由他出手发出宪牌，是暗示徽州府，这次别再用"恐生民乱"当理由了。真闹起来，兵备副使手下可不只有文吏。

如此旗帜鲜明的表态，说明早在徽州府发文缉拿帅嘉谟之前，歙县就已经跟上头打点好了。

这一回，上有应天巡按、兵备道副使支援，下有乡宦明星队摇旗呐喊，上下一起发力，怪不得歙县申文写得气壮山河，底气十足。此前一直是帅嘉谟单枪匹马，独闯敌阵，这回则是数路大军集结一处，摆明车马要做正面决战。

面对这空前的压力，徽州府自然无从抵挡。五月十日兵备道的宪牌发出，五月十四徽州府便转发给五县，催促他们前来合议。大家要注意，这个五月十四日，是宪牌送到五县的时间。也就是说，徽州府几乎一收到兵备道的文书，一点没耽误，立刻转发出去了。

可见徽州府是真吓坏了。

面对歙县蓄谋已久的突袭，其他五县一时间蒙了。这事不是早黄了吗？什么时候又闹得这么大了？

徽州府一封接一封地催促他们准备申文，过来商议。这回，五县不能像上次一样装聋作哑了，必须有所表示才成。

最先做出反应的，是婺源县。这是仅次于歙县的大县，实力位居五县之首，更是朱熹老夫子的乡贯故里。知县吴琯在五月二十二日即发回申文，算得上神速了。

可惜速度虽快，质量却很糙。这篇申文的论点，和当年绩溪杨教谕的一样，指称歙县亏欠夏麦9700石，被罚补交"夏税生丝"8780匹，历年输送，与其他五县无关。至于"人丁丝绢"，那是南京承运府的事。

这个论点破绽很大，无甚新意。不过这也没办法，一共没几天时间，吴琯再有才，也不可能跟帅嘉谟精心准备了几年的证据相匹敌。

不过吴琯到底也非庸人，他后来官至给事中，说明头脑很好使。他在申文里，还提出了一个四两拨千斤的方案：

查阅黄册。

黄册是大明朝廷重要的赋税档案，上面征派赋役，都要依据黄册来施行。它是一手资料，最具权威。黄册从洪武十四年（1381年）开始攒造，十年一届，从无中断，涵盖每一个大明府县，具体到户，是中国档案史上的一个奇迹。

吴琯的逻辑是：如果《大明会典》和府志记载无误的话，那么在黄册的原始记录里，一定会有相应记载，后者的可信度要高于前者，只要去查黄册档案，自然知道谁对谁错。

按照规定，每一届的黄册都会抄送数份，本县本府本省各自留底，原册送交南京户部。你可以说本县本府存的黄册可能会被篡改，但南京户部的原册绝对是准确的，一查便知真伪。

吴琯此举，独辟蹊径，给解决纷争提供了一个新思路。

除此之外，他也效仿歙县，拉来了本县的一批乡宦助威。虽然阵势不如歙县，却也有四位进士出身的高官压阵——徽州真的太厉害了，只是辖下两县打架，就能拽出这么多名人。

三天之后的五月二十五日，绩溪县也加入战团，同样是知县领衔。

有了婺源县争取时间，绩溪县准备得更加充分。知县陈嘉策选择了另外一个辩驳策略，把突破口放在了"独征生丝"上。

帅嘉谟当初有一个质疑：徽州一共六县，为何独独在歙县征收生丝？这根本不合理，所以一定是六县均输。他还举了很多例子，比如常州府进贡茶叶，《大明会典》里就写明"征于宜兴县"；宁国府进贡木瓜，也写明由宣城县专输。所以如果独在歙县征收生丝，《大明会典》一定会单独写出来"征于歙县"。

陈嘉策针对这个质疑，罗列了一大堆反例：松江府的绿豆，只由华亭一县征收，上海县就不必去管；淮安府的药材，只由山阳县征收，睢宁、赣榆两县不用交；金华府的麻地，只征武义县，至于丝、纱二项，则从汤溪征发，其他县不必缴纳。

列完这一大堆，陈嘉策表示，一府独征一类物资于某县实属平常，《大明会典》不可能面面俱到。所以帅嘉谟的质疑，纯属见识太少，毫无道理。

哦，对了，绩溪作为六县中最小的一县，手里没有活着的进士，只好翻箱倒柜，请出了三位举人联署。

婺源、绩溪两县打起头阵。到了六月十三日，休宁、祁门两县终于桴鼓相应。

休宁的知县陈履，应该也是个学霸级的人物。他准备了将近一个月，兵强马壮，索性撕开那些弯弯绕绕，挺枪直刺歙县的核心要害——数字。

歙县或帅嘉谟最核心的质疑，在于两项税赋的数字不符：

歙县"夏税生丝"补夏麦 9700 石，折绢 4000 多匹；而每年歙县却要缴纳"人丁丝绢" 8780 匹。多交的 4000 多匹，一定是本该其他五县负担！

关于这个质疑，陈履给出了自己的调查结果：

他发现，在乙巳改科中，行中书省除了查获歙县亏欠夏麦9700石之外，还在其下辖的登瀛、明德两乡，重新清查出一部分抛荒的桑园田地，以及抄没程辉祥、叶忠两个大地主的田地。这些土地，都重新丈量造册，然后重新计算征税。

亏欠夏麦、抛荒桑园田地、抄没田地，这三项加在一起，歙县新增的赋税一共是生丝10974.3斤。每24两生丝，折绢一匹，所以总数是8779匹整，没有任何问题。（原始资料即如此。）

陈履的调查成果，还不仅止于此。

歙县明明不产丝，为什么要以生丝为赋税折色呢？

陈履考察了一下，发现歙县下辖的登瀛、明德、仁礼、永丰、孝悌等几个乡里，本来是有桑园的，其他五县则从来没有过。显然，生丝是歙县特产土贡。在洪武十年（1377年）、二十四年（1391年），永乐十年（1412年），成化十八年（1482年），这笔赋税的数额都有调整。到了弘治十四年（1501年），朝廷把生丝折绢的比率，从24两调整到了20两，但定额8779匹没有改动过。

虽然歙县现在不养蚕，得去外地买丝，但当年它明明可以靠自产。朝廷征丝绢税，只可能是从歙县收。

至于《徽州府志》上为何没提歙县原本有桑这件事，很简单，因为《徽州府志》是歙县籍的官员带头修的，当然得掺私货啊！

至于为什么在《大明会典》的记载里，只写"人丁丝绢"征于徽州府，没写独征于歙县，陈履的解释就三个字——没必要。会典是国家级档案，只记录到府就够了，没必要写到县这么详细。更何况每一府都有自己的情况，拿外府的例子来质疑本府，根本荒唐。

陈履的回答，是目前为止五县反击中最犀利的一个。帅嘉谟就是当面辩论，恐怕也会感到非常棘手。

相比之下，同一天交作业的祁门县，申文写得极其乏味，无非老生常谈加哭穷而已。没办法，因为祁门当时的知县开缺，申文由县丞刘守德代理撰写。

又过了一个多月，七月二十一日，姗姗来迟的黟县终于把最后一篇申文交了上去。

前面有吴琯、陈嘉策、陈履三员大将坐镇，黟县知县陈正谟就显得轻松多了。在申文里，他心不在焉地重复了一遍前几位知县的意见，然后说了句略带萌感的风凉话：歙县那么大，就算减了丝绢税，也不过是大江之上去掉一条船而已；我们黟县现在超级超级穷，再加哪怕一点点赋税，那就和久病之人吃了乌头一样，根本扛不住呢！

于是在万历三年的徽州，可以看到一番神魔小说般的盛况：六个县的官员腾空而起，纷纷祭出法宝与神通，呈文如雪片一般交相挥洒，肆意互喷，口沫四溅。六县的乡宦们也在暗暗输送内力，支持知县们拼个你死我活。

五县经过反击，和歙县堪堪战了一个平手。可是神仙们打架的动静太大，结果当地民众全都被惊动了。田赋一事，对百姓来说最敏感不过。他们一打听，立刻坐不住了。赢了还好，万一知县输了怎么办？咱们不就平白要加税了吗？

这可不行，得出把力，把声势搞得越大越好！于是在乡宦们的刻意鼓动之下，一时之间，六县民众摩拳擦掌，纷纷投身到这一场大辩论中来。

徽州风俗一向健讼，百姓一碰到问题，第一个反应就是上访告状。可是徽州府如今一脑门子官司，没法调停这个纠纷。于是六县民众把注意力全放在了更上一级的政府机构。

在接下来的半年里，整个江南官场可真是热闹非凡。有歙县的老百姓去找兵备道告状，有婺源县的不平士人去应天巡抚那儿告状，有绩溪县士民跑到应天巡按那里诉苦。只要和徽州事务沾边的衙门，几乎被他们骚扰了一个遍。两院、兵备道的衙署门庭若市，告状的比送礼的人还多，几乎演变成了全民大诉讼的热闹局面。

面对这种窘境，两院除了连连下文催促徽州府赶紧拿出个结论，还在文书里反复强调："仍禁谕士民不必纷纷告扰。"可见上级主管部门真是被骚扰得不轻。

可结论哪儿那么容易拿出来啊？或者说，徽州府怎么敢拿出结论来啊？如今争议已经不只在官方层面,连民间都争吵不休,甚至已经导致了几起跨县斗殴。六县民怨都在蓄积,谁敢去惹?

眼看僵局要演变成乱局,到了万历三年年底,十二月初一,丝绢风波的始作俑者帅嘉谟终于再度出手。

帅嘉谟手里并没有什么新的证据,不过他把之前的所有资料统合起来,给出了一个完整的故事。在这个故事里,国初朝廷向徽州征派"人丁丝绢"8780匹,均摊六县。结果徽州府户房小吏是五县人,遂哄骗歙县先垫上。等到歙县应承下来之后,户房又把这笔税赋篡改入"夏税生丝"的科目里。从此以后,徽州在歙县征收"夏税生丝",向上缴纳"人丁丝绢",瞒天过海两百年。

对于吴琯、陈嘉策、陈履三个人的反驳,帅嘉谟却未置一词。

徽州府拿到帅嘉谟的呈文,再次转发六县,要求合议。这篇转发公文透露了一个重要讯息,解释了原本漠然处之的徽州府为何在年初突然重启丝绢案的调查。

按照公文要求,徽州府需要把此前各级主管部门对丝绢事件的批示一一附在前头。从这些信息中,能看出文牍流转的蛛丝马迹。

原来早在年初,南京户部下发了一道文书,责问徽州府,四年前让你们查勘"人丁丝绢"的事,到底查得如何了,徽州府这才想起来。

隆庆五年,帅嘉谟进京告状,曾经成功促使户部下一道文,催促徽州府查勘。后来帅嘉谟失踪,紧接着赶上皇上驾崩,徽州府以为上头把这事给忘了,也就搁置不理了。

谁知道,时隔四年,户部突然想起来这码子事了,来文催促。而且这次催促的性质可不一样,文书前头写得清清楚楚:"奉圣旨:户部知道,钦此。钦遵。抄出到部,送司。"

奉圣旨?这是惊动皇上了?

不对,万历皇帝那会儿还小,这个"奉圣旨",其实是代表内阁的授意,搞不好是首辅张居正的想法。

惊动了这么一位大神,你说徽州府慌不慌?所以从万历三年二月开始,徽州府一反常态地积极推进丝绢案的查证，而且处处偏袒歙县，结果惹出来了一场六县大辩论。

如今吵到年底，徽州府转发帅嘉谟呈文，行到五县。五县立刻跳了起来，合着我们的质疑他一条都没答，纯粹在自说自话。

这次五县不单干了，正式抱团，合着发了一篇《五邑民人诉辩妄奏揭帖》。他们懒得多费唇舌，核心意思就一条，即此前婺源知县吴琯的提议："伏乞查明，洪武十四年初造黄册，如系六县公赋，甘派无词；如系歙县额科，乞严将帅嘉谟等正法治罪！"

咱们去查黄册的原始记录，是不是，用证据说话！

歙县不甘示弱，立刻回帖嘲讽："节蒙牌提各县丁亩文册并取有无何项钱粮相抵回文，岂各县抗违不回，延挨会计，歙苦无伸，恳恩差人守提，早赐均摊归结。"

翻译一下：大人早就将通告发了下去，让各县速将各自的人丁、田亩文册都拿出来，仔细核查，看看以前的钱粮到底是怎么缴的，查明白了好回话。哪知他们竟如此大胆，拖拖拉拉，至今未有结果，害我们歙县有苦却无处申冤！恳请大老爷差人提档核查，早将这笔重税分摊六县，以示公平！

你们自己都不肯把县里的档案拿出来对账，百般拖延，还好意思提查黄册的事？

然后两边又跳起来开撕，撕得昏天黑地。

巡按宋仪望看到这一幕，赶紧写信提醒徽州府："歙民积愤已久，五县纷争亦力，示以均平之情，酌以通融之法，虽有偏心，无可复置私喙矣。"

可见上头也知道六县此时闹成什么模样，生怕酿成民乱，所以话里话外透着一股"别讲道理了，和和稀泥，赶紧把这事平了"的意味。

上下的压力，全落在了倒霉的徽州府身上。

徽州府心想，得，我过不好年，你们谁也别想过好。

万历三年十二月十九日，徽州府给五县下达了一封催提公文，态度前所未有地严厉："将该县人丁田亩数目文册一并，星火申报，毋徒执词混扰，致碍转夺，此系至紧事理，难容延缓，如违，提究该吏不贷。"要求五县把县存档案都上交，不许拖延，不许不给。

按说这会儿距离过年只有半个月不到，按中国人传统，有什么事过完年再说。现在徽州府连这个传统都不顾了，看得出来，知府是真急眼了。

于是，十二月二十五日，婺源知县吴琯再一次披挂上阵。

吴琯这一次，带来了更犀利的武器，死死盯住帅嘉谟的几个论点咬。

第一，帅嘉谟说"人丁丝绢"和"夏税生丝"折算出的数字不对。

他算错了！

乙巳改科，是在当年四月一日发生的。歙县一共亏欠9766石9斗3升6勺——这个数字估计是一个处女座的人查出来的，所以针对该县轻租民田3646顷，每亩额外征发四钱生丝。这笔赋税，在洪武年间正式记入黄册档案。

而按照当时的折率，生丝1两折麦7升。歙县亏补的9766石9斗3升6勺麦子，补生丝9041斤，算下来正好是7升麦子补丝1两。完全对得上。（原始资料即如此。）

吴琯还顺嘴嘲讽了一句，这事帅嘉谟你怎么能拿银子来算？国初到现在，银钱变化太大，根本无法做参考。你可真外行。

第二，帅嘉谟说，《大明会典》记载徽州府征收"人丁丝绢"8780匹，没说具体由哪个县交，那么当然是六县均摊，否则该注明是歙县独输。

他弄错了！

此前陈履已经举了不少反例，这次吴琯准备了更充分的"弹药"。

浙江的"夏税丝绵"，是从杭州等八府征收，温、台、处三府不用缴。但《大明会典》里只写浙江布政司征"夏税丝绵"，为什么不注明杭州等八府呢？

因为这是《大明会典》的写作原则：在直隶，言府而不言县；在各布政司，则言省而不言府。如果事事注明，《大明会典》得多厚啊？

再说帅嘉谟举的那两个例子——常州府茶叶注明产自宜兴、宁国府木瓜注明产自宣城，那是特产贡品好吧！跟田赋有什么关系？

第三，帅嘉谟曾经提出一个理论：歙县亏欠夏麦的同时，其他五县也亏欠，六县亏欠的总额，恰好与"人丁丝绢"的税额对得上。

他算错了！

吴琯对这个疑点，也做了十分深入的调查。

乙巳改科之前，歙县产麦 19,632 石，产米 17,688 石；婺源产麦 8315 石，产米 8315 石。次年歙县产麦亏欠的同时，婺源产麦 8000 石，确实亏欠 300 石麦，但是大米丰收了，远比 8315 石要高，所以根本不需要补麦，自然更不需要转嫁到歙县头上。

第四，帅嘉谟说户房的五县小吏偷偷篡改税收科目，哄骗歙县。

吴琯对这个质疑，简单回复了一句：歙县长官又不是白痴，就算歙县长官白痴，老百姓也不傻。这么大的税额，都要真金白银往外掏，哪里是改改数字就能瞒过去的？

说完这个，他又不阴不阳地补了一句："你说徽州户房被五县小吏把持，但别忘了，现在的南京户部尚书殷正茂可是你们歙县的。"潜台词是，你说把持户房的人会徇私偏帮本乡，那把持户部的堂官岂不更会徇私喽？"

吴琯提到的这个殷正茂，来历可不简单。他是歙县人，当年巡抚广西，跟俞大猷联手平定了韦银豹的叛乱；总督两广军务时，击破了打着"倭寇"旗号的海寇，光复了惠州、潮州两地，可谓战功累累，官至南京兵部尚书，此时正好改擢为南京户部尚书。

而南京户部，恰好管着丝绢之事，所以吴琯把这事挑明，是怕殷正茂会偷偷偏袒歙县。

在文章末尾，吴琯又强调了一次此前五县揭帖的要求：尽快查询洪武十四年的册籍，搞清楚怎么回事。

两天以后，帅嘉谟没回复，反而是歙县知县姚学闵拍马而至。

不过这回他没有大马金刀地跟吴琯力拼，反而施展出了缠斗功夫，顾左右而言他。

"我们歙县的税负，实在是太重了。大老爷请看，徽州的四司银 16,212 两，歙县要负担 5361 两，其他五县共负 10,851 两。砖料银 707 两，歙县负担 234 两，其他五县共负 473 两。军需银 12,215 两，歙县负担 4032 两，其他五县共负 8183 两。这些都属于正税之外的杂税，歙县负担了徽州的三分之一，沉重无比。你们怎么忍心把'人丁丝绢'又砸在我们头上？"

明眼人都看得出来，从道理这个层面，胜负的天平开始倾向五县。吴琯的犀利攻势，几乎击溃了歙县的每一个论点，让姚学闵不得不采取守势，不再正面搏杀，改打感情牌。

不过事情总算有那么一点进展。在申文结尾，姚学闵也同意，应该尽快调查黄册，找到原始记录。

这份申文，并没有立刻得到回应。没办法，发出时间是十二月二十七日了，眼看都到年根底下了，有什么事还是等过完年再说吧！

于是争吵几方各自回家，热热闹闹地过了一个大年。一直到万历四年（1576年）的二月，祁门、绩溪、休宁、黟县才相继回复。他们的态度很鲜明，支持婺源县的意见，催促尽快开查黄册。

与此同时，五县又扔出一条更具爆炸力的证据。

他们把自己县内的土地档案翻出来，合编了一部《五邑查明丝绢缘由呈词》。这篇呈词很枯燥，但是相当有杀伤力。里面是每一县从乙巳改科后缴纳的赋税定额与增减之变，极为详尽。

原文既长又烦琐，我姑且贴出其中休宁一县的赋税报表，让大家看看效果。

原额夏税麦八千九百九十九石四斗五升二合二勺，秋粮米一万八百四十九石八斗七升八合六勺。改科多麦九百九十三石二斗二升一合八勺，该银二百一十四两八钱五分一厘三毫。加米一万一千八百五十一石四斗八升八合，该银五千七百四十七两九钱七分一厘七毫。麦米共银六千六十二两八钱二分三厘。该县国初钱粮当歙三分之二，今照数平抵外，比歙多银一千二百六十八两七钱三分五厘，歙将何者相抵。

细致到了这地步，可见古人在数据方面一点也不含糊。

注意看最后一句"歙将何者相抵"，每一县的报表结尾，都会加一句"歙将何者相抵"，意思是我们的赋税清清楚楚，你们歙县哪个税目相抵了？

每张报表重复一遍，一共重复了五次，形同五次咄咄逼人的质问。

是文一放出，懂行的都知道歙县大事不妙。歙县也觉得这个实在难以回应，立刻辩称这是各县自己修的,未必准确,还得看朝廷黄册才能定夺!

于是,双方经过将近半年的大辩论,慢慢地把焦点集中到了黄册上。

万历四年四月,歙县和其他五县几乎同时上书,正式要求调取洪武十四年黄册。头大如斗的徽州府在五月十八日正式向南京户部提出申请调阅。

黄册是朝廷的重要档案,历代的档案存放在南京的后湖——玄武湖——库房。这些都是朝廷机密文件,不能随便调取。想查询,必须得到南京户部批准。

其实在这之前,歙县早已经偷偷派人去南京,暗暗地想抢个先手。不料户部直接把去的人踢了回来,理由是"越申"。因为黄册库是户部下属机构,不是什么小州县都能随便来查询的。要查,得徽州府提申请。

休宁县、婺源县也偷偷派人去申请查询,被黄册库以同样的理由踢回。虽然三县都未得逞,但可见彼此在水面下的斗争有多么激烈。

这次徽州府出面申请,南京户部终于批准。徽州府赶紧组织了一支调查团,由歙县县丞、婺源县县丞、休宁县学训导组成,准备开赴南京查阅。

应天巡按宋仪望是个老江湖,他有点担心就算查了黄册,恐怕徽州人还是会纠缠不清。无论查询结果对哪边有利,另外一边一定会大闹特闹。为了避免这些麻烦事,宋仪望特意委派了太平府推官刘垓、宁国府推官史元熙,再加上徽州府推官舒邦儒——江西余干人,以中立第三方的身份,加入审阅黄册的队伍。

为了防止可能出现的骚乱,宋仪望还指示徽州府,把诸县带头闹事的几个人先控制起来。去年六县大辩论的时候,除了几位知县唇枪舌剑之外,民间议论纷纷,涌现了几个意见领袖。这些意见领袖在县里影响很大,要么为本县摇旗助威,要么频繁越级上书、上访、上告,还随时会向老百姓通报最新进度。百姓闻胜则喜,闻败则怨,民间全靠他们才鼓噪出如此之大的声势。

在宋仪望看来,下面的民怨都是被这些大嘴巴忽悠起来的。眼看查阅黄册在即,可不能让这些人生出变数,先关一阵再说。

于是连同帅嘉谟在内,还有五县的黄棠、程文昌、汪福高、吴敏仕、胡国用等影响力最大的几个老百姓，被尽数控制起来。不过帅嘉谟很快被释放了，因为他作为首倡之人，必须赶赴南京。

消弭了这个变数之后，徽州府调查团于万历四年七月十三日动身，于七月二十三日晚抵达南京。二十六日，调查团向南京户部投文，次日得到召见。户部尚书殷正茂勉励了他们一番，说："二百年黄册，岂有可改易之理，各自安心。"然后派了负责后湖管册的一个姓王的户科给事中、一个许主事予以协助。

不过这两位一听调查团的请求，都面露难色，说时间这么久了，可未必查得到啊。调查团急了，我们大老远过来，就为了看一眼，无论如何还请协助。

八月初二，调查团终于进入后湖，见到了梦寐以求的黄册。紧接着，他们眼前一黑。

黄册十年一造。洪武十四年恰好是第一批黄册攒造的时间，从那时候算起，到万历四年，一共造了十九批，积攒起来的黄册数量，可谓浩如烟海。

别的不说，单是徽州府相关的黄册就装满了足足二十个架子。光是搬运工人，就得临时雇用一百五十人。而调查团能查卷册的呢？一共就歙县县丞、婺源县县丞、休宁县学训导三个人，外加一个编外的帅嘉谟。这四个人埋头去查，估计查完得八月底了。

关键他们还不能亲自入库去查。黄册库的规矩，外人不得入库，以防有篡改涂抹的情形。想查怎么办呢？得由黄册库的官吏找到相关档案，先抄一遍，再把抄件发给他们。这么做很安全，很负责，就是效率极其低下。

可是，又能怎么办呢？等呗！调查团的几个倒霉蛋一撸袖子，开始吭哧吭哧地翻起故纸堆来。

这些可怜孩子没料到，就在他们辛苦工作的同时，徽州府又出事了。

八月十四日，歙县一个叫许一纯的生员，突然上书徽州府，提出了一个新理论："黄册的记录，并没那么可靠！因为那都是本地人所修，想要篡改实在太容易了。而《大明会典》是朝廷修的，更具有权威性。如果黄册跟《大明会典》矛盾，应该以后者为准。"

这一下子，五县舆论哗然。在他们看来，这个主张实在荒唐。黄册是国初朝廷派员监修，当地人怎么可能篡改？而《大明会典》是政府法规手册，二手资料怎么跟原始资料比可信度？

不用问，这是歙县知道黄册查询结果对自己不利，开始造势了！

五县毫不含糊，立刻具文反击，两边的话越说越难听。你骂我"罔上规避，侮文蔑法乱政"，我骂你"五县奸刁，妄行捏奏"，甚至还有好多百姓跑到官府门口，哭着要求"恳天作主，剿虎安民"。瞧瞧这用词，剿虎，这是恨不得把对方当土匪给剿了。

结果正如宋仪望所担心的那样，闹事者关了一批，又来一批，抓都抓不完。在他们的煽动下，诸县立刻又沸腾起来，局势又一次大乱。

倒霉催的徽州府一面四处安抚，一面催促南京那边尽快拿出一个结果才好。

这一等，就等到了九月中旬。调查团终于完成了工作，整理出一份从洪武十四年到隆庆六年的黄册抄件。

随之而来的，还有帅嘉谟的一份报告。

在报告里，帅嘉谟说，洪武十四年造的黄册，缺损甚多，尤其是最关键的"乙巳改科"以及当年四月一日改科的记录，完全丢失。

没了？

没了！

所有人听到这个消息，都傻眼了。

六县人民都望眼欲穿，指望着黄册来主持公道呢。之前你说得那么热闹，现在你告诉我，档案丢失，死无对证，那怎么办？

帅嘉谟对此早有准备，不慌不忙地在报告后半段写道：从乙巳年改科到洪武十四年造册，前后差了十六年，很有可能五县改窜黄册、府志在先，造册在后，不足为信。然后抛出一句话：

"切思《大明会典》乃祖宗立法垂统之宪章，黄册乃民间遵文攒造之图籍……岂奸反指府志黄册为成法，而妄奏藐《大明会典》、部劄为私书。"

意思是说：朝廷存的黄册原始记录已经没有了，所以大家要相信《大明会典》的权威性。

得，事情转了一大圈，又回到原点。

全白忙活了。

说实话,帅嘉谟这个主张,实在强词夺理。资料汇编怎么可能比原始记录还可靠?无非是《大明会典》对歙县有利,所以他才死死咬住这一点。

消息传回徽州,给本来就激烈的舆论又泼上了一勺油。徽州府各县民众几乎气炸了,放弃了讲道理,直接改成人身攻击。再后来干脆开骂,污言秽语,什么都泼上来了。六县几乎到了开战的边缘。

第三章　稀泥与暴乱

　　徽州府的这个乱象越闹越大，户部终于看不下去，迅速下发了一道公文。

　　在这份公文开头，户部自己承认："本部若径依歙县之奏，则五县不从；若径依五县之奏，则歙县不从，告讦日增，终非事体。"

　　你们天天这么骂，也不是个办法。既然黄册已经没有了，那么怎么解决呢？户部给出了一个解决方案：

　　由户部和应天巡按提供一个徽州府的部额和府额（即每年解送户部和解送应天的税额），然后请徽州府统计六县丁粮，加上存留本折麦米、官府办公费以及各项额外钱粮，总算总除，平均一下。如果把那8780匹生绢算进去，而数字均平的话，说明丝绢税是歙县分内的；如果数字不均平，说明丝绢是额外多出来的，就不该歙县独负。

　　户部给的这个算法，似乎有些无理。六县人口、田地均不相同，不同等级的田地、赋税额度和内容也不相同，这么大笔一画，均平折算，未免太简单粗暴了。

　　户部有的是精算高手，怎么会提出这么一个糊涂点子？

　　奥妙就在"均平"二字，这已经是这个词第二次进入我们的视野了。

　　上一次还是在隆庆年，帅嘉谟用这个词，成功地响应了国家号召，引起了海瑞的注意。而这一次，户部用了这个词，自然也有用意——因为当朝首辅张居正大人正在酝酿把一条鞭法推广至全国。

　　虽然张居正真正开始着手清丈田亩要等到万历六年（1578年），正式在全国推行一条鞭法，是在万历九年（1581年），但在万历四年这会儿，各种前期准备工作已经逐步开展。南京户部作为税法执行部门，对政治风向自然最为敏感，他们必须紧跟中央新形势。

在户部看来，徽州为什么会起纠纷？是因为税种太杂太乱，什么"人丁丝绢"、什么"夏税生丝"、什么"亏欠夏麦"，这么多科目夹缠不清。一会儿交生丝，一会儿交夏麦，乱七八糟，折算复杂，正是旧税制的弊端，不出问题才怪。

如果能重新统计出徽州府的丁粮田亩之数，再把所有税赋合并，两下一除，均摊下去，再折成银子，这事就算彻底解决了。

这个思路，恰好就是一条鞭法的核心内容之一：把所有的正税、杂税都合并起来，归于田地，计亩统一征收银两。

也就是说，南京户部认为，徽州的问题，是旧税法的错，只要改成新税法，问题自然消弭。因此，现在应该搁置历史争议，推行均平赋役之法。

这不禁让我们想到一件往事：徽州丝绢案在隆庆五年本已归于沉寂，到了万历三年年初，南京户部突然"奉圣旨"旧事重提，这才让徽州府心急火燎，重启调查。

会不会从一开始，这就是户部——或者更大胆地猜测一下，首辅大人——为了推行新政所谋划的一步棋呢？

只有利用丝绢案引发一场大辩论，才能凸显出旧税法的弊端。届时民意汹汹，都要求改革，朝廷从善如流，即时推行一条鞭法，岂不是顺水推舟？

户部的这个方案发到徽州，徽州知府都快哭了。本来六县都快打出脑浆了，你们户部非但不解决，还添乱。可这是上头的指示，怠慢不得，徽州府只好硬着头皮开始了艰苦的核算。

不过仔细想想，黄册已佚，赋税来源已成无头官司，两边各执一词，根本无法解决。这么快刀斩乱麻，把历史遗留问题全数切割，不失为一个好办法。

徽州府花了整整一个月时间，总算赶在十月结束前，把整个六县的数字捋了一遍。与此同时，应天巡、按两院的税吏，也完成了部额与府额的梳理。两边数字加在一起总算通除，很快就拿出了一个结果。

在这个算法之下，歙县各项钱粮，已经超出了各县平均之数。也就是说，

"人丁丝绢"确实是额外的负担。

结论的语气很暧昧，态度却很清楚："人丁丝绢"这笔赋税当初到底怎么来的，不必深究，但现在均平之下，再让歙县独输，显然就不合适了，以后得六县一起承担才是。

消息传到徽州，五县哗然，群情激愤。这些人一想，户部尚书殷正茂正是歙县人，不用问，他肯定徇私枉法，偏帮本乡。

一时之间，整个徽州府除歙县外，对堂堂尚书大人骂声不绝。有说殷正茂"知亏无解，藉手户科条陈事例，遂借以逞私臆"，有的痛斥均平之法"不论源流、不论肥瘠、一概通融混派，借均平之名，为变乱之计"，还有的连整个户部都骂上了，"以户部私计而市私恩，以尚书大臣而变乱成法"。什么难听的话都有，不知殷正茂在南京，打了多少个喷嚏。

民间骂声滔滔，官面上却得继续解决问题。

根据那份均平报告，歙县负担了额外税赋，必须予以减轻。但具体如何操作，还得由地方上具体商量。

不过这事，可不能让六县自己定，那非打出人命来不可。

巡按宋仪望对上头的精神心领神会，把这事委托给了当初调查黄册的三位监督官员：太平府推官刘垓、宁国府推官史元熙、徽州府推官舒邦儒。

万历四年十一月初八，三位官员齐聚徽州之外的太平府，在巡抚都院的主持下，很快讨论出一个解决方案。

"人丁丝绢"继续由歙县独交，8780匹丝绢折合白银6145两，不予撤销。但歙县在四司银、砖料银、军需银等杂派均平银中，减去5260两，分摊给其他五县来交。

这里要特别说明一下，所谓均平银，指的是嘉靖年间出现在江南的一种役法改革的产物。

大明百姓除了要缴纳田赋之外，还要负担徭役，无偿为各级政府提供劳力服务。徭役的种类繁多，老百姓苦不堪言。均平银，就是让官府计算每年需要的徭役总数，把人力成本折算成银两，分摊到每亩地里去，让老百姓按亩缴均平银。需要力役时，官府就从这笔银子里拨款雇用人手。

换句话说，老百姓不必亲自去服徭役，交钱就行了，不耽误自家农时。政府也很高兴，雇人干活，总比一家一户拽壮丁来得方便，工作效率更高。而且摊役入亩，也大量减少了政府工作量。一举三得。

这个做法经过数年试行，颇受欢迎，因此各府纷纷这么搞。徽州府也每年编列均平银，各县分摊统收，再分配到各个用途名目下。四司银是衙门日常杂役费用，砖料银是公共设施修葺费用，等等。

这个太平府方案，即是将田赋税额转嫁到役银上去。这就能体现出一条鞭法的好处了，赋、役皆能折算成银子，互相合并转移非常方便。

唯一的问题是，它换汤不换药，怎么腾挪，五县都是吃亏。因为他们本来一分钱都不用出，现在却要替歙县补5000多两银子到均平银里去。

这个方案报到兵备副使冯叔吉那里，被驳回了。

冲抵均平银这个方式没问题，但吃相实在太难看了。一共6145两的丝绢赋税，转嫁了5260两到五县头上，等于歙县只负担14%，其他县86%，这很明显是拿总税去除县数，平均而得。

问题是，歙县的经济体量占了徽州府的一半，不可能这么简单地平均了事。你们偏帮歙县也可以，但是不要做得这么明显啊。

冯叔吉大笔一挥，推出了一个折中方案：把5260两改成了3300两。这样一来，总计6145两银子的丝绢税，歙县和其他五县分别负担46%和54%，大致符合各自的经济比重。（具体的计算方式很复杂，因为均平之后诸县或多银或少银，彼此冲抵折算，这里不赘述。）

这个方案是典型的和稀泥思路：它把黄册与《大明会典》抛在一边，也不去计较丝绢税的来历——历史问题，宜粗不宜细。总之现在大家各退一步，各自吃了小亏，这事就算完了，别闹了。

这时候，已然到了万历四年的年根。过年期间，诸事停滞。等过完万历五年（1577年）的正月，地方才把这个方案上报给户部，请尚书殷正茂酌定。

对于冯叔吉的这个方案，殷正茂十分赞同，连批了三句话："其名尤正，其言尤顺，其事尤易。"满意之情，溢于言表。他把这个方案上报到北京，于四月五日上奏天子，很快得到了皇帝的批准，下发圣旨。

其时万历帝还未亲政，这基本可以视为是首辅的意见。

圣旨下发户部，户部再往下发，一级一级传到徽州府，时间正是六月初七。考虑到南北二京的往返距离，再加上内阁以及各级官府的处理批阅，这份文书的流转算是极其罕见地高效。

对这份圣旨，六县的反应截然不同。

歙县人民欣喜若狂。他们本来的主张，正是要求丝绢税由六县均摊，这个分配方案可谓正中下怀。

从此以后，他们头上的赋税，少掉了3000多两银子。从隆庆三年到万历五年，八年抗战，终于大获全胜。

其他五县，则望着圣旨呆若木鸡，不敢相信这是真的。我们的抗辩白说了？黄册白查了？道理白讲了？歙县每一条主张，都被我们驳得体无完肤，结果户部一句"均平"，就全给抹掉了？

五县明明已经提出了极为有力的证据，可因歙县这么一闹，最后还是让它得了偌大的好处。

对于这个太平府分配方案，五县嗤之以鼻。保留一个"人丁丝绢"的虚名空壳，换成"均平银"的名目就想糊弄我们？最后还不是要六县均摊负担！婺源有一位知名乡宦如此讥讽道："这是朝三暮四之术，拿咱们当猴子耍呢。"

一时之间，五县群议汹汹，无不义愤填膺，跟开了锅似的。可是，这不是府议，不是部议，而是圣旨，代表了最高的意志。众人纵有不满，也不敢公开指摘皇上。如果徽州府趁机好生安抚，说不定他们会咽下这个哑巴亏，接受既成事实。

可一件不算意外的意外，彻底引爆了整个局势。

就在冯叔吉把方案上报的同时，帅嘉谟也悄悄地第二次赶赴南京。他怀揣着歙县乡宦提供的一笔资金，进京运作。圣旨发下来以后，帅嘉谟胜利完成任务，高高兴兴返回徽州。

多年努力终于得到实现，他实在太高兴了，觉得该犒赏一下自己，就用这笔赞助费从有关部门给自己弄了一副冠带。

朝廷对于乡里年高德劭的耆宿，有时候会授予冠带，叫作冠带荣身。偶尔也会授予见义勇为好青年，叫作冠带义士。这是一种荣誉性的装饰，和现如今胸口挂个大红花差不多。

帅嘉谟觉得自己为民请命八年，差点连命都丢了，弄个冠带戴戴，不算过分。

歙县的老百姓，也是这么想的。等帅嘉谟回到歙县时，全县的百姓都拥出来，热烈迎接这位以一己之力扳倒陋税的大英雄。他们搞了一个盛大无比的欢迎仪式，个个手执红花欢呼，旁边还有乐班吹奏。帅嘉谟进城以后，在百姓的簇拥之下游街庆祝，所到之处，呼声群起，俨然英雄荣归。

这边厢歙县锣鼓喧天，那边厢五县民众可都要气炸了。县城里传出的每一声欢呼，都化为一记耳光，重重扇在他们的脸上。抗争八年，被歙县佬把这个便宜占走了不说，居然还卖乖！尤其是看到帅嘉谟这个奸佞小人此时在街头耀武扬威，再想到以后繁重的税负又要沉重几分，五县民众内心的火山再也无法压制，彻底喷发。

你们歙县不是靠闹事闹出一个减税吗？好，我们也闹！

六月十一日，圣旨转送到婺源县。其时吴琯已经去职，由徽州府通判徐廷竹临时代理政务。徐廷竹正好要去北京进贺表，还没来得及走，衙门就被数千愤怒的婺源民众给堵住了。他们手执木棍、火把，在衙门前守了一天一夜，要求徐廷竹去向上面反映，停止这种不公正的加税方案，不答应就不准走。

面对快要爆炸的民众，徐廷竹不得不口头允诺，然后惶惶离去。随即徽州府又派出推官舒邦儒去接掌婺源县。

舒邦儒算是这个太平府方案的发起人之一，他接到任命后，知道这事极为棘手。可是任命在手，他只得匆匆上路。舒邦儒一边赶路，一边琢磨着该怎么安抚婺源民众。没想到，他刚过休宁县，还没到婺源呢，就被当地愤怒群众给拦住了。

眼前漫山遍野全是人，把官道生生遮断。站在人群最前头的，是当地闹腾最凶的几个人，身后还有一排排有身份的乡绅。他们拦住舒邦儒的队伍，向他递了一篇抗议申文，请他转交徽州府。

【注释】

里排：据《明史·食货志》记载，明代编辑赋役黄册，以一百一十户为一里，推选家中丁粮多的十户人家为里长；余下百户编为十甲，每甲十人，一人为甲首。每年由里长一人、甲首一人，负责催征赋税。如此排序，十年为一个周期，是为排年。故某一年轮值的里长，被称为里排。

耆民：耆，年老，指称六十岁以上之人，故耆民为年高有德之人。

说是申文，其实应该算是战斗檄文。上来就痛骂户部尚书殷正茂是"权奸变制殃民，势压无容控诉"，骂完了殷正茂，又骂歙县"歙逆恃户部而变户法，以歙人而行歙私"——听见没有，都已经用上"歙逆"这种词，几乎按敌国来对待了。

往后的话，更是难听："欲赴阙上书，以声歙人变乱成法之罪，欲兴兵决战，以诛歙邑倡谋首衅之人。"听见没有，都要兴兵决战了。

骂完以后，更发出威胁："一旦更派，县民情忿怒，鼓噪不服，若不及时处分，诚恐酿成大变。"

舒邦儒接了这份申文，脸都吓白了。休宁人没客气，把他的随行书吏和仆役拽出来痛打了一顿。幸而舒邦儒有官身，还不至于有人敢动他。但看这个阵仗，他也只能做小伏低，接下申文答应帮忙转交。

六月二十九日，舒邦儒好不容易穿过休宁，来到婺源，以为能松口气，结果往前一望，眼前一黑——又是数千人聚在一处，遮道鼓噪。

又来了！

这回是婺源民众，在当地乡绅的带领下聚了五千人，他们就这么围在长官身边。远远地，有一个叫程天球的乡民，居然还在县城外竖起一杆大旗，上面长长一条横幅："歙宦某倚居户部，擅改祖制，变乱版籍，横洒丝绢，贻毒五邑。"那气势，就差填上"替天行道"四个字了。

在这一片诡异的气氛中，舒邦儒战战兢兢地进了婺源县城。他没想到的是，等在前头的，是一番更诡异的局面——婺源县，居然自治了。

前面说了，婺源的知县吴琯已去职，代理县政的徐廷竹又忙着准备进京之事，整个婺源县在六月份出现了短暂的十几天权力真空期。

偏偏此时又赶上丝绢税闹得民意沸腾，当地豪强争执不休，群龙无首。于是，婺源县里的一个有心人趁势而起。

这个人叫程任卿，是当地的一个生员，原本负责司理署印。他在整个丝绢案中的地位，仅次于帅嘉谟，不过他的重要性，要到整个事件结束之后才体现出来。

程任卿是个有豪侠气质的人，他敏锐地注意到婺源县的权力真空，如果利用当前局势做点惊人之事，可以在乡梓刷出极高的声望值，对未来大有好处。

于是他四处串联，拉拢当地大族和有影响力的乡绅乡宦，同时对普通老百姓宣讲煽动，声言若朝廷不肯把丝绢税改回去，就要闹事。程天球那杆大旗，就是程任卿出的主意，走到哪里都扛着。

婺源百姓一看大旗威风凛凛，又有人要为民请命，情绪无不高涨，助威的助威，捐款的捐款。一时之间，程任卿声望大涨，风头无二。

当程任卿觉得已经掌握了婺源人望之后，作为整个运动的最高潮，他率人突然占领了婺源县衙隔壁的紫阳书院，成立了议事局，俨然要另立中央，成立自治政府。

【注释】

议事局：程任卿等人在婺源县成立之议事局，乃是民众自立的草台班子，被官方判定为非法组织，也是程任卿的重要罪状之一，官方认为他聚众百余人，自任长官，捉打公差，支用粮米，甚至要向全县征收税粮入自己的口袋，实在罪大恶极。实际上，现代意义上的议事局进入中国，同样是在万历年间，为寄居澳门的葡萄牙人所建立，又称作市议会、市政厅，负责管理租界内葡萄牙人在行政、经济、军事及宗教方面的各种内部事务，是其维持地方治安的最高权力机构。

紫阳书院，一听这名字就知道和朱熹有关。朱熹朱老夫子，恰好是徽州婺源人，所以这个紫阳书院，正宗到没法更正宗了。程任卿占领这里，显然是早就谋划好的。

这个所谓的议事局的创建目的——或者说对外宣称的目的——是组织、协调诸县的民众抗议丝绢税。程任卿自封管局，甫一上任，就准备了大量标语，上书"英雄立功之秋，志士效义之日"之类的话，贴得十里八乡到处都是。

他甚至还亢奋地放言："但有里排一名不出，我等赶上其门，有一县不来，我等赶入其县，遍传乡镇。"这是要把熊熊烈火烧到其他四县去。

至于那杆大旗，就戳在书院中间，威风凛凛。它已经成了程任卿和诸县的标志性约定，并有一个名称：激变旗。

那会儿徐廷竹还没走，他觉得你们随便折腾，但这大旗实在是太碍眼了。激变旗？啥叫激变，就是闹事啊，你们是唯恐别人不把你们当反贼？

迫于官府压力，程任卿让程天球把大旗挪到城外，但议事局的工作丝毫不受影响，继续如火如荼地开展。他先后策动了几件大事。

一是千人围攻县衙，逼迫徐廷竹代传冤情；二是动员休宁县半路拦截舒邦儒，代递申文；三是婺源城外五千民众向舒邦儒示威。

在先后数次大举动上，议事局展现出了很强的协调能力，短时间内造起了极大的声势。程任卿一看民心可用，赶紧发动他们征集捐款，每一石粮米征银六分，用以维持运营。老百姓看到好几个当官的都被迫妥协了，觉得这个议事局确实能干大事，纷纷慷慨解囊。大笔大笔的钱财，就这么流进紫阳书院。

这个议事局乃是草台班子，既无账簿，也无监管，收多少钱，花多少钱，全由程任卿一言而决。如果他想要从中渔利的话，实在是再容易不过了。

财帛动人心，就算程任卿自己是干净的，也没法保证别人不眼红。议事局里有另外一个生员，叫程文烈，他看到这大笔款项，贪念顿生，暗中策划把管局这个位置夺过来。

这个计划的实施，就定在了舒邦儒进婺源县城的次日，万历五年七月一日。

书接上回。话说舒邦儒战战兢兢地进了几乎进入自治状态的婺源县城，在七月一日安排升堂画卯。程任卿作为议事管局，也来到县衙，和一群里排、耆老等着接见。此前在休宁和婺源城外，议事局让这位大老爷吃了两次亏，下马威也给够了，现在面谈，可以争取到足够的利益了。

几个人正在谈话，正好来了一个歙县送信的快手，名叫王学。婺源人一听是歙县来的，登时脸色就不太好看。

"快手"不是现在那个"快手"，而是指衙署里负责传唤官司、传递文书的差人，和负责缉捕罪犯的捕役合在一起，就是我们所熟知的"捕快"。

偏偏这个后生态度还很嚣张，说你们不要妄想丝绢税恢复旧制了，我们歙县花了700两纹银，搞定了府里的户房程德焕，就连你们的管局程任卿也同意了。他拍着胸脯说可以说服五县认缴丝绢税。

愤怒群众一听，大怒，这还了得，立刻叫嚣着把婺奸程德焕、程任卿拽出来。程文烈趁机和其他几个人鼓噪呐喊，带领群众冲入县衙。

可怜程任卿前一刻是革命元勋，后一刻就被打成了出卖婺源的反动分子。他大声抗辩，可是根本没人听，直接被按在地上痛打了一顿，几乎打得吐了血。程文烈兴奋地站在高凳之上，指着程任卿说给我狠狠打！这伙人打到兴头上，还拿出刀来，把他从县衙胁迫到紫阳书院，继续施暴。

特别要指出，这一段详尽描写不是笔者凭空想象，真的是史料里明文记载的。

但程文烈跟程任卿打了个两败俱伤，反而让另外一个叫何似的读书人渔翁得利，坐上了管局的位子。何似登位后的第一件事就是赶紧去挪用公款，结果一查箱底，还剩六两白银，又惹起一阵内讧。

舒邦儒一看这架势，闹得实在不像话，正要写信回府里求援。婺源人担心议事局的丑事曝光，居然把送往徽州府的公文全都拦截了，不允许传递。舒邦儒坐困愁城，这下连消息都断绝了。

婺源议事局这边大乱，休宁那边也是一片喧腾。

在吴大江、程时鸣几个当地读书人以及豪强的带头之下，一万多乡民聚集起来，搭着木梯，直接翻上县衙墙头，把告示榜文全数撕毁，砸掉一切和歙县有关的商铺设施；然后又高举黄旗，日夜围着县衙鸣锣呐喊，挟持知县陈履；他们甚至找了几个人，身穿青衣小帽，手执锁链，声称要直接把所有参与丝绢税方案制订的官员锁拿进京。

休宁人也向婺源人学习了"先进的"信息管制经验，在各处派人把守，任何过往文书，都必须审查以后才能通过，要求"一票一揭，必经休民人验而后发"。

有了婺源、休宁两县带头，其他三县也相继发出檄文，一起闹将起来。五县人民买卖也不做了，地也不种了，专门在徽州府与外界的各个路口围堵歙县商人，见一个打一个，货物全部截留抢走。甚至有一伙激进分子，声称要闯入殷正茂在歙县的产业，烧祖屋，刨祖坟，好好给这位户部尚书点颜色看看。

一时之间，徽州境内烽烟四起，政务为之瘫痪。整个徽州府，这回是彻底乱了。

徽州府这下可再也无法安坐。新上任的知府徐成位一脸黑线，委屈得要死。明明是前几任知府姑息搞出来的事，结果这炸弹却等到他上任才爆炸，实在太欺负人了。

可怜他一介知府无权更改丝绢方案，又不敢瞎许诺什么，解决不了深层次的矛盾，只能含糊其词地发了无数公文试图安抚，效果可想而知。

与此同时，徐成位顾不上体面，急忙向抚、按两院及兵备道发文求援，请求上级迅速拿出个办法来，不然徽州今年怕是连税都没人交了。

上头还没来得及做出反应，徽州变乱又掀起一股离奇巨浪。

婺源县里有一批驻军，带头的军官叫赵涞，也是歙县人。他一直很想回家看看，苦于军法森严，不敢擅动。这次赶上暴乱，他连夜带兵撤出婺源，直奔歙县而去。为了掩人耳目，赵涞还派手下歙籍士兵到处散布流言，说婺源人要暴动。（这个说法来自婺源，真实性是很值得怀疑的，姑妄听之。）

【注释】

把总：根据《明史·兵志》的记载，明代京营分为三大营，设千总、把总等领兵官；各地方总兵之下，也设有把总领兵。故，把总在千总之下，领兵几十人至百人，为军队中的基层领兵官，相当于现在的排长或连长。

婺源人听到歙县人造谣说他们造反，勃然大怒，议事局立刻派人到处散播谣言，说真正想造反的是歙县人。负责协调的人到了休宁，休宁这边的带头人吴大江表示，你们玩得不够狠，看我们的！

此前他们已经挟持了休宁知县陈履，所以官印可以随便乱盖。吴大江遂以休宁知县的名义，给浙江、江西、福建、广东等布政司衙门发去飞报，声称休宁、婺源两县遭到一万多名歙贼的入侵，休宁知县陈履被掳走，婺源署理县事的推官舒邦儒惨被殴打，连兵备道都被围了，歙贼不日将越境四出，情况十万火急！

万余"歙贼"入侵，真亏他想得出来，想象力太丰富了。

休宁县的伪造公文发得痛快，那些接到急报的外省布政司衙门可全都傻眼了。

徽州的地理位置比较特殊，如果这里发生暴乱，整个东南都要为之骚动。因此对这份军情急报，东南诸省都很重视。

可研究来研究去，各省布政司衙门觉得很奇怪。

徽州府的上级主管是应天巡抚，按道理出了乱子，应该先往南京那边报才对。如今休宁县的告急文书越级不说，居然还跨省，难道……南京已经被"歙贼"占领了？

四省布政司的冷汗登时就下来了。

"歙贼"居然嚣张到了这地步，当年倭寇也没这么厉害啊。

这下子，真正是江南震动，诸省哗然。谁能想到，徽州府出了这么一个厉害的县，敢和整个江南单挑。在那几天，"歙贼"风传江南，人人闻之色变，充满了黑色幽默的荒诞。

南京方面不是傻子，眼看整个东南都震动了，大为不满，责令徽宁兵备道尽快查明这"歙贼"到底是怎么回事。

徽宁兵备道有维持地方治安的职责，闹到这个地步，他们自然也坐不住了。副使冯叔吉赶紧率先做出反应，连发两道安民告示。

先一道语气严厉，让民众各自回家，"如有随途跟走，群呼类引，嚷乱有声者，即系恶少棍党"。后一道语气柔和，说冯副使准备巡看五县，仔细倾听百姓呼声,不过天气太热容易中暑,大家可以不必远道迎接,留几个人问话就是。

这不是客套话,冯叔吉真的亲自赶到徽州,还带着不少兵马。他一是巡视五县,弹压民乱;二是要查明"歙贼"的真相。徽州府也赶紧发出禁约,禁止六县民众互相仇视伤害,否则严惩不贷云云。

至于应天巡抚,他正忙着给那些受惊扰的外省衙门解释,南京没事,徽州也没有乱贼流出,大家不要惊慌……

无论徽州府还是兵备道,此时的态度都还好,只是温言劝慰老百姓别误会,并没摆出一副赶尽杀绝的嘴脸。可熟悉官场的人心里明白,这只是因为官员们要尽快平复乱局,等事态平息,就要秋后算账了。

一直到这时,五县里的乡宦们才意识到,这回可能有点玩大了……

起初五县闹事,这些乡宦一直在背后推动,希望借此施压,可民心一起,就不是他们所能控制的了。

休宁县有位乡宦叫汪文辉,在当地极有地位,官至尚宝司卿,算是见过大世面的人。他最初也积极支持五县维权,可到了这会儿,他觉得不对劲了。汪文辉紧急联络了几个有力之人,说这事得往回收,咱们是维权,不是谋反,真闹大了,有理也变没理了。

汪文辉连忙准备了一份揭帖,上书徽州府,语气恳切地解释说五县并不打算闹事,只是被逼太甚,民心不稳而已,外头传言什么遮道殴打、竖激变旗什么的,都是谣言,我们跟舒推事感情好着呢!

他的文笔颇佳,一边解释,一边还不忘告状:"今各县愤激,事实至此,衅孽始萌,犹可杜息。其指斥之实,惟知切齿于殷门;其号呼之状,惟欲求申于官府,其迫切之情,惟欲求通于君父。"

三个排比,层层推进,既把暴乱这件事洗得干干净净,又指出乱源在于殷正茂这个王八蛋——我们是反奸臣不反皇上,是大大的忠臣。

有他带头,其他几县也纷纷上书,调门一致降低,都态度恳切地表示:小民只是惊慌失措而已,只要大老爷把丝绢税改回去,我们都是顺民。

乡宦们的呼吁,让民间的热度慢慢降了下去,然后朝廷的脾气就上来了。

七月二十日,这次不是兵备道,而是更上一级的巡抚都院气势汹汹地发出安民告示。这次的口气截然不同，没有含糊地称"五县"或"六县"，而是直接点了休、婺、祁、黟、绩五县的名，杀气腾腾地表示：

"如有一县一人敢倡言鼓众者，先以军法捆打，然后问遣，决不姑息。"

耐人寻味的是，与这份安民告示一并送达徽州府的，居然还有一份兵备道捉拿帅嘉谟的公文。

在这份公文里，逮捕帅嘉谟的理由特别值得一读："以歙县津贴之费，输纳冠带，夸张梓里，以致五县居民愤恚不平，哄然群聚。"你这是诈骗歙县百姓的公款，去给自己买冠带荣誉，还到处显摆，这才导致了五县民众闹事。

这些钱有多少呢？一共四十两。

看得出来，上头为了尽快平复乱局，只能拿帅嘉谟的人头来安抚五县民众了。你没罪，也得挑出点罪过来——可是，帅嘉谟一手促成丝绢税改革，这个立场是经过圣旨确认的，从这里实在挑不出毛病。兵备道憋了半天，只好胡乱找了个理由，说他挪用公款买冠带。

谁让你小子到处显摆，惹出这么大乱子，不收拾你收拾谁！

于是，这位一心为歙县谋利益的英雄，稀里糊涂地以诈骗罪进了监狱。

当然，帅嘉谟在牢里并不寂寞，因为没过几天，巡抚都院发出数份公文，点了五县里闹事的一群首恶分子的名字——程任卿、程文烈、何似、吴大江、程时鸣等几人都在名单里，要追究他们的责任。

随着这些责任人的入狱，以及各级政府的强力弹压，加上当地乡宦拼命安抚劝说，这一场轰轰烈烈的徽州之乱，总算逐渐恢复了平静。

可无论是抚、按两院还是徽州府，心里都明白，此时的平静是暂时的。暴乱的根源在于丝绢税，这个不解决，始终是个隐患。

因此他们也纷纷上书户部，表示这个丝绢税的改革，虽然是圣上批准过的，但能不能……再商量一下？

此时徽州之乱的影响，已经不局限于当地，两京官场都有震动。南京礼科给事中彭应时、湖广道御史唐裔以及北京户科都给事中石应岳纷纷上本，说徽州大乱肇始于丝绢税的改制，可见此事还需要仔细斟酌。户部尚书殷正茂身为歙县人，即使没有偏袒之心，也该避嫌，这次出事他也有责任。

其实他们对于徽州丝绢案的来龙去脉并不清楚，在弹章里只是几句话寥寥带过。他们担心的是，此事持续下去，会让整个江南都变得不稳定，这才是关乎利害之处。所以说，谁有道理谁没道理根本不重要，赶紧把这事平息才是真的，正如彭应时弹章里说的："奏请（皇上）定夺，毋得依违以杜衅端，庶地方永保无虞之庆。"

【注释】

奏请（皇上）定夺，毋得依违以杜衅端，庶地方永保无虞之庆：圣上万万不可犹犹豫豫、模棱两可啊！恳请圣上裁断是非，以正视听，杜绝此类争端，但愿能永保地方太平无事！

在重重压力之下，殷正茂只得上书谢罪请辞，不过并未得到批准。

他户部尚书的位子暂且保住了，但言路和群众的意见都太大了。丝绢税的方案，必然要做修改。哪怕已经有了圣旨，也得改。

只不过，皇上金口玉言，岂能出尔反尔。这脸，不能让皇上丢。所以朝廷给出的方案修改理由是这么说的："虽令由钦定，始有专擅之情，事属乡邦，不免有可疑之迹。"意思是，圣旨虽然钦定了丝绢税的改革，但你们在具体操作上有偏袒的痕迹，大概是主事官员的籍贯落人口实了吧。

朝廷定的调子是对的，是底下的人给唱歪了。谁唱歪的呢？到底还是让歙县出身的殷正茂背了这口黑锅。

上头既然同意修改丝绢方案，下面各路官员便重聚太平府，再次商议。万历五年十二月，丝绢税的第三版改革方案终于出炉。

这个方案与原来相比，本质上没什么区别，只不过对五县多让了一步。

歙县丝绢税不变，减免的均平银数额，从原来的3300两调整到2000两，由五县均摊。

这样一来，总计6145两白银的丝绢税，实际上歙县出4145两，五县出

2000 两。

五县民众这次没敢再闹民变，可不满之情溢于言表。你当这是菜市场讨价还价？一块不行就九毛，九毛不成就八毛，太不成体统了。我们要的可不是这个！

负担就是负担，一分银子也是负担！

老百姓闹了这么久，早就轻车熟路。抗议申文和请愿书化为无数雪花，纷纷飞向各级衙门。官员们面面相觑，还能怎么办？继续再议吧！议到大家都满意为止。

这一议，就将近一年。一直到了万历六年十一月初四，徽州府总算硬着头皮拿出了第四版方案，叫《豁免五县均平方案》。

此方案对歙县来说，没什么太大变化。丝绢税照旧，减免的均平银数额，调整到了2530两。

而这2530两，并不会摊派到五县头上。

在隆庆六年，户、礼、工三部征派徽州府的料价银，减免了一部分，一直留在府账上。同时还有一笔军需银，每年都会剩点结余。徽州府每年从这两项合计抽走1950两，替五县补进均平银里，诸县再均摊50两，一共是2000两整。如果以后每年军需银的结余不足，则从五县征派补足。

绕了好大一个圈子，等于是徽州府把这笔税扛下来了。

这样看起来很合理，可是不要忘了，这个税是每年都交的。徽州府料价银是隆庆六年的减免所得，数量只会减少，早晚用光；而军需银结余每年都不固定，今年多，明年少，万一是负数，那么这笔钱，还得让五县来承担。

换句话说，这2000两银子的来源，是不稳定的。

前面三个方案，是横向朝三暮四，让丝绢税在六县之间来回腾挪；这第四个方案，却是纵向朝三暮四，按时间轴来的。五县初期可能交得少，可随着时间推移，几乎可以肯定会逐年增多，最后回到原来的水平。

而且这里还有一个问题。

对歙县来说，减免均平银的数量是2530两。而从料价银、军需银和诸县分摊中抽走的，是2000两。

还有530两无法冲抵，账不平啊。

歙县和五县已经打滚了好多次，差不多已到底线，让谁多扛一分，估计都得爆炸。

要么，再按照第四版方案的思路，从其他科目里进行调配？

一般的调配，是不成的。因为你这里减交，那里就要多交，算来算去，总有一个科目要吃亏。一干能吏高官，就为这区区五百多两银子愁眉不展。

这时，不知哪位天才提出一个绝妙的主意——如果这个科目本身就不合理呢？让它吃亏，岂不就正好两便吗？

什么？怎么还有不合理的税收科目？

有哇，两个字：协济。

所谓协济，是指当一处官府出现资金紧张时，由上级出面协调，组织临近州府进行援助。这种援助一般来说都是临时性质的。

比如在嘉靖三十八年（1559年），为了防备倭寇，徽州府协济苏州、松江海防16,000两银子；嘉靖三十九年（1560年），为了巩固长江防御，徽州府协济镇江驻军1300两银子；嘉靖四十年（1561年），景王朱载圳前往封国，徽州府协济池州10,000两，用于迎接仪仗开销。

这些大的协济，都是因事而起，事完了，钱就不用给了。可还有一些琐碎的小协济，虽属临时征派，可久而久之，遂成定规，变成一项长期性的税负。这是大明税制的一个特点，很多科目因循成例，轻易更改不得，日积月累，形成无数散碎、复杂的短链条。

这些琐碎协济，往往与军事密切相关。因为军方的驻屯调动，不依行政划分而行，经常跨数府数县。比如兵备道副使冯叔吉这个"应、安、徽、宁、池、太六处兵备"的头衔，就是依长江而备，跨越六府。若想寻求地方支援粮饷，非得靠徽宁兵备道来协调。

因此，兵备道对各地的协济情况掌握得最全面。

按照那位官员的建议，请兵备道出面，清查一下协济费用，看哪一项有不合理之处，取消便是。

兵备道也想尽快从这个泥沼里脱身。于是在副使冯叔吉的授意下，兵备道清查了一遍账簿，很快从中挑选出一个科目：协济金衢道解池州府兵饷银。

这个科目光看名字就挺奇怪的。

金衢道全称是领金华、衢州、严州兵备道,它的驻地在衢州府,和徽州府没什么关系。徽州为什么要给它兵饷?而且这笔银子不是解往衢州,而是解往池州,那里明明是徽宁兵备道的驻地。

明明是徽州协济金衢道的费用,却要送去徽宁道的池州,这账目流向也太乱了吧?

仔细一查,原来这也是一个历史遗留问题。

早在嘉靖三十四年(1555年),为了防倭,朝廷设立了应天兵备副使,统一协调包括徽州在内的长江防务。到了四十一年(1562年),这个机构被裁撤,却没有下家来接盘。徽州府在那段时间,处于没有驻军保护的空白期。

本来朝廷觉得倭寇气焰不复往日,徽州地处内陆安全得很,这事不用着急处理。没想到好死不死,到了嘉靖四十三年(1564年),徽州突然闹了一次矿上骚乱。一群来自金华的矿工化身流贼,冲入婺源县大掠一番,徽州六县为之震动。

当时的应天巡抚刘畿手里无兵可派,遂移文邻近的金衢道,希望他们就近协防。协防需要兵饷,这笔钱自然得是徽州府出。于是徽州府专门安排了一笔兵饷,每年解送衢州。

后来到了隆庆六年,朝廷设立了徽宁兵备道,把徽州防务从金衢道接回来。按说这笔饷银该随之转过来,相应科目名称也要修改,可徽宁兵备道打起了小算盘,觉得可以从中渔利。

首先,徽宁兵备道先从徽州府征收一笔兵饷银,于情于理这都是应该的,程序上没有任何问题。然后徽宁兵备道给金衢道移文,说徽州防务我们接手了,兵饷银以后归本道所用。金衢道觉得这也合理,办了移交手续。

最关键的手法来了:徽宁兵备道并没告诉徽州府,兵饷发生了转移,反而要求徽州府在"协济金衢道兵饷银"中间加上"解池州府"四个字,意思是,以后你们交给金衢道的兵饷银,送到池州来就好啦。

徽州府非但没觉察这个小手段,还觉得挺高兴。因为解送兵饷本身也是有成本的,送到池州比送到衢州可近多了,这么一改"解池州府",我们还省了一笔运输费呢。阖府上下，都赞颂兵备老爷体恤民情。

经过这么一番操作，徽州府每年要交两笔兵饷银，名义上一笔给金衢道，一笔给徽宁道。其实金衢道早就收不到了，这两笔银子都要解去池州，落入徽宁道手里。

说白了，这算重复征税。

有人也许有疑问，交两次钱，徽州府难道傻吗？

奥妙就奥妙在这儿了。从徽州府的财务角度来看，这是两笔不同的支出，一项是给外地驻军，一项是给本地驻军。如果不知道"协济金衢道"的前因后果，根本看不出两项其实是同一项。

要知道，在一个庞大的官僚机构里，政策的执行是有惯性的（比如说在大明）。政策一旦形成惯例，即使周围情况发生变化，官员仍旧会机械地继续执行，不会主动求变，甚至畏惧变化。所谓"祖宗成法"，就是这么来的。

徽州府一直在交纳"协济金衢道兵饷银"，这已经形成了一个习惯。既然没人通知取消，那么就继续交下去好了，也没人追究它是怎么产生的。那笔丝绢税也是同样的道理，歙县不也默默地交了两百年吗？

大明的正税不多，杂税和隐形税却无比繁重，其中很大一部分，就是通过这种方式在体制内悄然形成的。积弊一旦生垢，便难以清除，积少成多，演变出无数散碎、复杂的短途税链，赋税比账面上要沉重数倍。

看到这里，我们大概能明白，六县为什么纠结于这些税目数字了。

并非只是因为他们热爱兴讼，实在是负担太重，不堪承受。从这次争议中能看到，除夏税秋粮的正税之外，徽州府还要征收南京承运库的人丁丝绢，给地方政府的六项均平银，给工部、户部的物料银，还有各种各样的地方协济……

若是再碰上徽宁兵备道这样有私心的，上下其手，又运作出一笔额外的税收，负担就更大了。此前第一版太平府方案中，徽州官员甚至还想借机运作一下，增加一点官府办公费。

更可怕的是，这些数字，只是解到库的税额，还要加上途中的扛解、火耗、补平、内府铺垫等，这才是老百姓最终要承担的税负。徽州府每年要向六七个部门分别解送税赋，每多一路，附加成本就会翻一倍。

就这样，地方杂税和临时税不断增加，附加成本随之提高，效率直线下降，整个体制逐渐变得臃肿无比，同时造就了大片舞弊空间。大部分税额，就在这些烦琐、细碎的流转环节中，被各级操盘手们吸走。老百姓交的钱越来越多，朝廷收入却不见增加，大部分都在中间环节里被消耗了。

长此以往，地方民怨沸腾，政府束手无策，最后的结果，就是调控失灵，天下大乱。

张居正搞的一条鞭法，治标不治本，它无法从根本上改变大明产生"杂税"的机制，只能略微扩大税基，把问题的爆发拖延一段时间罢了。

大明灭亡的原因，徽州府的这笔小小税赋，应该是一个很好的启示。

咱们书归正传。

前面说了，"协济金衢道解池州府兵饷银"这笔税银，本身并不合理。徽宁兵备道一直很担心，万一又碰到一个类似帅嘉谟这种爱较真的人，说不定会再起波澜。这一次既然有人提议，兵备道索性顺水推舟表示，为了徽州府安定团结的大好局面，我们吃点亏，从这笔兵饷银里抽出530两来，把最后的亏空补上吧。

这笔原本是重复征收的税，就这么巧妙地被洗白了。

兵备道高风亮节，解决了最后的问题，诸位官员看到了成功的曙光，连忙又经过一轮讨论，做了一点微调，使之更加完备：

减免料价银的库存有限，不能支撑逐年抽调，直接并入军需银。

五县额外负担的那50两也算了，省得他们啰唆，直接也并入解池州府兵饷银。

于是，在万历七年（1579年）的三月，第五版方案出炉了。

人丁丝绢6145两，仍由歙县承担，但他们负担的均平银，则减少2530两。这笔均平银怎么补足呢？由徽州府军需银抽出1950两、金衢道解池州府兵饷银抽出580两，合计2530两，转入均平银账目冲抵。

这个方案，可以说是集妥协、折中之大成，把负担压力分散到歙县、徽州府、兵备道等诸多方面。这样一来，歙县少交了2000多两银子，心满意足；五县一点负担不用加，也心满意足；徽州府和兵备道略吃了点亏，但消弭了一场大乱，杜绝隐患，也合算。

对朝廷来说，一则上交的税款并不短少，二则趁机清理冗税杂役，统一钱粮，对一条鞭法的推行也是好事——这个方案真是把方方面面都照顾到了，难怪执笔者得意地称其为"共免两全法"。

这一次，上上下下俱松了一口气。兵备道赶紧发布大字榜，通告六县新的税制，并得意扬扬地宣布："自万历七年为始，明载赋役册，永为定规。"

我相信，在张榜公布的一瞬间，这几个字轰然化为斗大的金黄色大字，配着恢宏的音乐，在徽州官场大小官员脑海中旋转。他们此时一定百感交集，涕泪交加。

不容易啊，这一场肇始于隆庆四年的大纷争，前后持续了将近十年，先后五版解决方案，至万历七年终于彻底消弭。中间多少波折，多少折腾，总算熬过去了。

尘埃落定，生活还得继续。

让歙县人感到高兴的是，旷日持久的丝绢纷争，把各种细节、征派原理都讨论得很透彻，官府上下都不太敢做手脚，反而会主动找别的税目设法再减免一点。这时又赶上了朝廷推行一条鞭法，所以歙县所承担的人丁丝绢，不必全以实物交付，直接本色折银或折色折银，不必先卖粮食再买丝了，无形中又少了一层负担。

据学者考证，万历七年之后，歙县真正实交的人丁丝绢税，其实只有额定的七成。

这一切，都是拜那个学霸帅嘉谟所赐。

而帅嘉谟后来到底怎么样了呢？

第四章　秋后算账

万历五年七月，兵备道拿住帅嘉谟，把他关在监牢里待审。同时被捕的，还有包括程任卿在内的一伙五县闹事分子。

两个月后，徽州府终于拿出了初审判决：帅嘉谟、程任卿以及其他几个人，被判充军。其中帅嘉谟的罪名是"将不干己事情，捏造写词，声言奏告，恐吓得财，计赃满贯""以陈奏而敛取"。

在状词里，徽州府描述了这样一个"事实"：帅嘉谟自夸有手段，向歙县老百姓收取银钱，说你们补贴我上京告状，我自有办法帮你们免征赋税。他利用歙县民众的恐慌心理，收敛了大量钱财，假公济私——比如私自弄了套冠带，用的就是公款。

这是一个欲加之罪的政治性判决，翻译过来就五个字："谁让你多事？"从官府视角来看，这起纷争根本是无中生有，完全是帅嘉谟一个人挑起来的，当初你如果乖乖闭嘴做你的数学作业，哪儿还会有后面这么多事？

所以官府毫不犹豫地牺牲掉帅嘉谟，来换取五县的稳定。至于这个罪名是否合理，并不在考虑之列。法律问题，咱们政治解决。

初审意见提交给兵备道。可是冯叔吉很不满意，觉得徽州府怕得罪人，给判轻了，不足以警诫别人。于是冯叔吉把这些人提到太平府，让安庆、池州、太平三府会审，再议一次罪名。

这次商议，最终给帅嘉谟定的处罚是"杖一百流三千里，遣边戍军"。这个判罚，从他本人角度来说实在是冤枉，但从官府角度，没弄死你，算是很讲良心了。

万历六年七月十九日,这份判决意见得到刑部尚书严清的支持,具题上奏,并于二十日拿到圣旨批准。一切都尘埃落定。

然后,帅嘉谟在官差的押解下离开徽州,踏上了漫漫的戍边之路。他当时是何心情,后来又发生了什么,我们不得而知。但值得欣慰的是,歙县民众并没忘记这位帮他们减赋的英雄。在《歙县志》里的义士一项,专门记载了帅嘉谟的事迹,以及一段评语:"以匹夫而尘万乘之览,以一朝而翻百年之案。虽遭谪戍,而歙人视若壮夫侠士。"

不知道在隆庆三年那个炎热的夏日,当帅嘉谟翻开歙县账簿第一页时,如果预知到未来有这么一场巨大风波,他是否还会继续。

丝绢案的始末和帅嘉谟的经历,就讲到这里,不过故事还没说完。

因为英雄并非只有他一个。

在五县民众心中,也有好几个慨然倡义、奋勇抗争的大英雄。如果没有他们的拼死反抗,恐怕官府早在万历四年就把歙县的负担强加过来了。

这些人,也都是当之无愧的五县义士。

比如曾经卷入议事局风波的何似,在等候判决期间去世,死之前留下一封遗书,写得十分慷慨激昂:"身虽殒殁,而生平义气之正,鼎镬甘如饴,刀锯不足惧者,必不与囹圄而俱泯。"

不过在官府眼中,这些人是地方上的刺头,欲除之而后快。于是这些人和帅嘉谟同时被捕,罪名各不相同。有的是聚敛骗财,有的是聚众斗殴,有的是寻衅滋事,判罚也轻重不一,从杖责、下狱到流放充军都有。

其中罪名最重的,就是程任卿。他搞起了议事局,仅这一项就和别人的性质截然不同。

官府对他的判词里说:"以欺众罔利之徒,转为犯上作乱之渐,建旗张局,召号者数过万余,缚吏侮官,陆梁者状非一出,造飞言于达路,则江、浙、闽、广亦各惊心。毁禁示于公墙,则山泽间阎几为解体。"

这些罪状,都是大犯忌讳的事,从判词来看,距离谋反只差了一线。

所以程任卿的判决最重,居然是斩监候——相当于死缓。整个徽州大乱中,被判处死刑的,只有他一个。

程任卿真是个奇人，在监狱里得知这个消息，没有哭诉哀号，而是慨然上书自辩。他不愧是徽州出身，自带讼师光环，洋洋洒洒写了一大篇，居然探讨起判决书里援引的大明律和犯罪事实的适用问题。

他没否认那些指控事实，但是声称判决引用的法律条文不对，性质不适用于本案。一点、两点、三点……论点鲜明，逻辑缜密，旁征博引，简直可以拍一部大明版的《律政风云》。如果说帅嘉谟是数学学霸的话，那么程任卿就是生不逢时的法律达人。

这些抗辩，并未能改变他被判死刑的事实。不过斩监候这个罪名很微妙，判了死刑，但什么时候执行却没说，这就留下许多可以操作的空间。

在许多有心人的保护下，程任卿并没有秋后问斩，而是舒舒服服待在监狱里。徽州府考虑到五县民众的情绪，不敢轻易执行死刑，索性一直拖着。

程任卿在监狱里待久了，穷极无聊。他决定做一件有意义的事情——写书。

狱中写书这事，在中国屡见不鲜。不过程任卿要写的这本书，和寻常的可不一样——准确地说，他不是写，而是编书。程任卿联络了徽州府的官吏和诸县友人，把围绕丝绢案的大大小小的文书，都搜集起来，汇集成册。

要知道，丝绢案持续了这么久，中间各个利益集团无数次争吵议论，留下了大量文字资料。乡绅们的书信、题记、状书，诸县申文，诸府、兵备道、抚按两院一直到户部的各类揭帖、告示、宪牌、奏文、判决书、保书，等等，应有尽有。

徽州又有健讼传统，健讼的前提是有深厚的资料基础，因此各县都有保存档案的习惯，私人还偷偷留下抄本。因此，程任卿编这本书不缺素材。

他只花了半年，便编撰成一本书。

不知出于什么目的，程任卿给这本书起了一个特别容易让人误会的名字，叫《丝绢全书》，不知道的还以为是讲怎么造丝绸的，以后可以和《钢铁是怎样炼成的》放在一个书架里。

《丝绢全书》分为金、石、丝、竹、匏、土、革、木八卷，从隆庆四年帅嘉谟上书海瑞开始，到万历七年《奉按院豁免均平公文》终（其实最后还附了一篇何似的临终说帖），一共收录各处文书一百三十七篇，基本上囊括了整个徽州丝绢案从官府到民间的全部重要文献。

按照程任卿的想法，他编这本书的目的，是剖白心迹，表明冤屈。很难得的是，程任卿并没有一般文人的臭毛病，他虽然自认冤屈，但对《丝绢全书》没有进行任何裁剪修纂，始终保持客观中立。哪怕是对他和五县不利或漫骂的文字，照样一概收录，不改一字，最多是在底下加一行批注，略微辩解几句。

《丝绢全书》里的很多歙县文献，把程任卿描述成了一个贪图小利、沽名钓誉的丑角。不知道程任卿编撰到这一部分时，是不是会摇头苦笑。但他严守立场，未做涂抹，而是原封不动地抄录进去，堪称史学家的典范。

中国很多古代史料，往往只记录大要而忽略细节，重结论而轻过程，多高层而少下层，所以很多事件——尤其是民间的事件——记录语焉不详，框架虽在，细处缺失。后世之人，只能从字里行间的蛛丝马迹去猜测。像徽州丝绢案，在《明实录》里只有一句描述。光看那个，研究者恐怕只会当其是一场普通民变，一掠而过。

感谢程任卿，能保留下这么多材料，我们才得以窥到当年那一场大辩论的真实风貌，从起因到结果，从官府态度到民众反映，无不历历在目，生动无比。

这篇小文里有大量细节描写，绝非"键者"杜撰脑补，实在是《丝绢全书》里收录的资料太细致的缘故。明代民间县一级事件，能记录到这种程度的，可谓绝无仅有。

（附截图一张，足见里面提供的史料详细到什么程度——差不多可以当电影脚本来用了。）

搖惑衆心，捏稱歙民將銀七百兩托不在官府書程鳳，送本縣不在官吏程德煥，管局程任卿認納絲絹，是虞縣丞魁緻依准等言，傳揚城市。程文烈與張蒼、陳憲光、金伯梧、程記、王慶各又不合，揚旗鳴金，率衆擁入縣廳，擂皷吶喊，將程德煥細打，又擁進虞縣丞衙內捉本官，扯扭出街，拖至局內。程文烈、王慶各又不合，將本官員領提倒，張蒼原充徒夫，又不合，手執尖刀一把架在本官頸邊要殺，陳憲光、金伯梧、程記各又不合將本官歐辱，以致本官當時嘔血，方得放囬。程文烈又不合，站立高櫈，喝將程任卿趕打，比任卿因與文烈許爭，俱不入局，何似又不合，乘機隨向汪時等說，稱任卿被歐，原局不可一日無主，爾等可報我為謀程任卿的这个斩监候，一候，就候了二十年。后来有个做官的同乡叫余懋学，上书给他喊冤，最终得以改回充军，并被发遣到边疆。程任卿这人也真有能耐，戍边期间居然还立了大功，当上了把总，最终荣归故里。

婺源人民，始终记得这位抗争英雄，也在《婺源县志》里的义士传里留了一个位置给他。而《丝绢全书》，也因此流传至今。

程任卿的事，就这么结束了。

但丝绢的故事还没完。

万历二十年（1592年）前后，距离徽州丝绢案已经过去十几年。这件尘封已久的案子陡然又被掀开一角，显露出了一个此前几乎没人留意的惊天细节。

掀开这一角的，是一位婺源籍的官员——南京户部右侍郎余懋学。他忽然上了一道《豁释丝绢大辟疏》，为程任卿乞求减刑。在这篇疏里，余懋学讲述了当年徽州之乱期间发生的一件隐秘往事，而且牵涉了一位曾经的大人物——张居正。

万历三年，余懋学时任南京户科给事中，以敢言直谏而著称，先后数次上书，批评张居正的种种政策太过操切，言辞十分激烈，是变法的反对者之一。尤其是万历五年"夺情"事件之后，张居正把余懋学削职为民，赶回婺源老家永不叙用。

余懋学返回婺源之时，正赶上徽州之乱爆发。

当徽州丝绢案爆发之时，有人来找余懋学助威。余懋学为人比较警惕，没有答应，只是写了封信给徽州知府，劝说恢复旧制。结果户部尚书殷正茂误以为他也参与其中，还写信来询问。余懋学忽然意识到，这是张居正余怒未消，打算借机惩治自己，便行事更为谨慎，闭门不出，也不与别人来往。

万历五年八月前后，暴乱差不多结束了，官府开始四处抓人。可奇怪的是，无论是两院还是兵备道，首先发出来的缉拿令，都口口声声说是豪右宦族作乱。

余懋学这个说法，在《丝绢全书》里也有佐证，其书里收录了《查豪右牌面二张》《按院再议均平查访豪右宪牌》《都院再访豪右宪牌》三份文件，都是各级官府的明发文件。另外还有一份歙县人的举报信，说五县暴乱的主谋，在于"二三豪右，坐地主盟"。

官府为什么把矛头对准当地土豪乡宦？余懋学认为，这是得自张居正的授意，试图把他也攀扯进来，好进一步报复。

按照余懋学的说法，在事件期间，张居正给应天巡抚胡执礼写了封密信，指名说婺源大乱的根源，在于前南京尚宝司卿汪文辉和余懋学；同时张居正还指使都御史王篆，写了一封信给应天巡按郑国仕，说余懋学和另外一个叫洪垣的婺源乡宦是主谋，一定得严惩。

甚至连殷正茂，都亲自给徽州知府写信，暗示余懋学和暴乱的关系。

种种压力之下，各级官府不得不积极行动起来，开始大张旗鼓地抓捕当地豪强。可命令传到了徽州府这一级，态度陡然消极下去——这完全可以理解，朝廷与基层之间隔着一道乡绅，要实施有效统治，不争取到他们的合作是不行的。

徽州府若是傻乎乎地听从上级指示，使劲打击当地豪右，那会得罪一大片人，以后管起来就更难了。所以徽州府给朝廷回了一封公文，叫《本府回无豪右申文》，不用看内容，光看标题就知道："本府不存在豪右，自然也就谈不上抓捕了。"

胡执礼和郑国仕本来也只是迫于张居正的压力，才发牌捕拿。现在徽州府否认，加上余懋学在北京的几个朋友王锡爵、陆光祖、李世达等人也写信过来劝其守正，抚、按两院乐得顺水推舟，改口说既然不是豪右作乱，那一定是生员闹事，改抓他们吧。

然后，这才有抓捕程任卿等人的动作。

在给这些人议罪之时，张居正因为找不到余懋学的罪碴儿，心里很不爽，又听说余懋学跟程任卿关系不错，便特意指示刑部要严办。结果原本给程任卿判的是充军，被张居正这么一插手，最后变成了斩监候。

这些八卦，余懋学本来是不知道的。他后来起复，重回官场。李世达和郑国仕给他出示了张居正和王篆的亲笔信，他才知道当年自己处于多么危险的境地，自称当时吓得"毛发犹为悚然"。

至于程任卿被判死刑，余懋学认为不过是代他受过罢了。

余懋学这次上疏，希望能够申请豁免程任卿死罪，改判充军流放。他还特意提及，当时的户部尚书殷正茂致仕以后，隐居歙县，也一直为释放程任卿而奔走，说明他内心有愧。

余懋学是言官出身，笔法厉害，为了替程任卿正名，狠狠地批评了一通朝廷对徽州丝绢案的处理意见，先后列举了五不堪、五不通、四诬捏、四不协，如同檄文一般。

言外之意，整个徽州之乱，张居正得负首要领导责任，是他强行偏袒歙县，强令户部、应天两院改税，五县人民，尤其是婺源人民被迫反击，是有大义名分在的，不可以简单地定义为"民变"。

余懋学讲的这个故事，我觉得真实性有待商榷。从推广一条鞭法的角度出发，张居正确实对徽州之乱施加过一定影响力，但若说整件事情就为了针对一个回家待业的前言官，未免太过阴谋论了。最多是张居正搂草打兔子，顺便而为罢了。

徽州之乱，究其过程，跟余懋学本人真没什么关系，他单纯是想多了。

有趣的是，别看余懋学对徽州丝绢案有诸多批评之词，却只字不提翻案之事。不光不提，他在文章最后不忘补上一句："乃若丝绢均平，处分久定，臣不敢复置一喙，以滋纷扰。"

什么意思？现在丝绢案已经过去了，我也不好多说什么，免得再生变乱。

余懋学心里很清楚，徽州的"人丁丝绢"税惹出那么多风波，费了多少力气才算谈妥。他身为徽州人，可不敢轻易言改。万一因为自己一言而再起纷争，徽州上下，非把他吃了不可。

批判张居正容易，再辩论一次徽州的丝绢税？还是算了吧。

笔与灰的抉择

婺源龙脉保卫战

万历二十八年（1600年）的九月初九，正逢大明的传统佳节——重阳节。

在这一天，帝都的天家会登上万岁山，登高燕饮，簪菊泛萸。从京城到十三个布政使司、南北直隶的普通百姓，同样也要畅饮重阳酒，分食花糕。家里有女儿的，还会在这一天返回娘家，一起拜祭灶神和家堂，其乐融融。

不过此时的南直隶徽州府婺源县，却是一片愁云惨雾。居民们虽然也忙于重阳之事，可都有些心不在焉。从知县、县丞、主簿、典史、县学教谕到当地有名望的乡绅乡宦，都聚在紫阳书院，一脸颓丧，一脸愕然。

就在一天前，有本县的快手从南京风尘仆仆地赶回来，抄回了一份乡试榜单。

明代科举分为三级：乡试、会试、殿试。其中乡试是行省一级的考试，三年一次大比，考试时间是在八月，因此又称"秋闱"。能通过秋闱乡试的士子，成为举人，有了进京跃龙门的资格——范进中举，境况立即天翻地覆，可绝不是小说家夸大。

万历二十八年庚子，正是大比之年，整个南直隶的学子都汇聚到了应天府，集中考试。乡试一共三场，一般于八月九日、十二日和十五日举办，放榜日期则视考官阅卷速度而定。像南直隶这种文教繁盛之地，每一届考生都高达四千余人，往往拖到九月初才会放榜。

榜单一出，婺源县派去观榜的快手第一时间抄了结果，回报县里。

这次结果，让他们无比震惊。

婺源，脱科。

就是说，婺源县去考试的士子，一个中举的都没有。

严格来说，这一届婺源县中举的有两个人，一个叫汪元哲，一个叫汪若极。不过他们俩一个是六合人，一个是旌德人，只是寄籍在婺源县学。所以更准确的表述是：万历二十八年秋闱，婺源县本籍学子全军覆没。

这简直太荒唐了。

婺源是什么地方？那是朱熹朱老夫子的祖籍所在，儒宗根脚，灵气攸钟，一等一的文华毓秀之地。

即使好汉不提当年勇，只看本朝往届乡试成绩：上一届，也即万历二十五年（1597年），婺源籍中举士子七人；再上一届，万历二十二年（1594年），中举士子六人；再上一届，万历十九年（1591年），中举士子七人；甚至在万历十三（1585年）、十六年（1588年）两届，每一届都赫然有八位婺源士子过关。前追隆庆、嘉靖、正德、弘治、成化诸代，哪一届秋闱，婺源县都能拿下至少一掌之数的解额。

要知道，这可是南直隶，是竞争最残酷的考区。婺源区区一县，能保持如此之高的中举率，足可以自矜文运丕隆。

这么一个科举大县，今年竟然被剃了一个光头，这怎么可能？

婺源人的第一个念头是，不会是主考官在舞弊吧？

科场舞弊，不算什么新鲜事。不过这一届的主考官，一个叫黄汝良，一个叫庄天合。黄汝良是著名的清直之臣，顶撞过藩王，惩治过南京守备太监；庄天合是万历皇帝的老师，行止端方，两个人都不像是会作弊的人。

那问题只能出在提调官身上。

提调官是负责科举具体庶务的官员，最容易居中搞搞猫腻。这一届的提调官是应天府的府丞，叫徐公申。婺源人一打听，问题还真出在这家伙身上。

嘉靖四十年之后，应天乡试不允许南直隶籍贯的人做主考官，以防有偏袒同乡的行为，对提调官的籍贯却没限制——毕竟提调官不管阅卷，想偏袒也没办法。

可人的智慧总比规则要高明一些。不参加阅卷，同样有办法做做手脚。

徐公申是苏州长洲人，他利用提调之权，故意把老家苏州、松江、常州三府的卷子和江北的庐州、凤阳、淮安、扬州四府的混在一起，先送进考官房；等到阅卷过半，他再把应天、镇江、徽州、宁国、池州、太平六府的卷子送进去。

科举都是主观题，是否中举，完全取决于考官一念之间。江南士子的水平，比江北高出一截。徐公申把江南三府和江北四府的考卷掺在一起送进去，无形中会产生对比，让三府中举率更高。

更何况，本届乡试人数太多，考官阅卷的时间有限，容易心理倦怠。批前面的考卷，可能还会仔细批阅品味；批到后来，便开始敷衍，恨不得全刷下去才好。徐公申把应天等六府的卷子押后送达，等于为自己老家淘汰掉了一半竞争对手。

对这个行为，六府考生愤恨不已，却也无可奈何。

人家一不受贿泄题，二没冒名夹带，三无涂改考卷，只不过是改了改送卷的次序，没违背任何规则。因此这件事虽惹得物议汹汹，但终究还是不了了之。

婺源人得知真相之后，悻悻而退。算了，这次运道不好，下次咱们再来讨回公道。

三年之后，万历三十一年（1603年），癸卯秋闱再开。这一次应天乡试出现了前所未有的盛况，赴考士子超过六千人，是明代南直隶乡试人数最多的一届。而录取解额只取一百三十五人，百分之二的录取率，可谓空前残酷。

这一次婺源县尽遣精英，务必要一雪前耻。

重阳节之前，榜单贴出来了。

婺源士子中举者，有施所学、方大铉、余懋孳、卢谦四人，其中卢谦是庐江籍，婺源本籍的只有三人。

总算没脱科，但也仅仅比没脱科好那么一点点。不过婺源人的希望还没彻底断绝，因为考试还没结束。

乡试结束后，全国举子将在次年的年初赶赴京城，参加礼部举办的会试，称"春闱"。会试通过的考生，叫作贡士，仕途之望已是板上钉钉。接下来皇帝会亲自主持一场殿试，没有淘汰，只为这些贡士排一个名次，分三等。

一甲有三人，赐进士及第，即我们所熟知的状元、榜眼、探花；二甲若干人，赐进士出身；三甲若干人，赐同进士出身。

婺源的举人数量不少，只要任何一位能在会试和殿试拿到好成绩，就足以抵消婺源县在乡试中的发挥失常。

转眼来到万历三十二年（1604年），会试考完，殿试金榜很快也公布了：一甲三人，没有婺源学子的名字——顺便一提，这一科的榜眼是未来几乎挽救大明的孙承宗；二甲五十七人，也没有婺源学子的名字；直到三甲放出，才在第一百零一的位置上出现了余懋孳的名字。

哦，对了，陪余懋孳在三甲队伍的，还有一个毛一鹭。将来他会成为应天巡抚，在苏州杀死反对魏忠贤的五个义士，成就一代名篇《五人墓碑记》。

金榜名单传到婺源县，整个县城陷入一片恐慌。

整整六年时间，整个婺源县只出产了一名同进士和两名举人。这个成绩在那些边鄙小县，或许是不得了的成就，可对婺源来说，却不啻是场灾难。

往小了说，学子的科举成绩，决定了当地官员的考评。像是县学教谕，至少得培养出三名举人，才能获得升迁资格。若是连续几届秋闱失利，连知县的治政能力都要被质疑。

往大了说，科举是进入大明官场的唯一正途。入朝则为高官，致仕则称乡宦，当地的政治实力和话语权，取决于本籍士子们的仕途之路，一损俱损，一荣俱荣。

现在连续两届科举惨淡收场，也难怪婺源的乡绅乡宦们如此紧张。举人梯队断了档，意味着在未来二十年内，婺源县的影响力将狠狠下降一截。别说跟其他府县对抗，就是在自家徽州府比较，婺源也将落后于歙县和休宁县，沦为二流之列。

这可不只是面子受损，还涉及巨大的政治与经济利益分配。大明地方上起了纠纷，当地乡宦会联名上书，表达意见。谁家的乡宦地位高、牌子硬，谁就能占便宜。婺源现存的老乡宦们，实力还比较强，可他们早晚会死，如果没有新鲜血液补充，长此以往，县将不县。

危机临头，当地的有识之士们纷纷开始反思，问题到底出在哪里。

县学的师资力量，不可谓不尽心；县衙对教育事业的重视与支持，不可谓不周致；婺源大小家族对士子的供养，不可谓不丰厚；婺源境内的读书风气，不可谓不浓厚。

一切都运转正常，总不能说婺源这两届是单纯运气不好吧？

怎么不能？

大家正在议论纷纷，这时婺源县学里有一位叫程世法的生员，他提出一个猜想：婺源的运气不好，会不会是风水出了问题？

别笑，他是认真的。明代笃信风水之说，徽州这里尤其痴迷。都说徽州人爱打官司，这些官司里有一半是因为各种风水侵争。他们认为风水格局关乎一家之际遇、一族之起伏，乃至一地之兴衰，必须予以重视。

婺源的风水，一向被本地人引以为傲。境内号称"群山入斗、风云绵密"，无论格局还是形势均是上佳，因此才能孕育出朱子这样的圣人。整个婺源风水的核心，恰好坐落在一条龙脉之上。

要讲清楚婺源这条龙脉的厉害，得先讲讲它的来龙和去脉。

在婺源县的北方，有一座大鄣山，《山海经》里叫作"三天子鄣"，属于黄山余脉。它像一条巨龙般盘卧在皖赣边界，号称"诸山祖源"。大鄣山系黄山向南伸出的一条旁支，没走多远，奇峰陡起，拔起一座海拔一千六百三十米的擂鼓峰——婺源境内的最高峰，也是婺源龙脉的来龙所在。

擂鼓峰的山势先向西南，再转东南。一条地脉跌宕盘结，不断经过退卸剥换，从通元观、石城山、郑家山、西山至里外施村、里外长林、石岭，并于船槽岭过峡。

船槽岭这个地方，地质特征特别明显。它的山顶凹陷内收，状如狭长的船槽，故称船槽岭。其中最大的两处凹陷，分别叫作大船槽和小船槽。其上有文笔峰，有砚池，还有日月双峰对峙，俨然文脉气魄。

在大小船槽之间，有一条很狭窄的通道。龙脉于此过峡，并分为三条支龙。第一条龙伸向西南，至严田散为平地。第二条龙奔向东方，直接挺向清华镇，在那里与婺水汇合，呈长龙入水之势。婺水在清华镇外与月岭水、浙溪水合拢，挟着龙脉余势继续南下，化为星江河直入婺源县城。第三条龙则是向南方走杨村、峡石、洪村，延展到婺源县城。

图二·1 龙脉示意图

　　从地图上可以看得很清楚，这一段山脉的形体非常清晰，枝干匀称，跌顿有序，主脉直进而少盘结，这在风水里，叫作"进龙"，主青云直上。加上它又与星江河互相烘托，龙借水势，格局更为深闳。

　　明代的风水大师，曾经如此评价婺源龙脉："龙峡展开大帐不下数里，中为中峡，前后两山相向，三龙会脉，中夹两池，合为一山，形家所谓'朋山共水，川字崩洪'是也。峡内五星聚讲，文笔插天，砚池注水，石石呈奇，难以尽述。左右帐脚，护峡星峰，跌断顿起，胚秀毓灵，真通县命脉所系。"

　　这个"中峡"，即指船槽岭，乃是龙脉正干的枢纽所在。从风水理论来说，确实是一个有利于出文曲星的格局。在一些婺源文人的笔下，甚至把船槽岭和泰山相提并论，后者孕育出孔圣，前者孕育出朱子。

　　风水虚妄与否，姑且不论，反正当时的婺源人真诚地相信这个理论，认为龙脉与本县文运息息相关。

程世法懂一点逻辑,他觉得既然本县龙脉能庇佑文脉顺畅,那么如今金榜荒芜,想必一定是龙脉出了问题吧?于是他着手做了一番调查,调查结果令程世法十分震惊。

按照行政区划,大、小船槽岭属于婺源县的十七都、十八都、二十三都和四十三都——都是在乡之下的一个行政单位——这四个都的区域,恰好涵盖了龙脉中最重要的过峡一段。

不知何时,在这四都一带的山岭之间,多了许多灰户。

灰户,即专门采制石灰的工匠。

于谦于少保曾经写过一首《石灰吟》,抛开个人志趣不谈,四句诗恰好是古代采制石灰的标准流程:千锤万凿出深山——将石灰岩从山体上凿下来;烈火焚烧若等闲——把石灰岩碎块与木材或煤炭分层铺放,引火燔烧,把碳酸钙转化成二氧化碳和氧化钙;粉骨碎身全不怕,要留清白在人间——在加热过程中,石灰岩块彻底变成白粉末状的生石灰。

石灰在明代的应用范围极广,举凡建筑、消毒、装饰、炼丹、战争、医药、印染、造纸、船舶等行业,无不见其身影,需求量极大。

船槽岭一带的山体,主体由优质的石灰岩构成,易于开采,附近还有丰富的植被,可以就地采伐充作燃料,开窑极为便当。当时的记载称这里"随挖随烧,随烧随碎,柴省而灰美,力半而利厚"。

而且船槽岭距离清华镇极近,那里是一个交通枢纽,沿星江河南下,从上饶可入鄱阳湖,自新安江、富春江可至钱塘,自清弋江入长江,顺流可到南京、扬州,可以说是辐射吴楚,物流快捷。

船槽岭有这么得天独厚的生产条件,不搞石灰产业,简直是天予不取,反受其咎啊。

可是在风水理论里,龙脉以山石为骨,以土为肉,以水为脉,以草木为皮毛。如今这些灰户在船槽岭天天凿石挖土,伐木焚林,等于是在龙身上一块块地剐肉下来。

本县龙脉天天被灰户凌迟,这婺源士子在科场上不吃瘪才怪呢。

领悟到这一层道理之后,程世法一头冷汗地跑回县学,把这个发现讲给同学们听。他的同学大多来自婺源大族，回去之后讲给家里长辈听。一传十，十传百，终于惊动了婺源县的大佬们。

万历三十二年开春，一封请愿书送到了婺源知县谭昌言的案头。

谭昌言打开请愿书，还没看正文，先吓了一跟头。这请愿书的开头两个字是"具呈"，文书惯用的抬头，意思是备办呈文。接下来，则是密密麻麻一连串人名，足有五十五人。

名单最前面的，是曾在朝中做官的乡宦们，总共三十四人，随便一个名字都掷地有声：有兵部左侍郎汪应蛟、户部右侍郎游应乾、太仆寺卿余一龙与汪以时、大理寺正卿余启元、大理寺右寺丞余懋衡、云南广南知府汪昌龄等，还有一大堆广西按察使、辽东兵备副使、福建布政使、礼部郎中、江西道监察御史等等，最低也曾是副部级高官。

唯一的例外，是刚刚得了同进士出身的余懋孳，他是婺源两科独苗，还未授官职，但已有资格与这些先贤同列共署。

这三十四人，个个身份优崇，人脉深厚，可以说是婺源县实际上的统治者。在他们之后，还开列有八位举人、八个贡生，以及三个廪增附生。

举人不用多解释，贡生是指那些被府县选送入国子监的优秀生员，大概类似于特招或保送。而这个廪增附生，就非常奇怪了。

明代的儒学官校有人数定额，朱元璋规定府学四十人，州学三十人，县学二十人，称为廪生，由国家每月发米养活。后来随着科举制度逐渐成熟，读书人越来越多，但祖制又不能变，怎么办？官府只好再增加一部分名额，这部分人叫"增生"，不享受廪米待遇。后来"增生"名额也不够了，再添加一部分，叫作附生，即附学生员。慢慢地，廪、增、附变成了三个学生等级，刚入学的统统是附生，如果考试成绩好，可以升格为增生，再升廪生。

换句话说，廪增附生就是婺源县学里的学生仔。

这些学生何德何能，能跟前面那些高官学霸同列？原来这三个人叫俞起震、程元震和程世法。很明显，程世法是"龙脉被毁之说"的首倡者，那两位同学曾跟他一起结伴勘查。所以他们三人虽然身份低微，但仍可以附骥凤尾，篇末署名。

谭昌言看完了具呈名单,胆气已然弱了半截,赶紧往下看正文,瞧瞧这些大佬到底有什么诉求。

正文倒不算长,三百多字。开头简述了一下婺源风水龙脉有多重要,然后笔锋一转:"近龙愚民乃以射利之故,伐石烧灰贩卖,以致龙身被削,肢爪被戕。故庚子秋闱脱科,癸卯贤书仅二。生等蒿目痛心,恐石尽山赭,不独人文不振,将来尤大可虞。"

"蒿目"一词,出自《庄子》"今世之仁人,蒿目而忧世之患",引申为忧虑地远望着那艰难时局。

用这么一个典故,便把大佬们的心态表达明白了。大佬们的诉求简单明了,要求官府"立石严禁,以杜凿伐",彻底禁绝烧灰行为。

谭昌言是县官,自然知道婺源有烧灰的营生,更知道这产业的利润有多大。光是清华镇的税卡,每年就能从石灰贸易里收得上千两白银。

这么大的利润,足以培育起一个巨大的利益集团。俗话说,断人财路,如杀人父母,自古赚钱的生意最难动。乡宦说禁绝容易,官府真要厉行查封灰户,搞不好会掀起一场大骚乱。谭昌言为官谨慎,可不想轻易蹚这摊浑水。

于是他很快做出批复:"合帖生员程世法等,前往船槽等处地方,勘明议报,以凭定夺。"

既然程世法认为是龙脉风水问题,那便请这位生员再去一次,详细调查一下到底有多少灰户、多少灰窑、对山体伤害有多大。更重要的是,得查清楚,烧灰和科举不顺之间有多大相关性。

最后这一点特别重要。烧灰之举早已存在,而前几届婺源科场表现很好,直到最近两届才连续失利。两者之间的因果似乎牵强了点……就算真要禁绝,也得给个差不多的理由才行,不然何以服众?

于是程世法肩负着阖县父老的重任,在万历三十二年二月初十再次进山。

这次他是奉官命前往,除了有俞起震、程元震两个同学陪同,还有十七、十八、二十三、四十三都的都长、里长、里老人等当地负责人跟随。

程世法在这一次的调查中发现,情况比他先前了解的还要糟糕。比如船槽岭上本来有日月双山,左脉为月山,又名寨山,右脉为日山,又叫蓬头山。经过灰户们的不懈努力，月山几乎被凿成平地，日山也岌岌可危。附近的文笔峰干脆被折了一半，只有峰下的砚池尚存。

更有甚者，居然在船槽岭的龙脊之上用火药炸山，以便获取石料，炸得龙脊千疮百孔。

程世法细细询问了一下，发现灰户多是当地居民。他拿出官府和乡宦们的文告，警告乡民们不得继续伤害龙脉，否则婺源要倒大霉。乡民们的反应却不甚积极。脾气好的，找理由说石灰是自家种田用的；脾气不好的，比如严田一带的村民，气势汹汹地回答关你什么事，气得程世法直骂他们是顽民。

调查结束后，程世法回报谭知县：灰户规模很大，龙脉状况堪忧。至于村民们讲的"种田自用"，程世法认为这纯属扯淡，婺源植被茂盛，种田用草木灰足够了，哪儿用得了那么多石灰？这些顽民不去老老实实经营本业，为了牟利而瞎找借口。

说实话，村民们说"种田自用"，固然是借口，但程世法这个说法，也有点何不食肉糜。

婺源这个地方，县志里记载其形势："山蹯八九，水与土逼处其间，才一二耳。"也就是说垦殖率仅有10%—20%。婺源居民如果单纯务农，情况会很凄惨。当地乡绅余懋衡在《北乡富敬堂记》里如此描述："民终岁勤动，竭土之毛，自供赋徭外，所余不支数日之需。"

农民靠种田几乎活不了，那只能自谋生路。而婺源县的几项主要营生——茶叶、木材、徽墨、白土等，都被婺源大族垄断，普通百姓别无选择，不去烧灰怎么活？

程世法出身于湘公程氏，自然从大族立场去看待问题。反正自家是做生意的，农民收成如何，哪里及得上龙脉存亡重要。

谭昌言久为父母官，对基层情况心知肚明。不过他想要的，不是烧灰的实情，而是一个说得过去的封禁理由，来证明龙脉和科场的关系。

没想到程世法连这个理由也准备好了。

婺源烧灰业是何时开始的呢？程世法打听到了一个确切的时间——嘉靖四十三年。在这一年，婺源有程姓与胡姓两户人家跑到船槽岭下，开窑烧灰，很快其他居民也纷纷跑来效仿，一时间凿遍了龙峡正干与左右支脉。

婺源的老人们一听"嘉靖四十三年"这个时间，无不眼皮一跳。

嘉靖四十三年，对婺源来说绝对是记忆深刻的一年。在那年的十二月二十四日，百余名来自处州、衢州、金华等地的造反矿工杀入婺源境内，四处为盗。

矿工在那个时代是最有战斗力的群体，身强力壮，纪律性强，又吃得起苦。就连戚继光招募戚家军，都要从矿工里选拔，可想而知这支流贼有多凶悍。一百名矿工，战斗力恐怕相当于千人的地方团练。

婺源小小一县，完全束手无策，只好任凭这伙流贼四处烧杀抢掠。这些矿工后来和其他流贼合伙，气焰十分嚣张。当时的婺源知县忍无可忍，派兵去围剿，反被击溃。流贼们杀至县城弦高镇，打死一个指挥，又焚烧北门突入，恣意劫掠，整个县城化为一片废墟，整个徽州为之哗然。

后来还是徽州府从金衢道借兵围剿，才算是将其扑灭。这次寇乱持续了两年之久，给婺源留下了极其惨痛的记忆。（徽州府借兵这事，还牵涉另外一起公案，请看《徽州丝绢案始末》。）

程、胡两家开挖船槽岭是在嘉靖四十三年夏季，到了年底就爆发了寇乱。龙脉一损，立刻给婺源带来了血光兵灾，两者之间的关系还不够明显吗？

程世法还特别指出，自从开挖船槽岭，婺源境内灾害频频，有兵燹、飞蝗、久旱、洪涝，甚至还赶上两次山体滑坡。可见船槽岭的龙脉不只关乎县学文气，还与整个婺源的气数密切相关。

其实在船槽岭烧灰之前，婺源碰到的灾难一样不少。但程世法有意把嘉靖四十三年之后所有的坏事，都说成龙脉被毁的结果，一项一项排比开列，听上去确实挺耸人听闻。

这么一说，龙脉安危不只影响科场成败，还攸关整个婺源县的福祸，那些对科举不大感兴趣的百姓，必然也会为此紧张起来。有这么一个理由，就足可以争取到足够的舆论支持，让官府直接宣布保龙禁灰了。

不过知县谭昌言没有立刻从谏如流。他和程世法身份不同，看待问题的方式自然也不一样。身为本县主官，谭昌言考虑更多的是婺源局面的稳定。

禁绝灰户们烧灰简单，但他们一旦生计断绝，就会聚众闹事，甚至沦为流贼。万一酿成嘉靖四十三年那种暴乱，从老百姓到官员都要倒霉。一个负责任的官府在推行政策时，一定会准备好相应的疏导方案，简单粗暴地一禁了之，却不去想后续应对措施，那叫顾头不顾腚。

因此婺源官方在下达禁令之前，还得给灰户们留出一条活路来。

这条活路，谭昌言早已经想好了——官赎。

船槽岭一带有很多私地，张家占了这个山头，李家占了那个山头。那些山民持有地契，都是合法私产。根据程世法的调研，灰户们之所以如此大胆肆意，正是因为灰窑都设在私人山地内，自家地盘，我想挖啥谁也管不着。

而官赎的做法是：由婺源县衙出面，以官方身份赎买山民们的地契，把船槽岭附近散碎的私地变成一整块官地，这样官府实行禁灰政策，便名正言顺了。而灰户们卖地换得银钱，去买田也罢，去跑商帮也罢，有了活路，自然也就不闹了。

至于买山的经费来源，也不是问题。

这笔回购费用，叫作"捐俸"，名义上是谭知县感念民众贫苦，毅然捐出自己的俸禄。其实一个知县一年俸禄才九十石米，根本不够。谭昌言只是做出一个表率，真正出大头的，是婺源当地的大族乡宦们。

这是明代一个很流行的做法，一逢灾年，常有知县、知府带头捐俸，赈济灾民，当地士绅"感于"义举——或者叫迫于压力——也会纷纷捐银输粮。

在婺源县看来，你们有钱人既然想保龙脉，付出点代价也是应该的。

谭昌言是个谨慎的人，他觉得需要给灰户那边也提前通个气，留点缓冲期。于是谭知县委托程世法二次进山勘探，给那些灰户开了个吹风会，说官府准备购买你们手里的地契。

程世法很快回报，灰户们的反应很积极，无不"欢呼祝颂，乐为还结，慕义愿输"。

摸清楚各方面的反应，谭昌言心里有底了。万历三十二年二月二十二日，婺源县正式发布了一份保龙公告。

在这份公告里，官府划定了一个范围：从船槽岭顶东连大岩外至通天窍、水星、狮山、月山、象山、土星一带，以及西连小船槽岭外至朱林、洪李、日山、龙山，四面前后上下山顶山脚石坦，并水岩山、通岩洞、石城山、重台石

图二·2 婺源龙脉保护区示意图

一带，皆划入婺源龙脉保护区，不许任何人入山开伐。

为了让禁令更有震慑力，公告里还特意点了船槽岭附近八位里约、七户山林业主以及六家灰户的名字，要把责任落实到户。公告里语气严厉地警告说：

"如有仍前至所禁内挖凿取石，起窑烧灰，并肩挑船载等情，许地方里派约保即时指名呈来，以凭拿竟。定以强占山场，一律坐罪。如里约地方容隐不举者，一并究治，绝不轻贷。"

接下来，公告里给出了官赎方案，催促各山的业户尽快拿出地契，去婺源衙门办理赎买手续，还规定了奖惩措施，先来的另外有奖励，不来的要查究到底。

这时一个问题浮出水面：如果船槽岭封了山，那么婺源县本身对石灰的需求该怎么解决？总不能坐守石灰宝藏，去外地另买吧？

这种情况，公告也考虑到了，特意另行划定了一个范围："地方做墙，自有涌山、石壁、岩前、甲路等灰。"那一带的山岭也是石灰岩质地,但远离龙脉,想烧去那边烧好了。可见婺源官方设计出的这个方案,当真是滴水不漏。

在公告的最后,谭昌言还不忘强调一句:"各宜体谅,毋得故犯。"这一句"各宜体谅",可算是把婺源知县的苦涩给点出来了。

明代知县的地位很微妙。他在一县之内并非乾纲独断的土皇帝,更像是一个"各宜体谅"的协调角色。朝廷下发的训谕政令要落实,乡宦豪强的需求要安抚,贫民寒户的生计要照顾,军队与地方的关系要斡旋,甚至连衙门里的胥吏都不得不有所顾虑——诸房小吏都是世袭职位,熟知当地情形和文牍技术,真想搞出什么猫腻,一个外来的流官很难查知。

谭昌言的这一篇公告文,可以说是明代知县施政思路的一个实例,体现出了高超的平衡手腕。士绅们虽然出了钱,但保住了龙脉;灰户们虽然没了营生,但得了实利;官方居中协调,分文不出,即把一大片山地收归国有,可谓皆大欢喜。

这个办法试运行了一年,谭知县觉得成效不差,于是将整个保龙方案上报给徽州府申详。

这个申详,是公文术语,意思是向上级详细汇报,以便让高层及时掌握情况。因为从法理上来说,婺源知县提出的"禁绝烧灰"只是一条临时行政命令,只有得到徽州府的认可,才能形成一项永久地方法规。

万历三十三年(1605 年)四月二十四日,申详正式提交徽州府,由知县谭昌言、县丞马孟复联合署名。正文里别的话没多说,只是反复强调了龙脉毁伤对科场的影响:"迩来秋闱不振,士子多抱璧之悲。倘日后正脉尽颓,学宫有泣月之虑……厘革系通邑公情,盛衰关学校大事。"

【注释】

迩来秋闱不振,士子多抱璧之悲。倘日后正脉尽颓,学宫有泣月之虑……厘革系通邑公情,盛衰关学校大事:我县近年来在乡试中的表现总是不尽如人意,士子个个才高八斗,一到考试就发挥失常、名落孙山,真可惜啊真可惜!倘若日后龙脉彻底崩塌了，我县的科举成绩还有啥盼头呢？恐怕只有独自对月哭泣的份了！（所以，不能再等了。）必须整顿改革，禁绝烧灰，保住龙脉，这是我县所有老百姓的期盼，是关乎科举兴衰的头等大事！

从府一级的视角，最为看重的地方上的两项宏观数据，一个是税赋，一个是科举。前者关乎钱粮，后者关乎官场。婺源县的官员反反复复强调"秋闱不振""县学盛衰"，正因为这是徽州府最关心的痛点。

果然，此事上报之后，引起了徽州知府梁应泽的高度重视。不过他也很谨慎，没有大笔一挥表示同意，而是回了一封信给婺源县。

在回文中，梁应泽问了一连串的问题："此岭来脉自何山？其峰高若干？呈中崩洪、日、月、文笔、砚池各何所指？坐落何方向？何都图？离县学远近若何？当地之民何以不遵？岂有奸豪主于中而鼓愚民以无忌？"

这些问题问得如此详细，说明徽州府并不完全信任婺源县的保龙报告，要看更具体的数据。

这是个很有趣的现象，要知道，虽然知县是知府的下属，可他的任免权在吏部，两者的利益并不完全统一。知县为了一己私利，瞒报蒙骗知府的事，在明代屡见不鲜。

梁应泽看得出来，"禁绝烧灰"这事牵涉重大，光是婺源一篇申详没法让他放心。尤其是，婺源县有意无意地透露了一个至关重要的细节，他不得不把话挑明了问。

这个细节，就是徽州府回文的最后一个问题："岂有奸豪主于中而鼓愚民以无忌？"是不是有当地的土豪劣绅在背后指使老百姓烧灰？

梁应泽老于治政，一问就问到了关键。婺源县在报告里轻描淡写地说是愚民毁山，但区区几个愚民，怎么会有这么大胆子，又怎么会搞得这么大？

可以想象一下，如果船槽岭下的每一户灰户都是自己开窑，自己凿山，自己烧灰，烧完灰以后自己再挑出山区运到清华镇去卖，成本会高到无利可图。别说"白粉"了，就是真正的白粉都不会让生产者自己去管渠道分发的事。

用现在的话说，个体户烧灰加卖灰，这个营利模式有问题。

《金陵琐事》里讲过一件真事。有一个叫陆二的人，以贩卖灯草为生。万历二十八年，他带了一船灯草往来吴中，被沿途税卡征税。一船灯草只值八两，可陆二光是交税就交了四两。眼看往前又有税卡，陆二一气之下，把灯草搬下船，上岸一把火烧了。

石灰和灯草一样属于量大价贱的商品，真要灰户自己去贩卖，只怕和陆二一样直接被关税抽死。

只有产量上了规模，成本才能降下来。因此灰户的上头，肯定存在着一级中间商，一头在船槽岭统一收购，一头统一运输到清华镇销售。

这个中间商，不是一般人能干的。他既得有庞大的经济实力，也得在地方上有足够的影响力——说得直白点吧，灰户背后一定有婺源县的豪强或商帮在支持；说得更直白一点，搞不好整个烧灰产业就是这些人投资的，灰户只是为他们打工的佃户罢了。

这些事情不说明白，梁应泽怎么敢随便批准呢？

谭昌言接到徽州府的回文，读明白了上司的顾虑。他立刻着手回复一文，详尽地解释了整个船槽岭的来龙去脉、诸峰形貌等等，还附了两张图。

关于梁知府询问的运营模式问题，谭昌言拍着胸脯表示："愚民窥利不已，虽无豪势之主使，实同顽梗之故违。"意思是，这些灰户背后没什么人，单纯的刁民罢了。他还特意强调说，这并非婺源县自作主张，而是诸多有力乡贤上书请求的结果。

既然有力乡贤都主张禁绝，那么灰户背后就算有人支持，也不是什么大佬，否则早跳出来反对了。您就尽管放心吧。

这封呈文还没顾上发出去，婺源县就出事了……

本来在婺源县和徽州府文书往复期间，县衙已经开始了官赎工作。县丞马孟复亲自督战，一个一个村子走过去，先后已有三个业主过来卖了地契。可没想到，马孟复一到长林，就被当地村民给围住了。

长林位于清华镇西南方向的马鞍山南麓，村子里多姓程。这里本叫长霖，取意"贤名济世，霖泽乡里"，后来误传为长林。它的位置，恰好在船槽岭龙脉的中段，受禁令的影响最大。他们对马孟复极不客气，聚众围堵，强烈抗议，要求知县取消成命。

这个消息要是传到徽州府耳中，婺源县肯定要吃挂落。谭知县擦擦冷汗，赶紧去问到底怎么回事。

开始他以为这些愚民贪婪牟利，可再仔细一打听，人家聪明得很，知道龙脉这个话题不能碰，他们抗议的，是灰税的问题。

开采船槽岭上的石灰矿，是需要缴税的，谓之灰税。长林人说，现在要我们停止开采，可又不取消灰税，这不是把人往死路上逼吗？

开矿收税，不开矿不收税，这诉求挺合理的啊，可为什么婺源县的公告里没提取消的事，难道是知县大人给忘了？

还真不是。知县大人如今也是满嘴苦涩，这个灰税啊，还真是个麻烦事。

万历二十四年（1596年），万历皇帝做出了一个震惊天下的决定：他派遣宫内太监前往全国各处，收取矿税——矿指开矿，税指榷税，也就是商业税。

按说多开矿场、增收商业税，也是调节财政的一种正常手段。可一来，万历皇帝派宫里的太监充作矿监税使前往各地，这些太监不懂技术只懂敛财，借这个机会大肆勒索，在民间造成了极大的混乱；二来，万历皇帝把这笔收入全解入内库，变成皇帝自己的零花钱，不列入国库之内，跟朝廷财政无关。

结果这个矿税成了全国深恶痛绝的一项政策。

单说开矿吧，它的收入主要来自金、银等贵金属矿场。但公公们贪心不足，觉得涵盖范围太窄，自作主张，又想开水银、煤炭、朱砂、石灰等矿。可是公公们人手不够，顾不过来，怎么办呢？简单，直接针对民间已有的各类矿场征税就得了。

这种税如附骨之疽，沾上就脱不开。比如说，你今天开了一个汞矿，按照三成比例缴税。挖了一个月，矿藏见底了，那税还交吗？还得交！那矿已经挖空了怎么办？不管，只要官府的矿场税簿有你这么一号，就不能以任何理由销掉。你开新矿也罢，继续种田也罢，总之得把这笔税补上。

船槽岭烧灰的灰税，正是从万历二十四年开始收的。收上来的税款，被公公们直接送进万历皇帝的小金库，根本不经过婺源县、徽州府以及南京承运库这条国库线。他们收了多少银子，地方政府无从监管。

于是事情尴尬了。婺源县可以下禁灰之令，却无免税之权。谁那么大胆子，敢替皇上省钱？可是不免税，烧灰根本无从禁止，非激起民变不可。

谁也没想到，这么一个小小的争议，居然会扯到天子。谭昌言抓了半天头发，又派人去细细勘问，才算从这个僵局中理出一缕解决的希望。

原来船槽岭的开采规模太小，利润又薄，矿监税使们懒得亲自来，而是用包税的形式来收税。所谓包税，是这么运作的：比如有一个叫张三的人，跑去跟李四公公说，船槽岭太远，不劳您亲自关注，您把那边的税包给我，甭管我怎么收，反正每年给您送来 100 两银子。李公公一听，挺好，准了。张三拿着李公公的片子跑到矿上，让灰户王五、付六两家开烧，统共收上 120 两银子，100 两给公公，20 两自己留下。

说白了，这种模式就是官府把税收任务承包给个人，约定一个上缴额度，超过额度的即是包税人的利润。

对粗放型政府来说，这么做特别省事，但副作用也特别大，因为包税人不是政府，他为了获取利润会拼命压榨地方，不崩溃不罢休。在那个例子里，张三为了获取最大利益，一定会拼命压榨王五和付六，压榨越狠，他得钱越多。

包税在宋代叫买扑，只在某些市集试行过。而元代连田税都敢包税，终至天下动荡。等到明代户籍制度建立起来之后，包税基本上销声匿迹。直到万历矿税大起，它才又露出端倪。太监们人手有限，而要收税的地方又太多，像船槽岭这种偏远地带，索性承包出去就好了。

也就是说，只要找到船槽岭的这个包税人，婺源县应该还有机会解决灰税问题。

接下来谭昌言到底做了什么事情，文献上并无记载。但一个明显的事实是，长林抗议事件后没几天，灰税居然奇迹般地取消了。

虽然这段历史隐没于黑暗中，无从揣测，然而从婺源县发布的公文里，我们多少能猜到一点隐藏剧情。

五月二十八日，婺源县就龙脉事件正式回复徽州府。在最终呈给上级的定稿里，谭昌言先是回答了之前梁知府所提的若干问题，然后说了一句暧昧微妙的话："长林抗禁之情，尤藉口于灰税……向以包税之故，反启伤脉之端。而不独为县龙、学龙大害，而与设法包矿保全山灵之意，亦大悖矣。"

翻译一下：长林抗议啊，是因为灰税的事。当年包税导致龙脉毁伤，这不光对咱们婺源县和县学的气运有所妨害，对当初承包矿场爱护山灵的初衷，也有所违背啊。

这话说得真够费劲的。很明显，谭知县想说这一切都是包税惹的祸，可一骂包税，就会扯到矿监的公公们，一骂公公们，就会扯到皇帝。一个小小知县，谁都不能得罪，只好小小地谴责一下包税，然后还得往回找补一句，表示包税开矿的本意是好的，只是执行没到位而已。

谭知县应该是私下里跟利益方达成了某种妥协，争取到了灰税的取消。可是这些事没法摊开在台面上说，只好隐晦地点了几句因果。

有趣的是，在同一篇文里，谭知县前面还义正词严地痛斥愚民"且向所藉口者，或以灰税未除。而本县业已议豁，又复何辞！"后面忽然又说"其本岭灰税除另申豁外，谨据通邑舆情再合申报。"——前面还口口声声说我们早把灰税免了，后面却变成了我们正在研究免税的办法……

这个前后不一致的矛盾，说到底还是好面子。灰税之争，毕竟是婺源县衙理亏，但官府不能错，至少不能向老百姓认错，否则官威何在？所以谭知县用了春秋笔法，把取消灰税之事挪到长林抗议之前，显得民众特别不理性，免了税还闹事。

本来是官府收取重税，导致民众抗议，知县急忙弥补救火。这么一挪移，变成了官府早有绸缪，无知民众无理取闹，官府耐心安抚解释。

效果完全不一样了。

梁知府接到谭知县的报告，读出了其中关于包税的微言艰难之意。不过谭昌言还算能干，在县里把麻烦都摆平了，没往徽州府踢。梁应泽闻弦歌而知雅意，也不必再深究了，大笔一挥，照准执行。

婺源县先前的保龙禁灰令只是一道行政命令，现在经徽州府批准，便正式形成了一条行政法规。为了体现出足够的震慑性，婺源决定把禁令镌刻在一块巨大的石碑上，立于船槽岭进山处，让所有人都看到。

万历三十四年（1606年）二月十五日，这块石碑制作完毕，并在一干徽州官员、婺源官员、地方乡宦士绅以及民众的围观下，立在了婺源龙脉之上。

石碑的背面，刻的是徽州府发给婺源县的行牌公文——现在叫正式通知，不算太长，姑录于下：

直隶徽州府梁为恩保县学龙，以培地脉，以振人文事。

据本县申查，禁伤船槽岭龙脉缘由。奉批览图，峰峦秀耸，内如三龙会脉，两湖中夹，月峰左峙，日峰右起，文笔砚池，种种奇绝。惜哉，伤于愚民之手！盖缘向缺表章，是以官失呵护，则前志遗漏之罪也。矿以议包，何得妄凿？灰税驾指，又经县豁。此后，有敢盗采者，官府学校共仇之。此郡邑得为、当为、可为事理，不必转达院道也。仰县即竖石，大书严禁，有犯者许人讦告，从重究罪。仍编纂一条，补入郡志山川款中，以俟后之君子。此缴。

这篇通知为梁应泽的手笔，颇有几个耐人寻味的地方。比如他说龙脉被毁，是因为"向缺表章，是以官失呵护"，表面看是批评婺源官方漫不经心，其实是在指责万历皇帝的非法矿税才是祸根；再比如他又说"矿以议包，何得妄凿"，委婉点明了包税与妄凿的因果。

最有意思的是，梁应泽提到灰税时，用了一个词：灰税驾指。"驾"是圣驾，"指"是到达、去向，就差明说一句这税是皇上自个儿收的了。

他不是一贯为官谨慎吗？怎么突然如此大胆？

原因说来简单。两个月前，也就是万历三十三年十二月，万历皇帝顶不住朝野对矿税的抗议浪潮，不得不下旨宣布停矿分税，将此前开采的矿场悉数关停，榷税也不让太监们收了，统统转交当地有关部门。万历皇帝的矿税之策，就此告终。

既然朝廷都取消矿税了，那么梁应泽趁机抱怨两句，自然也没什么风险了。

在这篇文章的下方，还有一系列落款。为首的自然是徽州知府梁应泽，以及同知、通判、推官三人，囊括了整个徽州府的前四名高官。然后是婺源县的四位主官——知县金汝谐、县丞马孟复、主簿孙良佐、典史郑大成，以及县学的教谕、训导等人。

等一下，婺源知县的名字，似乎不太一样了。

原来在立碑的万历三十四年初，谭昌言父亲去世，已经丁忧离职。禁烧保龙，是他在婺源县做的最后一件事。婺源人感念谭昌言在这件事上的用心，特意在碑石落款处给他留了一个"前任知县"的位置。

名单再接下来，是之前闹得最凶的那批乡宦：汪应蛟、游应乾、余一龙、汪以时、余启元、余懋衡……在名单最后，是为此事一直奔走的县学生员程世法等。

这是刻在石碑背后的内容。

在石碑的正面，则刻有"严禁伐石烧灰"的禁令正文。正文很短，无非是规定了禁令所涉及的行政单位以及地理范围，和婺源县原来那份通知没有太大区别。是文下方的落款，刻的是徽州推官郑宏道的名字。

因为新一任知县金汝谐还没到任，婺源事务暂时由郑宏道代理。他的正职推官在府里负责司法实务，外号叫作"刑厅"，来宣布保龙禁令最有效力。

禁灰令虽已生效，可还得有人负责监督才行。婺源县衙人手不够，顾不到船槽岭那么广袤的山区，这个监督责任，便交给了婺源县学。

龙脉若有损伤，影响最大的便是县学的士子们，派他们去保龙，自然是责无旁贷，就像梁应泽说的那样："官府学校共仇之。"于是婺源县学也迅速出台了一项政策，表决心说"责在通学诸生，有不能辞者"，派遣船槽岭附近学籍的诸生不时监督，一有发现，立刻向官府汇报。

石碑既立，禁约终成。灰户们灰溜溜地填埋窑灶，把青山绿水留给遍体鳞伤的龙脉。婺源县的文人们纷纷撰文，不吝溢美之词，来记叙这一次伟大胜利。

文人的笔法，比冷冰冰的公文更加鲜活。比如在大乡宦游应乾笔下，谭知县和梁知府形象十分高大："郡、邑侯之约炳若日星，谁复敢干明宪者。"在另一位乡宦汪以时的文中，更是声情并茂地描述谭昌言在离职时，握着县学士子的手流泪道："予兹疚心销骨，遽弃山灵，他日复耗，予之所深恫矣。"

【注释】

郡、邑侯之约炳若日星，谁复敢干明宪者：知府大人和知县老爷英明神武，所立的禁令如同日月星辰一样熠熠发光！谁还敢明知故犯，触犯严明的法令呢！

予兹疚心销骨，遽弃山灵，他日复耗，予之所深恫矣：我现在心中忧苦、愧疚不安，毁谤之言害人甚烈，恐怕以后还会有人舍弃山灵，再次伐石烧灰，倘若成真，这将是我心中最深重的痛！

最夸张的是县学教谕仁家相，他撰文讲到：梁应泽闻听龙脉被毁，勃然大怒，拍案而起，怒斥"屠龙者罚毋赦"——这就近乎小说了。

无论是哪一位文豪，都高度评价这次禁绝烧灰的历史意义，称其为"保天物，弭近害，怀永图，挽文运，葆灵光"。在莘莘学子和社会贤达的齐声称颂中，这一场保龙运动轰轰烈烈地落下帷幕……

才怪。

婺源县的处置方案，确实是相当周密。可惜百密一疏，决策者们漏算了一点：人性。

人性本贪，就算已得到了利益，只要有机会攫取更多的利益，一样会铤而走险。

墨西哥曾经劝说农民放弃种植罂粟，改种热带水果，但失败了。因为跟毒品的利润相比，任何经济作物的收益皆不值一提。农民趋利避亏，天性使然，这是法律也无法禁止的事。

明代婺源的情况比墨西哥还极端。当地山林覆盖面太广，耕种几乎不能糊口，跟在龙脉上烧"白粉"相比，收入天差地远。一边是田里刨食儿，朝不保夕；一边是凿石烧灰，大秤金小秤银。你说山民们会守着一座金山挨饿吗？

虽然县里搞过一个赎卖政策，可那是一锤子买卖，不解决实际问题。从实际操作来看，根本没有多少人去赎地契，推三阻四，一年赎不回来几个山头。那些已经赎卖了地契的人，手里的银子花光之后，更会回来打龙脉的主意。

总之，从经济学角度来看，婺源本地的地理环境，注定了县里的保龙政策不可能长久。

但谁也没想到，崩坏来得如此之快。

万历三十四年，也即立保龙碑的同一年，在巨大利益的诱惑下，灰户们重新回到了船槽岭，偷偷摸摸扒开窑口，继续开凿烧灰。

县学很快发现动静不对，派学生过来制止。那些灰户的态度极其嚣张，非但不把禁令放在眼里，而且聚起大批民众，堵住矿场入口，不许学生靠近。学生拿出公文来说你们违法了，灰户们便反驳说我们吃不上饭你们管不管？学生管不了，只好回报县学。

县学里都是秀才，秀才遇见兵，这道理怎么说得清楚？他们只好上报县衙。县丞马孟复亲自带人赶往现场，可灰户们仍旧不惧，反而恶狠狠地威胁马县丞："不伐石烧灰，则近龙之居民，无以治生而为盗。"这词太文绉绉了，是事后官员在报告里修饰过的。原话我猜差不多就像是："你们官老爷不让俺们烧灰，不给活路，俺们就上山落草当强盗去！"

一句话，把马孟复给堵回去了。

马孟复赶紧向新任知县金汝谐报告。金汝谐初来婺源，觉得此事十分荒唐。开矿是嘉靖四十三年开始的，你们船槽岭的居民在那之前是靠什么过活的？再说了，嘉靖四十三年以后开挖灰矿，当盗贼的人就变少了吗？

金汝谐认为这些刁民纯属胡搅蛮缠，必须严肃处理，以儆效尤。他不耐烦谭昌言的怀柔之策，直接派了衙中捕役、快手以及一些乡贤支援的仆役，前往船槽岭镇压。一通揉搓之后，大部分灰户作鸟兽散，只有一个叫洪天的人被官军擒拿。

这个洪天，是十七都下属的一个甲长，他撺掇同甲的人户一起烧灰，算是灰户里的中坚力量。马孟复亲自坐镇审问，从他嘴里问出一个不大不小的秘密。

洪天的供词是这样说的："贫民日趋挖石烧灰，所谓佣工是也。百倍之利，则自出本聚灰囤户专之耳。"

原来真正掌握这个产业的，不是灰户，而是那些囤户。这些人多是当地豪强出身，他们雇用穷人进山挖矿，然后再集中贩卖去清华镇。

这个模式，其实也算不得什么秘密。当年谭昌言解决灰税问题的关键，不是要找船槽岭的包税人协商吗？他找到的，正是这些聚灰的囤户。

在谭昌言时代，这些包税人一直隐没在幕后以承包商的身份操作；到了金汝谐时代，他们终于现身了。

从万历三十三年底开始，朝廷撤销了矿税政策，公公们回了京城。而这些包税人摇身一变，成了矿主，赚取的利润更多了。有这么大的利益在诱惑，难怪官府竖碑未稳，这些囤户便卷土重来。

根据洪天的交代，其时势力最大的两个囤户，一个叫俞辛宇，一个叫程济。这两个人心狠手辣，又聪明绝顶，特别擅长钻官府的漏洞，从中牟利。尤其程济，他爹是在嘉靖四十三年率先凿山的两户人家之一，可谓家学渊源。

金汝谐开始并不相信。在他看来，保龙禁灰的法规设计很完整，哪里来的漏洞可以钻？可深入调查之后，金汝谐不得不承认，自己实在是小看这些"土人"了。

此前谭昌言在设计禁令时，考虑婺源本地也有石灰需求，便留了一个口，准许居民前往涌山、石壁、岩前、甲路开采石灰。那里位于船槽岭西南方向，相距数十里，不会惊扰到龙脉。

不过涌山、甲路一带的岩质特别硬，开矿殊为不易，并不像船槽岭那么好采掘，愿意去的人少。灰户们会选择在岩石口开挖——此地位于龙脉禁区的西侧边缘，在这里采掘算是擦边球，在两可之间，官府一般不管。

俞、程两位囤户，盯上的就是这一个小小的后门。

他们是这么操作的：首先去婺源县衙门，宣称岩石口的山是俞、程两家先祖的祖坟护山，请求也划入龙脉禁区范围。衙门一听，这要求很合理，便把禁区边界朝西多扩了一圈，将岩石口圈进来。

这样一来，再有灰户在岩石口烧灰，便属于非法。

接下来，两人又主动请命，说怕宵小贪图岩石口的便利，愿意自家出钱出人，以护坟的名义顺便护山。衙门更高兴了，这既宣扬了孝道，又替官府做了监督工作，值得提倡，直接照准。

这样一来，岩石口遂成了俞、程两家的禁脔之地。他们打着护坟的官方旗号，把不属于两家的灰户都赶出该区域，然后偷偷把自家灰户放进来。

从此以后，俞、程两家的护卫每日巡山，不许闲杂人等靠近。山里灰窑却是热火朝天，烧得不亦乐乎。他们的灰户不光在岩石口开凿，还借着地利之势，摸进相邻的龙脉偷灰。

经过这么一番令人眼花缭乱的神操作，婺源的龙脉禁令形同虚设，反成了囤户排除竞争对手、扩大生产的保护伞。金汝谐搞清楚这些门道之后，瞠目结舌，深深被婺源的民间智慧震撼。

马孟复在县丞任上很久，他给了这位新上任的知县一个建议："俞辛宇素为不法，现在与程济等在船槽岭县龙上开窑取石，烧灰致富，殊属抗拒。捏坟并据岩口，希图再开船槽，殊属诡诈。俞辛宇、程济俱当重拟，庶儆将来。"

意思是要严加惩治，以儆效尤。

金汝谐十分赞同他的意见，在批示里讲道："一以为己之利，一以为己之坟，自为得矣，如通邑大病何？"你们为了一己私利，也太不顾全大局了。

婺源县的一、二把手的态度如此明确，按说俞辛宇、程济算是撞到枪口上了吧？

没想到，金知县和马县丞研究了一下，发现这一枪还真是不好开。

俞、程两人的罪行无可争议，不过他们违反的是保龙禁令。该禁令属于地方法规，违法者的罪名可大可小。从重判一个"煽惑民众"，可至徒刑或流刑，如果想往死了整，弄个绞刑也不太难；从轻判的话，一个"违禁凿山"，打上几板子也就完了。

按照婺源县的本意，自然是判得越重越好。可大明各级政府的司法权限，限制很严格。知县的权限，只到笞刑或杖刑；再重一点的徒、流二刑，就得提交徽州府来判；若是死刑，还得送京里请三法司来定夺。

从金汝谐的立场来看，他绝不肯把这件案子上交。一交徽州府，上司肯定会想：谭昌言在位时，保龙令执行得妥妥当当，怎么你一上任便出了这么大娄子？俞、程二犯固然可恨，你的管理能力是不是也得商榷一下？

上任官员干得太好了，搞得现任压力巨大。金汝谐希望这事别闹得太大，县衙处理就完了。

以知县的权限，顶格处理，最多判个杖一百。当然，如果这个判决得到认真执行，俞、程二人肯定也吃不消，会被活活打死。偏偏大明律有规定，犯人有权赎刑，用缴纳罚款的方式抵扣刑罚。

赎刑分成两种。一种是"律得收赎"，即法律里有明确规定的赎刑金额，并且不能赎全罪，比如你判了杖三十、徒两年，你可以交钱把徒刑赎了，但杖刑不能免；还有一种是"例得纳赎"，可以赎买全罪，一点不用受苦。

毫无疑问，俞、程肯定会采用"例得纳赎"的方式来脱罪。

根据罪犯经济状况，大明例赎分成三种：无力、有力、稍有力。无力者，依律执行；有力者，输纳米谷来赎刑；稍有力者，可以用劳役折银的方式赎刑。

具体如何折算，如今已不可考。不过在《在京纳赎诸例图》里有这么一个数据：判徒刑三年的，如选择运送石灰的劳役，工作量要折够三十七两八钱；判杂犯死罪的，运送石灰的劳役则要折够五十七两六钱。

【注释】

《在京纳赎诸例图》：《大明会典》卷176《五刑·赎罪》收录了明代政府对赎刑的详细规定，其中，《在京纳赎诸例图》列有针对笞、杖、徒、流罪、杂犯死罪等刑的赎罪适用数目，包括做工、纳米、运灰、运砖、碎砖、运水和炭、运石等不同种类，并且，若是年老有疾病不能做工，可折钱缴纳。有的项目空缺，表示不适用于赎刑，如流罪与杂犯死罪，不能以"老疾折钱"来赎。

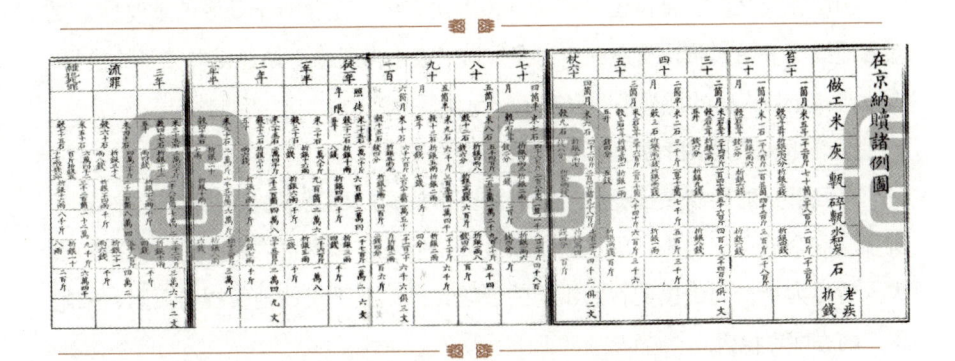

图二·3《在京纳赎诸例图》，来自《大明会典》

这是在京城的价格,地方上的价格会更便宜。最重的杂犯死罪,几十两银子也就赎完了,杖刑自然罚得更少。这些银子对穷人家来说,是倾家荡产的数字,可对开灰场的囤户来说,根本只是毛毛雨。

咱们现在大概能明白金汝谐的尴尬了。如果轻判俞、程二人,起不到真正意义上的惩罚效果;如果重判,自己的官声怕是要受损。

金汝谐是浙江平湖人,新科进士,刚刚外放到婺源这里做知县。他在朝中有人关照,当知县只是刷个资历,自然要以求稳为主。

最后,还是积年的县丞马孟复教了他八个字:"上保县脉,下妥私情。"这八个字,和谭昌言领悟到的"各宜体谅"一样,道出了知县在地方上的生存平衡法则。金汝谐心领神会,很快判决出来:俞、程两个囤户各判杖刑,准其纳米例赎。

板子高高举起,轻轻放下。

反倒是洪天那个倒霉蛋,官府在他家里搜出几张蛤蟆岭的地契,强制给赎成官地了。没办法,县里的赎地政策快执行不下去了,需要点数据冲冲业绩。

在阅读保龙的故事时,有一点必须提醒诸位:目前保留下来的资料,都是出自官府记录、乡宦整理,倾向性很明显。俞、程二人究竟是地方恶霸,还是贫苦百姓抱团求活,不得而知。不过从灰户们此起彼伏、赶之不尽的状况来看,囤户有着雄厚的群众基础,绝非公文上一面之词说的那么奸邪。

书归正传。

判决完成之后,金汝谐张榜全县,再次重申了龙脉对于婺源的重要性,要求各地提高警惕,防止灰户继续为害。为了表示自己绝不姑息犯罪分子的决心,金汝谐在全县人民的注视下,宣布了一项重要措施:

他给那块保龙禁碑修了个遮蔽风雨的亭子……

人民群众的眼睛是雪亮的。官府讲空话的调门越高,越说明他们不打算干实事。这个消息一出来,囤户们欢欣鼓舞,把灰窑挪得更隐蔽一些,免得知县大人看见为难;而山民们看到洪天的遭遇,自然把手里的地契捏得更紧,依附囤户的态度更积极。

龙脉山中,依旧是一派兴旺景象。

乡宦们看在眼里，恼在心里，可是他们也很尴尬。去催促官府吧？官府的态度比他们还积极，一会儿修个亭子，一会儿贴张告示，就是不解决实际问题。自己去抓那些囤户吧？龙脉广阔，人家往山里一钻，根本抓不过来。再说千钧之弩，不为鼹鼠而发机，一干见证过朝堂风云的致仕大佬，三番五次为小小的灰户抗议，也太没面子了。

一来二去，局面便这么僵下去了。

顺便说一句，万历三十四年又逢大比，这一次婺源县在应天乡试中，有两人过关。一个叫俞育，婺源汪口人；一个叫汪之达，本籍怀宁。也就是说，婺源士子只有一人中举，比上一届还惨。

不知这跟婺源龙脉问题迟迟不得解决的状况到底有没有关系。

到了万历三十七年（1609年）的应天乡试中，局面更惨了。婺源籍只得两人中举，而且这两个人的身份都颇尴尬。

一个叫李鳌元，是从徽州郡庠选贡入南京国子监的，和婺源县学无关；另外一个叫汪秉元，人家是土生土长的京城人，只不过籍贯是婺源而已，而且他参加的是北直隶顺天府乡试，跟南直隶都不是一个榜——大明为了保证各个地区的考生平衡，榜分南北，各考各的。

也就是说，真正从婺源县学出去赴考的，这一届又是颗粒无收。

光阴荏苒，白驹过隙，一转眼到了万历三十八年（1610年）。

明哲保身的知县金汝谐终于离任，此后他的仕途还算顺畅，短短一年，先是入觐留部，然后考选南广东道监察御史，前景颇好。婺源的小小纷争，对他来说已是过去式。

接替金汝谐担任婺源知县的，是一个叫赵昌期的官员，籍贯慈溪。

赵昌期是万历三十八年庚戌科的进士，三甲第二十八名，成绩中等。顺带一提，赵昌期这一届的探花，叫钱谦益。

赵昌期的出身不算特别好，但他娶的老婆来历不小，姓朱。朱氏的父亲叫朱国祚，朱国祚有个弟弟，叫朱国桢，曾摘取过状元桂冠，给太子朱常洛当谕德官，后来在泰昌、天启年间成为名震四方的阁臣之一。

以朱家的显赫地位，竟然愿意把女儿嫁给赵昌期，可见非常看好这个人的未来潜力。

赵的表现，也确实不负朱家青眼。史书对他的评价是："慈祥可观，尤加意学校。"可见这个人行事老成，对于文教最为关心。赵知县到任的第一件事，就是在县学建起一座尊经阁，然后大办文会，会同各乡名士来修撰地方志，在婺源很快赢得交口称赞。

这么一个富有理想主义的知县，对于龙脉之事一定比前任上心。对烧灰不满的当地乡宦找准机会，在万历三十八年十二月二十日又一次联名上书，要求加强保龙措施。

士绅们的这一份陈情，透露出目前婺源烧灰的新趋势："驾言余山无害，实关正脉爪牙。断一指而一身为之痛伤，一节而大势为之疲。"可见这四年以来，灰户们对于龙脉还稍有收敛，但对附近支脉一点不客气，大肆开采。在风水理论里，这种举动同样会惊扰龙脉。

婺源乡宦们在这一份陈情里，反复引用谭昌言、梁应泽等官员的批示，希望赵知县能萧规曹随，继续厉行禁止。有意思的是，他们对金汝谐却只字未提。这也是一种态度，可见地方上对金的姑息态度早有不满。

在文章结尾，乡宦们告诫赵知县："顽民习玩，非严禁无由摄奸。虽德盛化神，必痛惩始能畏志。"显然希望他能一改前政，拿出雷霆手段。

赵昌期和前面两任知县的风格都不同，他朝气蓬勃，锐气十足，而且对儒学文教的重视胜过其他一切。他接到陈情表以后，二话不说，叫上县学教谕，两个人亲自去船槽岭勘察。

赵昌期走访了许多当地居民，调研很深入，发现烧灰凿山的情形确实触目惊心，比立保龙禁碑之前还严重。回到县里之后，赵昌期焚膏继晷，连夜撰文，拿出一份前所未有的严厉保龙方案：

第一，旧立灰窑，要全数登记在册，然后在官府的监督下一一推土填埋。

第二，十七、十八、二十三、四十三都的当地居民，要互相监督举报。

第三，一旦发现有人烧灰，除判刑之外，还要加罚一笔"追偿龙脉银"。这笔银子一半用来奖赏举报人，一半用来给县学买田收租，租金用来支付官府专项巡查的费用。

第四，各都里约、保甲实行连坐，每个月都得提交一份本地无伐石烧灰的甘结——保证书，官府要仔细查考。谁敢不交，视同烧灰，重打三十大板，枷号一个月示众。

第五，县衙不时走访，如有一窑未拆，本犯及本都里约、保甲重究。

赵知县的这份方案，绝对是动了真格，比谭昌言的态度更加强硬，比金汝谐设计的监督、奖惩条款更细致。而且他在策略的选择上，也非前几任因循守旧的知县可比。

比如说，赵的方案有一条，是鼓动民间互相监视。

民间互相监视这事，不算出奇，谭昌言也试图干过，不过效用不彰。当地人都是抱成一团，指望他们举报自家乡亲，怎么可能？

可赵昌期这次出手，却是大大不同。

关键就在于这个方案的第二条：十七、十八、二十三、四十三都的当地居民，要互相监督举报。

它看似平淡无奇，实则暗藏精妙。

赵昌期亲自踏勘之时，碰到过一件事。他到了十七都那里去走访居民，居民们都说损毁最严重的是狮山、象山，都在十八都的地界；他又去了十八都，当地居民表示我们这里确实山体损毁厉害，不过损毁最严重的通元洞、水岩山，都在和十七都交界的地方，是他们越界干的。

赵昌期很好奇，进一步调查后发现，原来自从有了烧灰业，十七都和十八都、二十三都、四十三都的当地居民经常越界，去别人山里凿岩，运回自家灰窑里烧。四都之间，没少因为这种纠纷发生争斗，几十年下来，几乎成了仇人。

这对官府来说，是一件好事。赵昌期在第二条里特别规定："如十七都有犯，许十八等都之人；若十八、二十三、四十三各都有犯，许十七都之人彼此指名首县。"你们不是看对方不顺眼吗？给你们个机会去逮他们的错，摆明了要挑动群众斗群众。

在"里"这一级，群众会互相包庇；在"都"这一级，不同地域之间彼此敌视。

为了鼓励四都内斗，赵昌期加了一个补充条款：举报成功者，罚金分一半走。

新仇旧恨，足以驱动人心。

这个方案，于万历三十九年（1611年）二月初十公布，明眼人都看得出来，这次官府要动真格的了。士绅们一片欢腾，齐声颂扬赵的政策好。

而囤户、灰户们在度过最初的试探期后，纷纷偃旗息鼓，不愿与之正面对抗。

没办法，这位赵知县太狠了。官差清山，跟箅子扫过似的，一个窑口不留。侥幸有那么几个幸存下来的，很快都被同乡给举报了。任何一都，谁敢进山凿岩，另外三都会立刻扑上来咬一口。要知道，官府或许不清楚当地情况，易受蒙骗，本地人可最清楚那些山中猫腻了，一抓一个准。

上有知县督战，下有民众自察，灰户们兵败如山倒，一个灰窑接一个灰窑被堵封，一个囤户接一个囤户被拿下。整顿行动如犁庭扫闾，很快肃清了大大小小的石灰矿窑，只有保龙禁碑屹立依旧。

整条龙脉终于平静下来，恢复了往日的安详。

这次对船槽岭灰户的胜利，毫无疑问赵昌期该论首功。

比起谭昌言的委曲求全、金汝谐的明哲保身，赵昌期可以说是一个雷厉风行的实干家。如果他没有亲自去船槽岭现场查勘，没有仔细走访四都民风，断然拿不出如此实用巧妙的方案；而如果他没有锐气，也不会坚定不移地把政策执行下去。

当然，赵知县之所以如此大胆，也是因为他喜好诗词书法，平日里和婺源士绅们时常饮宴唱酬，关系极为密切。在士绅眼里，谭也罢、金也罢，都是外来官员，而赵则算是半个自己人。有了他们支持，赵昌期才能彻底放开手脚。

次一年的万历四十年应天乡试，婺源县一举高中五人，其中四个婺源本籍。还有一个更好的消息，在万历四十一年的会试中，婺源学子方大铉勇夺会魁，殿试位列二甲第十二名——婺源县在科场的运气真的回来了。

这简直神了！这边厢赵知县的保龙方案才开始执行，那边厢婺源就出了一个进士。这一定是龙脉感于真诚的爱护之心，终于显灵啦。风水之验，如响斯应。

如果读者还有印象的话，应该记得这个方大铉，他在万历三十一年和余懋孳同科成为举人，但没通过会试。这位十年磨一剑，终于在这一科奇迹般地冲到了前列。

会魁又叫五经魁，指在五经中选一经进行考试，并在本房分组中考取头名。虽然会魁没有会元那么厉害，但也值得夸耀一番。而殿试二甲十二名的排位，是个极高的名次。想想看吧，国家公务员考试，全国成绩你排第十五名是什么感觉。

顺带一说，这一科的状元是崇祯朝首辅之一的周延儒。陪着方大铉在二甲里的，还有一个将来成了魏忠贤心腹的王化贞。三甲里还有一个潘云翼，这个人倒没什么作为，不过在天启那场著名的王恭厂大爆炸里，他在乾清宫里生生被震死。只能说人生各有际遇吧。

方大铉的表现，让婺源人对龙脉之说更有信心了。你看，万历三十一年是龙脉烧灰最嚣张的时候，结果连方大铉这样的文曲星都止步于会试。现在赵知县狠狠整治了一番，龙脉复灵，效果立竿见影，文曲星立刻就出头了。

灰霾绝迹，文脉复通，至此婺源的保龙大作战获得了完全胜利，缓缓落下帷幕……

才怪。

赵昌期的做法无可挑剔，可他也忽略了一点。

时间。

受限于婺源的地理和经济模式，你可以永远禁止某些人烧灰，也可以暂时禁止所有人烧灰，但你做不到永远禁止所有人烧灰。

赵昌期的强力压制政策，需要一个始终不松懈的领导者。一旦他离开了，政策必弛，政策一弛，烧灰户必然卷土重来。而赵知县不可能永远留在婺源，所以这是一个无解的问题。

万历四十一年，赵昌期结束了在婺源短短的任期。他留下一双遗爱官靴，告别了依依不舍的婺源人民。

接任的人叫冯开时。

冯开时文章写得漂亮，颇有文名。他接任之后，并没有毁弃前任制度，该执行的条例还在执行，只不过不像赵昌期抓得那么严格了。

要知道，一个体系的运转，需要各个零件紧密咬合，方能运转无碍。冯开时开着机器,却懒得上润滑油,时间一长,问题便开始出现了。

在他的任内,官府的山林巡查日渐松懈;一松懈,就收不上来罚款;收不上来罚款,便无从奖励那些举报民众;民众得不到奖励,慢慢地也就不再举报,各自闷声发大财;没了举报和罚款经费,导致巡查更加松懈——挺好的一套机制,在漫不经心中陷入了一个死循环。

当初那些掩面而走的灰户、囤户,发现严打的风头已经过去,便大摇大摆地又回到船槽岭,扒开灰窑继续开工。他们凿岩的势头比从前还猛烈,开矿规模比从前还大,仿佛欲望被压制狠了,这次要一口气全反弹回来。

等到乡宦士绅们发觉情况不对,整个龙脉已是一片千窑万矿的热闹景象。他们找到冯开时,请求他采取措施。冯知县微微一笑,表示自有妙计。

没过几天,冯知县召集县里民众,公开宣布捐俸。他作为父母官,愿意捐俸百金,尽买龙脉石山烧灰处的地,留给县学作为学田。

这招谭昌言已经玩过了,事实证明没什么用,山民们根本不愿意出卖地契。不过捐俸这个动作,从宣传上确实好看,能充分体现出知县爱民如子的用心。

知县既然有了动作,士绅们也不好装聋作哑,大家各自出了点钱,凑足了一千三百两用于赎买龙脉。不过由于赎买政策形同虚设,这一轮宣传,只成全了冯知县的官声。

士绅们有点不甘心,再次去催问,冯知县又是微微一笑,拿出一篇文稿来。原来,冯知县已经写完了一篇陈述婺源保龙禁灰的大文章。

这篇文章,真的是辞藻华丽,典雅斐然。

比如他描写龙脉风水:"由来独加护持,以至龙神独王。挺生徽国道脉,浚周孔之源。辈产硕儒,著述匹邹鲁之盛,科第蝉联相续,台座鹭序推先。""鹭序"指像白鹭一样群飞有序,多指朝堂之上的百官站位。

再比如他谈到龙脉被破坏的惨状,痛心地写道:"委郡禁于草莽,等公法如弁髦。后来岁月无穷,削脮将何底极?行使县治别迁,必移学校另置。陆梁大横,三尺何存!"

"弁"是黑色的缁布冠,"髦"是童子垂在前额的短发。在古代冠礼中,男子要把黑冠去掉，额发剪断，以示自己终于成年。因此"弁髦"代表的是没用的东西。"陆梁"也是个古老的词。在秦汉之际，岭南土著多住在山陆，性格强梁，中原遂称他们为"陆梁"，引申为嚣张横行之意。"三尺"代指法律，因为古人书写律法时，要选择三尺长的竹简。

行了，典故注释就到这里，总之能体会到冯文豪渊博的学问就好。

士绅们看到最后，通篇都是花团锦簇、骈四俪六的辞藻，却没什么干货，除了吹嘘了冯知县自己捐俸的义举之外，一条具体措施也没写。

冯开时解释说，这篇文章不是给你们看的，是给上面看的。

他把文章的收件人地址一亮，满座皆惊。

送直隶徽州府知府刘可法，送钦差整饬徽安兵备、江右参议张文辉，送巡按直隶、监察御史田生金，送钦差督抚应天等府地方、右副都御史王应麟，送钦差提督学校、巡按直隶、监察御史周。

好家伙，冯开时竟然将自己的文章，群发给整个南直隶的高层，一个不少，真当这是拜年短信啊。

县级官府解决不了的问题，可以向上级反映寻求支持，这是很常见的。比如谭昌言就曾把禁灰政策上报徽州府申详。但正常的知县，一次只找一个，实在不行再换一家，没想到冯开时一次把大神们全给请出来了。

不知道他是想显摆一下自己的文笔、炫耀一下捐俸的伟大，还是想争取上峰对保龙的支持，抑或三者兼有之。

不过冯开时的面子倒是很大，很快那五位官员都回复了，批语内容大同小异，无非是说船槽岭龙脉关乎一县兴衰，不容奸人凿烧，宜立行禁止，严加究拿云云。

就这样？就这样。

上头的批示，只是给一个方向性意见，具体措施，还得县里自己拿主意。

讨回来五位大人的批复，冯开时把保龙禁碑修葺了一番，接着忙别的去了。士绅什么反应，文献里没有记载。不过咱们可以开个脑洞，想象一下，如果那时候有记者的话，采访冯知县的对话会是怎样的。

记者："冯知县，针对龙脉烧灰的乱象，县里采取了什么措施吗？"

冯开时:"我们已呈文给南直隶的诸位领导,引起了上级高度重视。刘、张、田、王、周各部委领导圈阅批示,充分体现出了对我们的关心。我给你们看看他们的签名和批语。"

记者:"那有什么具体的举措呢?"

冯开时:"当然是认真遵从上级意见,严格执行领导指示,以士民福祉为念,以大明社稷为重。我还写了几篇骈文专门说这事,我给你念念啊……"

记者:"不用了……我看这些领导的批示,都要求立行禁止。那么咱们县里,是怎么做到立行禁止的呢?采取了哪些具体举措?"

冯开时:"我一回来,就调集人手,把那块保龙碑给擦干净了,碑亭也给修好了,特别气派,保证每一个路过的山民都看得清清楚楚,感受到官府的威严。"

记者:"只是擦石碑吗?管用吗?"

冯开时:"石碑上刻的都是领导批示,你这么说,是认为领导的批示没用喽?"

记者:"不,不是。我是问具体措施。"

冯开时:"一看你就没细读我的文章。我给你念念那篇呈文啊:'恳乞偏申当道,严批勒石。其一树于本地,陴居士民互相觉詧,以制城社之股肱;其一树之通衢,令槩邑咸知先禁,以广官家之耳目。'"

记者:"这什么意思?"

冯开时:"这个詧字念查,是察的异体写法;那个槩字,念盖,是概的异体写法。这都是很高深的学问,一般人不知道。"

记者:"我是问整句话的意思。"

冯开时:"就是说,除了谭大人立的那块保龙碑之外,我又立了一块石碑,搁在县城门口的大道旁边了。这样,一块震慑船槽岭村民,一块提醒整个婺源军民。"

记者:"那还有别的举措呢?"

冯开时:"我们的口号是:爱惜山灵,宏施厚载之德;斡旋文运,长瞻继照之光。"

记者:"……"

（以上对话纯属虚构，但那几句古文确实是冯开时的原文，修葺、另立禁碑之事也不是虚构的，读者察知。）

在冯开时这个饱读诗书的文人治下，婺源县在宣传领域取得了丰硕成果，耀眼的文告接二连三地出台，言辞锋利雅驯。如果只看这些文章，一定会觉得婺源已经在治理灰矿上取得了巨大胜利。

可惜的是，文学可以虚饰，数据却不能造假。在冯开时的任内，科举成绩在不断地狠狠打脸。

万历四十三年（1615年）应天乡试，婺源籍学子只有两人中举，无人闯过会试。万历四十六年（1618年）应天乡试更惨，无人中举，婺源学子又一次脱科。

这事太丢脸了，以至于《婺源县志》的作者不得不在万历四十六年的科举成绩下方填入一个叫方拱乾的当科进士。其实人家是桐城人，也没从婺源县学应试，只因为桐城方氏是婺源迁移过去的，他才被硬拽过来遮羞，免得开了天窗。

这一下子，县学的士子们可坐不住了。他们没时间去检讨自己读书是否用功，都认为这是龙脉被戕害的缘故。

很明显嘛。赵大人在位时严格约束烧灰行为，龙脉复振，你看万历四十年的考试成绩多好。冯大人接任以后口号喊了一大堆，那帮灰户、囤户却越来越嚣张。龙脉被这么天天凿、日日烧，科举成绩能出来吗？

万历四十六年的十一月初八，婺源县城的廪生、增生、附生们同仇敌忾，集体给冯开时上了一篇呈文。在呈文里，学生们描述龙脉如今的状况是："起窑数十，聚众百余，每日凿石、断龙、烧灰无忌，若不亟究，龙脉将竭，县治不保。"

在呈文里，学生们提出两条建议，一是请县丞会同县学前往逐一拆毁灰窑；二是请官府督促十七都、十八都两处负责人每月出具甘结。

这两条举措，在赵昌期任内本已执行得很好。现在学生们重新向冯开时提出这些建议，可以反证它们早被废除不用。可见在短短几年时间里，赵昌期在任时的保龙体系已是千疮百孔，而烧灰产业的复兴又有多么迅速。

学生们不指望冯大人拿出新举措，但好歹把赵大人当年的政策严格执行一下啊！

这些联名上书的学生，阵容着实不得了，一共有五十二人，其中后来有资格进县志的足有十人之多。他们要么是学霸，要么有个好爸爸。比如有个叫余自怡的，以八股文著称，后来官至广州知府；再比如有个叫余昌祓的，出身余家大族，他爹是敢面斥张居正的户部侍郎余懋学，他自己则靠恩荫做到了广信府同知。

那么多官二代和学霸一起闹事，冯开时不得不亲自出面安抚。他很快给了一个批复：

"东衙会同学诸生员拆毁究罪。如违，解院、道重处。"

所有人看到这段批语，都觉得新鲜。冯大人从来是妙笔生花、满腹锦绣，什么时候写过这么短的回复？又什么时候写过这么干巴巴的文字？一个典故没有，一个生僻字没用，这，这还是冯大人的风格吗？

反常，太反常了。

学生们又仔细研究了批文内容，更反常了。

"东衙"指的是县丞。县丞的办公室在正堂东侧，因此有这个代称。冯开时的批示，是让县丞夏时跟学生们去把被举报的灰窑拆毁，这本没什么，可难道后面不该接一句"各地方不得徇情容隐，一体究治，断不轻贷"吗？

还有，拿住破坏龙脉的罪犯之后，难道不该接一句"本县惓惓严禁，枷责治罪"吗？

这位冯大人一推六二五，抓犯人的事扔给县丞，审判犯人的事踢给察院、兵备道去重处，知县该做的事，一句没提。

他这是怎么了？

答案在两个月后揭晓。万历四十七年（1619年），一过完春节，冯开时迫不及待地宣布离任，高升去了南京户部。县学的学生们这才恍然大悟，原来他早知道自己要走，自然不会去管保龙烧灰这种烂摊子，敷衍敷衍得了。

学生们气坏了，从来没见过这么不负责任的官员。冯在任六年，表面文章做得光鲜亮丽，可保龙战争疏漏百出，这种人也配高升？这些学生到底没社会经验，不明白人家活虽然干得一般，可PPT（演示文稿）写得好，一文遮百丑。

冯开时打点行装，高高兴兴去南京赴任了。愤愤不平的学生们决定把呈文重写一份，等新来的知县一到任，就拿给他看，让父母官从一开始就意识到保龙的严重性。

结果他们左等不来，右等不来，一直等到万历四十七年的三月头上，才盼来一位官员。

一亮片子，原来这位官员叫刘焕发，是徽州府的推官。冯开时离职以后，婺源知县这个位置一直空着，徽州府没奈何，只好把刘推官派过来，临时代理县事。

这事在大明很常见。如果一个知县职位出缺，得上报给吏部，吏部再挑选合适人选派遣过去，这一来一去要花很长时间。在旧官已去、新官未到的空窗期，会由县丞或府级官员来临时代掌政事。此前谭昌言离职之后，就由徽州府郑推官代理过一阵。

可若是临时代理的官员，意味着行事一定守成，他们只求在新知县来临之前别出什么事就好，不会做什么大的改变。

这位刘推官人还不错，虽无文采，但愿意干点实事。他一到任，便重新立起一块石碑，把巡抚都院、巡按察院、兵备道、徽州府和婺源县历代领导的批示，都刻了上去，立在县城旁边。

等一等，这不是冯开时此前吹嘘要做的事情吗？原来他连这一件面子工程都没干成……

紧接着，刘推官着手重建了一支巡察队，包括了县衙三班、县学生员和船槽岭附近里约、排年等成员，每年二、八、十、十二月对龙脉进行重点巡逻。

除了巡察队，当年的一系列政策——比如鼓励都间互监、重赏举报等——都不同程度得到恢复。虽然刘推官只是个看守官员，执行力度不比赵昌期，但比冯开时在任时可强多了。龙脉灰户嚣张了六年的气焰，又被压回去了一截。

七月一过，吏部选派的新知县终于到任。他叫金德义，浙江义乌人。金德义和刘焕发交接了工作，开始着手了解婺源县的民情。

金知县是个什么性格的人，理政是个什么思路，婺源人并不清楚。县学的学生们忽然想起来，之前不是说要修改一篇保龙呈文，拿给新知县看吗？现在正是时候！

县学最不缺的就是读书人，很快呈文改好了。它的开头先回顾了龙脉的风水形胜，然后从朱熹开始说起，追述婺源历代名人，接下来笔锋一转，讲起烧灰凿石者的可恶，以及惊扰龙脉给婺源带来的种种恶果，兼之回顾历任知县的政策，以及建议云云。

是文面面俱到，条理清楚，不失为一篇上等的说明文。

这些学生里有一位神人，可惜名字已不可考。他看了呈文改稿，觉得不够劲爆，无法触及新知县的心灵。你看，呈文里说什么龙脉被毁、文运中断，这跟金知县有关系吗？说什么闾井萧条、十室九空，人家关心吗？还提什么嘉靖四十三年之后，兵燹连连、灾劫绵绵，人家又不是婺源人，会怕这个？

这些刺激太弱了，要更强烈一些。我们的最终目的，是让金知县发自内心地认为，保龙禁灰这事跟他的切身利益密切相关，他才有动力去推行。

然后他提笔写下了一段话，夹入呈文之中。

这一段话，堪称震撼灵魂的奇文，姑录于下：

"嘉靖丙寅，遂致矿贼攻城焚劫之祸，谭之色变，怀白李侯失守去位。地理之关于人事，岂不响应哉？迄今县治火灾时起，民居靡宁。宾蒙张侯升任外谪；中云吴侯甫拜南垣，未满即世；石梁赵侯，终于右银台；二愚万侯，甫拜侍御，直谏蒙谪；省堂陈侯，半载丁艰；月樵朱侯，亦以艰去，至今迁少囧卿；若谷徐侯，亦以艰去，至今尚居少参；念塘熊侯莅邑仅一岁而殒；凡同谭侯，亦以艰去，至今迁大参；启宸金侯，西台三载未艾而逝；青严赵侯，以曹郎终；开三冯侯，候补户曹——何嘉靖甲子之前邑侯之晋华胐者踵接，而甲子遂为闲直也？"

这段话里有许多别称，即使直接翻译也不好理解。我把内容分成段，解释一下，大家就明白了：

嘉靖四十五年，矿贼攻破了县城，当时的知县李志学被贬谪到漳浦做典史。从此以后，因为龙脉被破坏的缘故，在婺源做知县的人，没一个仕途平顺的。

不信我给您数一数啊。

接任李志学的知县，叫张东旸，升官没多久就被贬了。

次一任知县叫吴琯，病死于任上。

次一任叫赵崇善，最高只混到右银台——银台是通政司的别称，右银台即右通政，正四品。

再下一任知县叫万国钦，做到侍御，也就是监察御史，可惜因为直谏丢了官。

下一任叫陈宗愈，上任半年赶上亲人亡故，只能丁忧去职。

下一任叫朱一桂，也是家里死人，丁忧去职，至今也只混到少冏卿——冏卿是太仆寺卿的别称，少冏卿即太仆寺少卿，正四品。

下一任叫徐良彦，同样丁忧去职，只混成了个少参。布政使下属有参政、参议，前者别称大参，后者少参，正四品。

下一任叫熊寅，到任一年病逝。

再下一任就是谭昌言，丁忧去职，如今只做到大参——从三品。

下一任金汝谐，去了西台当御史，三年就病逝了。西台是都察院的别称。

下一任赵昌期更惨，以曹郎终。曹郎是指六部之下的各司主官，赵曾担任南京兵部主事。

下一任冯开时，只在户曹混了一个候补主事。

这位不知名高人的思路着实刁钻，他一口气列出了婺源县前后十三任知县的履历，提炼出一条规律："地理之关于人事，岂不响应。"历任婺源知县因为龙脉受损的事倒霉连连，官路坎坷，没一个过得好。新来的知县大人，您自个儿掂量掂量吧。

这个角度可以说是高屋建瓴，深悉人性。你跟官员们陈说民间疾苦，未必能让他们感同身受，但一说这事有碍于仕途，保证会引起高度重视。

其实仔细分析的话，这份倒霉名单根本名不副实。比如赵崇善、朱一桂、徐良彦三人官至正四品，谭昌言更做到从三品。虽说是闲职，但也不至于被说成仕途蹉跎。这若是蹉跎，那什么才算仕途顺利？当到皇帝吗？

那位高人为了论证十三位知县都倒霉的论调，只好硬说这几位还爬得不够高，职位不够重。这种先立论点，再扭曲论据的做法，值得后人学习。

真正要说时运不济，只有赵昌期一个。这位勤恳实干的官员，在万历四十六年去世，以南京兵部主事终。以他的才干和背景，只做到这个级别的官位，确实挺可惜的。可他对婺源的贡献最大，高人感念恩德，笔下留情，只说他"以曹郎终"，并没去刻意渲染。

这份呈文的震撼效果，真是立竿见影。金德义读完以后，对保龙的态度一下子变得积极起来。

金知县初来乍到，情形不熟，并没有采取赵昌期那一套有节奏的"内斗"之计，而是直接调集人手前往龙脉，谁凿岩烧灰抓谁。一时间鸡飞狗跳，不少灰户和囤户来不及躲避，纷纷被捕下狱。

县学的学生们一片欢欣鼓舞，觉得金知县真是赵侯再世。没想到，金德义的这个做法太过简单粗暴，反而引起了强烈的反弹，逼得十七、十八、二十三、四十三的居民们团结起来，一致对外。

冯开时在任那几年，四都居民已经不像从前那么彼此敌视了，养出了一套抱团的策略。这次金德义一下狠手，他们立刻分散开来，把灰窑往深山里挪，不再互相举报。官府的人过来问话，谁都不会开口。

在婺源山区那种地方，如果得不到当地人的配合，官府想实行什么政策当真是寸步难行。船槽岭烧灰游击队深谙十六字方针："敌进我退，敌退我凿。敌驻我睡，敌疲我烧。"跟官府周旋起来。金德义的高压政策声势很大，可实际效果并没那么明显。

这一场官民之间的对抗，一直持续到万历四十八年（1620年）年初。所有人都以为春节之后官府会有所进展，却没料到最先来到的，是四都灰户们的一次反击。

大明律有规定，如果对县级主官的政策不满，民众可以一级一级向上申诉。四都灰户抓住这个机会，每一户发起一桩诉讼，直接把知县金德义告到了上级徽州府。

此时的徽州知府叫周士昌，四川内江人。他开年一开衙，还没跟同僚道贺，便被铺天盖地的状书给淹没了。

四都居民的诉状并没有保留下来，但是从其他文献对"刁民"的痛斥中，大概能猜出他们说的是什么内容：现在税赋太重，田地太少，如果禁止烧灰的话，百姓将无从活命，请求取消金知县的严打政策。

要知道，这会儿已是万历末年，大明基层乱象已然萌生。尤其是从前年开始，朝廷面向全国开征辽饷，每亩土地加征九厘。这笔加税，加不到士绅们头上，到头来还是由自耕农承担，全国农民的处境变得更加恶劣。

具体到婺源县里，本来田地就很贫瘠，辽饷一加，老百姓更没办法种田维生了。他们选择做灰户凿山，实在是因为活不下去。

灰户的这些状纸，还把辽饷的事拿出来当挡箭牌：为了更好地支持辽东战局，我们多赚银子多交税，可一旦禁灰没收入了，辽饷也会受影响，难道你们为了婺源龙脉一己私利，要置国家大局于不顾吗？

明代打官司有一个特点，无论上下，都喜欢往大道德、大政策上靠。一靠上，便立于不败之地，谁反对我，就是不道德，就是反对朝廷。婺源灰户的状书挟辽饷以制府县，一点也不奇怪。

徽州知府周士昌拿到这些状子，可犯愁了。婺源保龙这事争了许多年，前因后果他很了解，但这次告状的人上升到了辽饷的高度，着实不好处理。

尤其是他这个级别的官员，应该已经听说明军万历四十七年三月间在萨尔浒的一场战争中空前惨败，接下来肯定又得临时征派。这种大环境下，婺源保龙一事已然变得复杂化。倘若他一个错判，灰户们再去巡按或巡抚那里上诉，可能这事就通天了。

拖吧！

这一拖，就拖到了万历四十八年的夏天。

对于灰户们的上诉，徽州府迟迟没有回应的动静。灰户们没着急，婺源县那边的金德义先慌了神。因为县学士子和乡宦告诉他，徽州府百分百支持保龙，肯定会立即驳回上诉。可如今上头一直没有动静，这本身便代表了一种态度。

他找到婺源士绅们，抱怨说听信你们一面之词，现在我要吃挂落了。士绅们一合计，不能坐等，得主动出击。

不过诉讼这条路就算了，一打起官司来可拖不起。婺源的重量级人物很多，他们推举出身份最高的汪应蛟，以私人身份给周士昌写了一封信。

汪应蛟是万历二年（1574年）的进士，历任济南参政、山西按察使、天津与保定巡抚、工部右侍郎、兵部左侍郎，可以说是一步一个脚印，全靠地方实绩升上来。

严格来说，汪应蛟还没有致仕，仍是官场中人。他的兵部左侍郎，稳稳压徽州知府一头。只不过这时候他因为要养奉父母，留在婺源没去上任。

跟他相比，无论年纪、资历还是官职，周士昌都只是个小字辈。

汪应蛟客客气气地给周士昌写了封信，简单寒暄了两句，然后指责"豪民犹挟其故智，尝试扞罔，且以乞生胧告台下"，直接给定了性是闹事。关于灰户提出的"乞活"诉求，汪应蛟驳斥说：嘉靖四十三年之前没烧过灰，人家是怎么活的？除了那四都，其他几都也没有烧灰，又是怎么活的？

在信笺的末尾，汪应蛟动情地请周知府"为敝邑造千百世之福，士人千百世之感也"。

汪这种大人物，越是客气，压力越大。周士昌接信之后，顿觉棘手。他忽然想起来，还有一个辽饷的问题没解决，反复读了几遍汪信，里面却只字未提。周士昌再仔细想了想，才体会到其中门道。

辽饷这事，换了别人，不提是因为不敢提。唯独对汪应蛟来说，不提是不屑提。

汪应蛟在官场上是有名的抗税高手。万历搞矿税时，他屡次上书公开反对，还差点干掉两个天子的亲信矿使王虎、王朝，名满天下。他在天津带兵时，兵饷不够，一般官员会上书请求拨款或加税，只有汪应蛟一分钱不要，带人引水改造，生生把葛沽、白塘一带的5000亩盐碱地溉成了水田，从此屯田足可济军。

天子的矿税、自家的兵饷，他都顶得住，何况区区辽饷？

汪应蛟只字不提，是在暗示周士昌：你不用怕别人扯辽饷的事，朝廷有什么问题，尽管往我这儿推。

周士昌领悟到这一层，顾虑尽去，当即修书一封，客客气气地表示："日前奸民胧告乞生一词，类有数纸，初亦准其一。行县查勘，不谓次日又来苦诉，若扼其吭而夺之食者。然此种十词九谎，有何成心。"

他准确地把握住了分寸，一口咬定灰户们是胧告——胧即含糊不清，类似于莫须有，是十词九谎。既然他们说的都是谎话，烧灰助辽饷什么的自然也是瞎说八道了。

给汪应蛟私人交代完以后，徽州府从程序上，正式驳回了所有灰民的诉状，并且指示金德义知县，要全力配合烧灰专项治理工作的开展。

金知县那边，紧锣密鼓自不必说。县学这边，更是战意腾腾，士绅们推举了一位叫余懋衡的官员前来督战。

余懋衡也是个朝野知名的人物，万历二十年的进士。他在陕西巡按任上时，公开举报税监梁永贪渎，差点被后者毒死。两人大斗一场，结果是梁永撤回御马监，余懋衡也丁忧回家。后来他被启用为大理寺右寺丞，可惜身体不好，正在归乡养病。

有这么一位额头生角的狠角色压阵，自然让莘莘学子士气大振。

余懋衡为婺源县学写了一封公开信，算是战前动员书。这封信可称得上杀气腾腾，劈头就说："顽民违禁凿龙，椎锐之声，火焰之气，十余里内若裂若开，意欲何为？"

余到底是进士出身，几句论述，灰户嚣张气焰，跃然纸上。他紧接着笔锋一转："闻虽拘拿数人，照旧锄石烧灰，视衙门若儿戏，此乱象也。将为兵火城郭之忧，岂止科第财富之凋残已耶！"

这句就更狠辣了。这些人私自烧灰，连官府都不放在眼里，如果不管，恐怕是要化身流贼谋反啊。到时候，倒霉的又岂止是教育部门。

一下子，立意就高了，性质从保龙上升到平叛。

尤其是一说起灰户乞活的事，余懋衡的排比句汹涌而来："嘉靖甲子以前未烧灰，未卖灰，顽民依旧吃饭，依然种田。别都之民无县龙可凿，无灰可烧可卖，依旧吃饭，依然种田。茫茫四海，为商，为贾，为匠，为工，何技不可度活？"

其实余懋衡有点揣着明白装糊涂，他写过一篇《北乡富敬堂记》，里面分析婺源务农之艰辛，头头是道——说明他很明白灰户为何铤而走险。只不过为了龙脉安危，余大人也顾不上许多了。

最后余懋衡呼吁广大学子："残县龙以射利，不仁甚矣！自残其龙，自伤其脉，不智甚矣！吾辈若不亟为力禁，坐视凌夷，亦不得谓之仁，不得谓之智矣！剥肤之灾，坚冰之祸，勿谓吾言不验！"

连"勿谓吾言不验"都说出来了，说明真的要开打了。

正式开战的日期，定在了万历四十八年的八月。

先是汪应蛟、余懋衡等人领衔，会同几十名乡宦联名上书，请求金知县保龙严查。然后金知县掷下令牌，委派县丞黄世臣亲自带队，会同县学的生员督查队，气势汹汹朝着船槽岭扑过来。

这一次联合执法，力度空前，真正细到一窑一户一地，逐一查实。事后黄世臣写了一份工作报告，简单引用一段，感受一下其细致程度：

"里长施时高，引至十七都小严前，有窑一所，查出窑户吕乞、吕正、吕爱、吕芝、吕奇、吕呈等；楼下有窑一所，查出窑户洪泽、洪星、洪新寿、洪三保、洪福忠、洪互等；外施村有窑一所，查出窑户何兴、何德桂、洪象、洪善、汪虎、方子等；戴贰拾坞有窑一所，查出窑户程法互、程新明、程高、程文辛、詹华，以上司窑俱在十七都地方……藏在穷源幽坞。"

从这段记载可以看出，灰窑几乎都是家族式作业，一窑一户，或两家联合，最多掺杂一两个外姓人。窑归家族共有，每个族人都有细股可分。所谓囤户，实际上是家族中带头之人，和一般矿主还有区别。

这次清查，可谓是摧枯拉朽，犁庭扫闾。龙脉岭上的灰窑又一次被一扫而空，光是拘押的就有几十人，连坐者更多。金德义甚至公开表示，这一次绝要严惩："若稍从末减，则虽欲禁之不过隔靴搔痒耳。"

这场轰轰烈烈的专项治理运动，持续了足足一个月，然后在八月底戛然而止。

皇上驾崩了。

七月二十一日，万历皇帝在弘德殿去世，终年五十八岁，漫长的万历时代落下帷幕。他的长子朱常洛即位，改元泰昌。

这个消息从京城传到婺源县，差不多是八月底的光景。金知县紧急叫停了巡察工作，把所有人都召回来。天子驾崩，接下来要做的事情可多了。

知县得组织全县军民服国丧；得筹备祭礼祭品；婺源县是木材大县，搞不好还会被临时征派上等梓木——这是老皇上的事。还有新皇上的事：改元泰昌，那么县里的一应文牍案卷都得准备用新年号；登基还有大赦，县狱里的犯人哪个能赦哪个不能，也得提前议处；知县还得打点行装，进京朝觐新君。总之接下来的事情多得不得了，保龙的事，可以暂缓一下。

没想到，计划没有变化快。婺源县准备得差不多了，京里又传来消息，泰昌帝即位不过一个月，突然病逝。现在是由泰昌帝的长子朱由校即位，改元天启。

得，所有准备工作，从头再来一遍吧！

泰昌皇帝的去世十分蹊跷，引发了震动朝野的"红丸案"。此时保龙运动的推动者汪应蛟已经回归朝廷，担任南京户部尚书。泰昌帝死后，他和礼部尚书孙慎行、左都御史邹元标一起上书，指责首辅方从哲引发朝中大臣们彼此攻讦。

朝里怎么打的，那是另外一个话题。总之，汪应蛟也顾不上管婺源的事了。

连续两帝即位，别的不说，光是改年号这事，就够基层忙一阵了。在这段时间里，婺源县留下来的文献资料特别混乱，尤其是落款日期，一会儿是"万历四十八年十月"，一会儿是"泰昌元年九月"，简直无所适从。

好在朝廷体恤基层窘境，宣布这一年八月之前，算万历四十八年；八月之后，算泰昌元年（1620年）；从次年正月开始，再按天启纪年算。有些铸钱的工坊，索性把两个年号合在一起，铸成合号钱。

这场混乱一直持续到十一月份才算消停。婺源知县金德义停下来喘了口气，这才想起来，牢里还关着一大堆灰户待审呢。

糟糕，得抓紧时间了！

再有一个月，就是天启元年（1621年）。按规矩天子是要大赦天下的，牢里这些犯人都是轻罪，肯定会被释放，这一释放，我们岂不是白干了吗？

于是婺源县衙上下齐动员，从知县到县丞、典史、主簿，再到诸房官吏，全冲到牢里进行突击审讯。

天启元年正月十一日，知县金德义、县丞黄世臣、主簿黄师正、典史李芳四人，具名写了一封长长的审结申详，提交给徽州府。

这么大规模的审判，按流程应该向徽州府报备。可周知府怎么也没想到，连元宵节还没出呢，他们便心急火燎地把名单提交上来了。算算时间，恐怕婺源县的官吏们，这个春节都是在牢里审着犯人过的。

审结申详称：婺源县一共查获十七都灰窑四座、十八都灰窑两座，一共拘捕了百余人，正式定罪的有十六人，其中包括了此前曾出场的两个囤户俞辛宇和程济，不过两人已经病故，于是又从俞、程两家各抽出一人顶罪。

这十六名罪犯，一共罚银十五两七钱，已收入县库。是否还需要进一步惩戒，还请周知府酌定。

其实以金德义的权限，足够给这十六人判罪了。不过这一次行动，毕竟名义上是周士昌敦促而起，请知府来亲自定罪，显得这件事办得有头有尾，把功劳归于徽州府的高瞻远瞩。

周士昌拿到报告，对金知县的这个分寸拿捏很满意。如果真把那一百多人都判了罪，搞不好会引发地方震荡，绝非官员所愿见，揪住首恶十六人，不多不少，恰到好处。于是周士昌提起笔来，拟了一个"杖三十"。

这个惩戒是可以刑赎的，其实相当轻，周士昌写了八个字的理由："乡愚罔利，如蚊扑灯。"意思是，这些人太蠢，总干这种自取灭亡的事，吓唬吓唬得了。

这个判决，再一次显示出地方官员的治政原则。像这种波及几个乡数百人的大事，官员很少会赶尽杀绝，真把老百姓逼上梁山，谁也没好处。

官员的办事原则是：拿住首犯，略施薄惩，以吓阻压制为主，不求根治问题，只要别在我任内出事就好。仔细回想一下，历任知县——除了赵昌期之外——对待保龙的态度，实际上都未曾偏离过这条主线。

不过周士昌觉得光自己批准，还是有点不踏实，又去找应天巡按易应昌，请他背个书。应天巡按相当于省高级法院院长，他们发布的禁令，最具威慑力。

二月十六日，直隶巡按察院正式发布了公告，除重申了龙脉保护区的范围之外，这一次还强化了惩罚措施："凿山之家，罄其资产入官，重示枷示。"

原来只是罚钱了事，这次是直接查抄家产，算得上从重治罪了。周士昌转发这道禁令时，还叮嘱说，罚没家产不得拿去做别的，要用来资助那些贫苦的读书士子。

十六个首犯被判刑，没什么，那点罚款不算疼。但这个查抄家产，可就太重了，不说官府有没有这个执行力度，就是被垂涎自家的邻居诬告一下，也受不了啊。

政策一拳紧似一拳，直杀得灰户敛迹，囤户收声。在冯开时任内纵容出的烧灰大潮，再度被官府强力地压制下去。金德义主持的这一次严打，效用昭彰，船槽岭下再没闹过什么烧灰凿山的大事，山林一直沉静安详。

用当时婺源巡谕何俭总结的话说："保龙之法，在巡视之有方，巡视之方置司官上也，权假候缺之司镇之次也。"意思是，保龙成功的关键，还得靠领导重视啊。只要官府真心想管，就管得了。

这一年的八月，恰好又是秋闱乡试。这一次婺源学子中了三个举人，其中两个人是婺源本籍，分别叫汪全智和余自怡。在次年的春闱和殿试中，还有一位婺源籍举人汪秉忠得中三甲。

这个成绩，跟昔日盛况没法比，但比前几年总算强一点。风水论者纷纷表示，你看，龙脉的影响立竿见影啊。

可是接下来的天启四年（1624年）乡试，婺源只有一人中举；再到了天启七年（1627年）乡试，只有两人中举。风水论者又说了，龙脉譬如人体，久病必内虚，须徐徐浸补，方有灵妙——再等等看。

没想到，这一等，等来一个晴天霹雳。

天启七年八月十一日，秋闱刚开始考，天启皇帝撒手人寰。

他这一死不要紧，这一科来年的殿试没人主持了。好在天启的弟弟朱由检很快即位，改元崇祯。崇祯皇帝宣布这一科不中断，来年正常举办会试和殿试。

婺源县的人品，在这一次差点中断的科举中突然爆发了一次。别看乡试的婺源新举人只有两名，分别叫胡士昌、张作楫，可闯过崇祯元年会试、杀到金銮殿上的婺源人足足有四人之多。

其中张作楫考了三甲二百六十六名、胡士昌三甲二百一十七名、余自怡三甲一百六十五、汪全智考得二甲五十四名。就数量而言，已与历史最高纪录持平。

消息传回婺源，学子士绅无不兴高采烈。多年的保龙大业，终于结出了硕果啊。

回顾婺源县与灰户之间的一系列斗争，从嘉靖四十三年到崇祯元年（1628年），迄来六十四年，一个多甲子的时光，太不容易了。有人提出一个建议，那一篇篇煌煌如星日的呈文宪词，那一位位或贤或愚的父母官，士绅们的备极辛劳、学子们的勤力尽意，若不能留书后人，岂不是太可惜了？

说干就干！

婺源士绅们将所有相关的保龙文书都搜集起来，合订成了一本书，叫作《保龙全书》，以期让婺源后辈知道，曾经有那么多人为了本县文脉呕心沥血。

不过在做这本书时，编纂者们有意无意地只收录了自家和官府的各类文书，对于灰户、囤户的状书、抗辩、呈文等一概不取。呈现在读者面前的，是一群奸邪愚民被婺源贤达打败的正义故事。我们只有深抠字里行间的记载，才能听见那些灰户的一丝微弱呐喊——史书编撰权有多重要，可见一斑。

《保龙全书》编纂完成之后，请来县学教谕何俭做跋。何俭在回顾了六十四年来同谎言、愚蠢和胆怯的斗争之后，动情地写下一段话："星源半残之龙永保无虞，而绝盛之文运再振于今日矣。"

是的，从此以后，士子们终于可以安心读书，继续辅佐圣主于盛世。这一场漫长的保龙运动，总算轰轰烈烈地落下帷幕……

才怪。

如前文所述，婺源地理决定了两者之间的矛盾不可调和，虽可凭强力压制，但只要官府稍有松懈，便会重燃战火。何教谕"永保无虞"的梦想，终究只是一个梦想罢了。

事实上，流传至今的《保龙全书》一共有五册。我们看到的这段经历，仅仅是第一册涵盖的内容。此外还有《续保龙全书》，记述了康熙年间先后两次保龙运动的始末；第三册单独记录了一个叫施大任的人在乾隆年间的保龙诉讼经历；第四册记录了乾隆年间的保龙运动；第五册则讲光绪十六年（1890年）到十七年（1891年）之间的龙脉烧灰大战。

也就是说，灰户们并没有在明末彻底销声匿迹，反有愈演愈烈之势。此后的保龙战争几乎贯穿了整个清代，诉讼交加，其中诡诈离奇之处，一点也不逊色于明代保龙。

不过那就是另外一个故事了。

附：

本文得益于佘伟先生点校的婺源《保龙全书》、廖华生老师的《士绅阶层地方霸权的建构和维护——以明清婺源的保龙诉讼为考察中心》，以及特别感谢社科院阿风老师提供的《婺源县志》电子版，免去了我去图书馆抄书之苦。

谁动了我的祖庙

杨干院律政风云

一说起黄山的美景,有句人人必引的名言:"五岳归来不看山,黄山归来不看岳。"

大明嘉靖年间,在这座绝景黄山的脚下,曾发生过一起民间官司。这起官司不算大,案情也不复杂,却被诉讼双方硬生生打出了美国律政剧的风采。这起官司的奇崛跌宕之势,比起天都、莲花、玉屏等奇峰亦不遑多让。

故事的主角,是一座古寺,和一座孤坟。

明代南直隶地区有一个徽州府,徽州府一共下辖六县:休宁、歙县、黟县、婺源、绩溪、祁门——其中歙县最大,黄山正好位于歙县的最北端。

从黄山南麓的汤口镇一路南下,大约走上三十公里,地形会陡然一变。在连云叠嶂的山区之间,多出一段狭长如纺锤的盆地。盆地的中央地带,坐落着一座叫呈坎的古朴小镇。

小镇很美,唯独呈坎这个名字有点怪。如果你现在去旅游,千万别相信导游说的什么"游呈坎一生无坎",那只是附会的吉祥话。

那么这个名字,到底怎么来的呢?

其实在汉代,这个地方本来是叫龙溪。到了晚唐,有两个不速之客忽然来到此间,再也不走了。这是一对堂兄弟:堂兄叫罗天秩,号秋隐;堂弟叫罗天真,号文昌。

这哥俩本是豫章的柏林罗氏。唐懿宗在位期间,天下局势一天比一天糟糕。哥俩一合计,得早做准备,找一处能躲避战乱的安稳地方。罗秋隐是个精通天文地理的奇才,他跑到黄山考察了一圈,最终选定了黄山以南六十里处的龙溪落脚,并将其改名叫作呈坎。

这是用的汉武典故。当年汉武帝为了求长生,在建章宫里建了一座神明台。台上立有一尊铜仙人,双手举起铜盘,用来承接早晚露水,饮之可获长生。龙溪周围这片盆地,恰好有一条潀川河流经,俯瞰全景,岂不正像是仙人露水落在承露盘里吗?

对此《罗氏族谱序》里的解释是"盖地仰露曰呈,洼下曰坎",故名呈坎;也有一种说法,认为"坎"在八卦中属水,"呈"者平地,"呈坎"即水旁平地之意。

罗氏兄弟很快把族人都迁到了呈坎。罗文昌选择在盆地东南的上溪东、下溪东居住,成为呈坎前罗氏的始祖;罗秋隐则选择了盆地西部的后岗居住,成为呈坎后罗氏的始祖。

罗秋隐对呈坎很满意,他特意写了《定居》《定志》二赋,告诫子孙,不要轻信别人言辞迁徙他处,然后溘然去世。他的墓地,选在了其生前居屋以南三里的一处河岸。这里背靠黄龙山,面对潀川河,乃是一处绝佳的风水宝地。

这个地方,现在还有。从呈坎镇向南走,快接近盆地南口有一个依山傍水的村子,叫作杨干,即罗秋隐埋骨之地。严格来说,杨干是一个大地名,它包括了位于佛子岭附近的下杨干、潀川河畔的中杨干,以及更北方向的上杨干。罗墓所在的位置,正在中杨干旁边。

杨干的这个"干"字,作"水边"讲,正如《诗经·伐檀》里说:"坎坎伐檀兮,置之河之干兮。"至于"杨"字,便无从考据了,也许从前在这里住着杨姓什么人。

罗秋隐下葬之后,这里便成为后罗氏一族祭拜祖坟之地,立有墓祠,四时香火,罗氏还拨出专门的田地用来支应日常开销——叫作膳茔。

不得不说,这座坟的风水确实好。从那以后,呈坎后罗氏人才辈出,在宋代比较著名的有罗秋隐八世孙、官至吏部尚书龙图阁学士的罗汝楫——不过这位亲附秦桧,参与迫害岳飞,所以后人不太愿意提,倒是他有两个儿子,都是大才。

四子罗颂精通法律,判决迅捷准确,经手的案子从无冤滞,在民间得了一个外号,叫作"罗佛子"。至今呈坎附近有佛子岭,即从其得名。

五子罗愿，是方志典范《新安志》的作者。他精通博物，文笔精醇，而且道德感很强，一直以父亲为耻，从来不敢进岳飞庙。《宋史》里有记载，说罗愿一生兢兢业业，致力于民生，到老觉得善政攒得差不多了，才有脸去拜祭岳飞。结果他刚拜完，还没出庙就猝死了。虽说这个结局荒诞不经，但也能从侧面看出罗愿的性格。

一代名儒朱熹对罗颂、罗愿两兄弟十分欣赏，曾给过一句批语："呈坎双贤里，江南第一村。""双贤"即指罗颂、罗愿兄弟，一句话把呈坎提到了一个极高的地位，罗氏一族亦成为当地显贵世家。

到了南宋理宗年间，呈坎后罗氏的当任家主，是罗秋隐直系十三世孙罗鼐。他在主持祭礼时发现一个弊端，呈坎罗氏自唐以来繁衍兴盛，四处开枝散叶，每年祭礼"老者远莫来，来者幼莫时"，长此以往，未免怠慢了祖先。

于是罗鼐召集族中众人，提出了一个办法：在祖坟的外围建起一座禅院，割出部分田地作为寺产，请来僧人住持。一来祖坟时刻有人看守修葺，不致毁坏；二来寺内诵经不断，香火缭绕，也等于为祖先烘托阴德。

这种性质的寺院，被称为坟寺。宋代崇佛之风兴盛，很多大族都选择为祖坟修建一座坟寺，这在当时是很流行的做法。

听了罗鼐的建议，族人纷纷表示赞同。罗氏一族家风亲厚，成员素来团结。他们有钱的捐钱，有田的捐田，实在没钱没田的，也会表示我家出两个壮丁，参与营造，很快就解决了禅院基建和资金的问题。

接下来，就是找和尚了。

罗氏历代与徽州当地大族联姻，罗鼐娶的是歙县程家的女人，老丈人程元凤官至右丞相兼枢密使。罗鼐请程元凤推荐一位靠谱的僧人，老泰山想了一下，想到在宁泰乡仁佑里也有一座杨干禅院，遂推荐其中一个叫觉晓的僧人。罗鼐过去聊了一下，觉晓同意过来，索性把杨干院整个迁了过来。

罗氏在墓右边的开阔地修起了六间大屋，正中间供奉如来，右边供奉后土，左边供奉罗秋隐的牌位，再左边则又是三间屋子，一直修到溪水旁边的河坡，成为杨干禅院的基本格局。

这是个挺有意思的组合，如来是释家的，后土是传统民间神祇，后来被道家吸纳,再加上祖先牌位,可以说是集佛道儒三家信仰于一身,应了王重阳那句话:"红莲白藕青荷叶,三教原来是一家。"

南宋宝祐六年(1258年),杨干院正式建成。罗鼒又请来程元凤,专门撰写了《罗氏新建杨干院碑记》,把建院的前因后果写清楚,请祁门人方岳负责篆盖、歙县人方回进行书丹——这两位都是进士出身,方回后来在元代做到建德路总管。可见罗鼒为了建这个禅院,真是动用了不少人脉。

从此以后,罗氏祖墓旁边多了一座禅院。僧人们日日诵祈,罗氏年年拜祭坟冢,兴寺护坟。

时光流转,世势推移。转眼二百七十年过去,历书从大宋宝祐六年一下子翻到了大明嘉靖七年(1528年)。

在这期间,很多事情不曾改变。罗氏一如既往地在呈坎生活着,发展成为歙县大族之一。而杨干禅院的香火也从未中断,始终缭绕在古坟四周。

但如果仔细观察,会发现很多事情还是发生了变化。比如罗氏对祖坟疏于祭扫,来的人越来越少。到杨干院上香的人却越来越多,它慢慢从一座罗氏的守墓禅院变成面向公众的名刹。

本该相敬相安的罗氏一族和杨干禅院,在嘉靖七年突然起了龃龉,彼此攻讦,爆发了一场旷日持久的争斗。

争斗的起因,还得从杨干禅院的一位"高僧"说起。

这位"高僧"的法号叫法椿,也是徽州人,出生于弘治八年(1495年),籍贯是歙县邻近的休宁县。此人的来历十分可疑,据说是绝户家的独子。

大明对于户籍管理特别重视,每一百一十户人家编为一里,一里造黄册一本,写明各户的丁壮、事产,凭此科税。一户人家如果壮丁断绝,会被归类为绝户,自然也不用缴税了。

因此民间有一种作弊手段,就是让家里的丁壮逃离原籍,再向官府报备绝户,从此家人可安享免税之福。法椿很有可能就是这么一种情况。

正德元年(1506年),年仅十一岁的法椿逃离了家乡休宁。虽然他距离法律规定的成丁年龄还有五年,但此时地方户籍方面腐败严重,经常有明明不成丁的孩童,被恶吏强行登记为壮丁,借此要百姓多承担税徭。

能逃，还是早点逃的好。

法椿离家之后，只有两个选择。第一个选择是成为没有户口的流民，四处迁徙，除非买通一地官吏假造户籍，才能合法落脚；第二个选择，就是出家为僧、道，只要有寺观肯接收他，并取得度牒，便有了合法身份。

【注释】

度牒：亦称"祠部牒"。唐朝设立试经度僧制度，经过考试合格的僧尼、道士，由国家管理机构祠部发给其度牒，作为合法出家者的证书，可凭此免承徭役。明王朝十分注意限制僧尼的数量，规定每三年发放一次度牒。并且，男子不到四十岁、女子不到五十岁，不得出家。《大明律》中对没有度牒、"私自剃度者"亦有十分严厉的处罚。

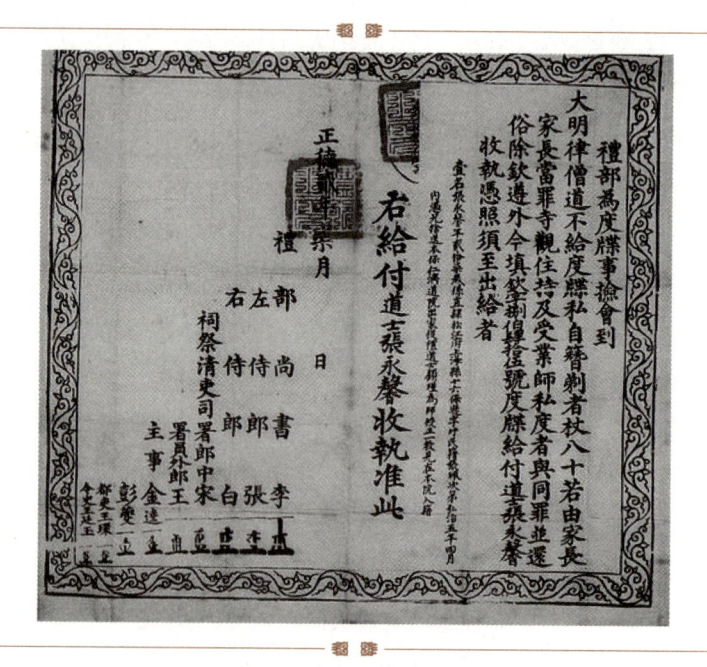

图三·1 明代的道士度牒

徽州崇佛之风十分浓烈，境内大小寺院有几十座。法椿理所当然选了出家这条路。不过他不敢留在原籍休宁，跑到临近的歙县，投拜到杨干院门前。

寺庙对于这种投拜来的逃户，一般持欢迎态度。毕竟逃户没户籍，寺院将其收留，形同大户人家多了几个隐户奴仆。至于这种行为是不是违法，出家人慈悲为怀，人家求上门来，怎么能忍心赶走呢？

事实上，徽州一带的诸多寺庙，一直在偷偷招纳逃流军民，这已是行业内的潜规则。仅杨干院在正德年间，就先后招纳了四十多人，法椿不过是其中一个罢了。

当时杨干院的住持叫佛海，他大概是看对了眼，欣然收这个十一岁的少年为徒，还给他起了一个法号叫"法椿"，使他成为杨干院中的一个小沙弥。

"椿"本意是大椿，乃是一种传说中的长生古树，引申为寿高不衰之意。法椿这个名字，自然也寄寓了师父希望法统延续绵长的祝福。

现在法椿与真正的和尚之间，只差一张度牒了。

明代对于度牒管理，颇有一套办法。从洪武十七年（1384年）开始，朝廷规定，天下持有度牒的僧道，每三年要考核一次，没过的要收回度牒，比如今考驾照还严格。

不过就像其他政策一样，官僚们很快就发现其中的利益所在。从景泰年间起，只要僧、道捐纳五石粮食，便直接颁发度牒。再后来，朝廷干脆把这个制度当成开源之术，一遇灾害，干脆签发几万张空白度牒给当地官府，拿去换粮食赈灾。

也不知道是法椿天资聪颖能顺利通过佛典考试，还是他师父格外疼爱他，替他出了一笔费用，总之在两年之后，法椿顺利获得了度牒，正式成为一名落籍的僧人。

此时休宁县已经觉察法椿逃户的事。法椿是家里的独子，依大明律，单丁不得出俗。县衙屡次下发文书，要求他立刻还俗应差，否则严惩不贷。可惜在大明体制里，这却是一件几乎不可能完成的工作。

为什么呢？

前面说了，大明在宗教管理上颇有创新，讲究两个字——意识形态上要

"敬",行政管理上要"汰",换句话说,朝廷充分尊重你的信仰自由,但宗教不能凌驾于国法之上,也得接受朝廷部门的管辖。

洪武年间,朱元璋在礼部设立了僧录司,总管大明佛教事务。这个机构在各地每一级都有分部:府一级有僧纲司,州一级有僧正司,县一级有僧会司,逐级向上汇报。这些部门的官员都有僧人身份,谓之僧官。

用现在的话说,寺庙属于条管机构,地方县府是块管机构,两条线。当法椿获得度牒之后,进入条管单位,休宁县明知他是逃户出身,却再也无可奈何。

法椿彻底摆脱了俗世纠纷,开始在杨干院里大显身手。他运气特别好,跟对了人。他的师父佛海在当地颇有影响力,在正德年间一度做到了徽州府的都纲。

【注释】

都纲:为梵语"大经堂"之音译,自唐代始有此称谓。明初,在礼部之下设立僧录司,管理全国佛教事务;在外府,则设僧纲司,掌管该府佛教事务,包括颁发度牒、决断僧尼词讼等。僧纲司主官为都纲,从九品,由政府选择精通佛教经典、严格遵行戒律的有德之僧人出任。

都纲是僧纲司的主官,司掌整个徽州府的宗教事务,从九品。它看似是个最低级的芝麻官,实际权柄可不低。当地僧人违法犯戒、寺庙的争端诉讼,都交由都纲来裁决调解。

不过这个职位虽有官身,却无俸禄,手下办事的皂吏仆役一应费用,还得僧官自己掏钱。所以这个职位的选拔方式,是诚德者任之。什么是"诚"?捐纳一大笔银钱就是诚,证明自家有财力胜任。什么是"德"?你必须得到本地诸寺住持的认可,有大德联名作保,才有资格担当。

说白了,这个官位得买。

买官之制看似荒唐,其实也有它的道理。乡绅乡宦为什么能在基层一言九鼎?一是有钱可以左右经济,二是有声望可以上达天听。这两个条件,是基层权力的来源所在。释门虽然清净脱俗，可也一样要遵循这个规律。一个寂寂无闻的穷和尚，就算佛法造诣再高，坐上都纲的位子，也没法开展工作。

法椿的师父佛海能当上都纲，可见身家和声望都不低。佛海退下来以后，稍微运作了一下，在嘉靖二年（1523年）把法椿也推上了这个位置。

法椿入寺不过十七年，剃度不过十五年，竟然能做到徽州府都纲，着实是个人物。

此时的杨干院，风气已大不如前，庙里几乎没有认真修佛的。僧人们除了敛财诓骗之外，没事还勾搭民间妇女，几成淫窟。与杨干院僧人有染的女子，光名字留下来的就有满真、七音、保弟、叶毛、佘窗、仙真等人。更有甚者，堂堂释教弟子居然信了白莲教，时常在寺里起香聚会，借机奸淫妇女，搞得乌烟瘴气。

罗氏一族跟杨干院关系密切，看到和尚们这么乱搞，自然心生不满。有一次杨干院又搞起白莲秘法，这次居然公然立坛诅咒。罗家人吓得够呛，生怕自己家被邪法影响，找到里老抗议。

按照大明律，每一百一十户人家合为一里。一里之内，管理者除了里长和甲首之外，还有里老。这个职位一般由年高德劭者担任，负责调解里内争端。只有当里老调解不果，百姓才能去县衙提起诉讼，不得擅自越级上告。

立坛诅咒这事，说大不大，说小不小。罗家人不好直接去县衙上告，便先请来里老吕社英调停。

吕社英去杨干院转了一圈，回来劝罗家息事宁人。罗家问那诅咒的事咋办，吕社英真能和稀泥，请来一个叫胡禛的术士，烧了几张纸，做了一番法事，就算是解咒了。

这件小事并没闹得多大，可罗家人对杨干院的不满溢于言表，积怨日深。尤其是罗家这一代的家主罗显，知道朝廷对白莲教的态度，惧怕万一哪日杨干院事发，把罗氏一族也牵连进去。

嘉靖六年（1527年）十二月，杨干院的佛殿发生了损坏，重修工程由佛海的师弟、法椿的师叔佛熙和尚负责。这个和尚指挥工匠修理时，把一大堆瓦砾废料盖到了罗秋隐的坟头之上。等到工程结束之后，他没收拾，把垃圾扔在那里再也没管。

嘉靖七年三月，罗显偶然进入杨干院，看到祖坟被一堆瓦砾死死压在下面，登时气得够呛。再一打听，发现主使者是佛熙，罗显更是怒不可遏。

他和佛熙之间，那是早有积怨。

从前杨干院的位置靠近河道，屡次为洪水所侵。杨干院的和尚们遂把佛殿移到了罗秋隐的坟前，把供奉牌位的祠堂改到坟后的坡顶。经过这么一改，格局和宋代时大为不同，罗秋隐的坟本来在寺旁，这回被包纳进了院墙之内，与佛殿咫尺之隔。

到了弘治年间，位于坟后坡顶的墓祠发生坍塌，当时负责修理的正是佛熙。这和尚自作主张，非但没修好墓祠堂，反而趁机在原地起了五间大屋，修了个观音堂，还造起了钟、鼓二楼以及厂厅、廊房等设施，杨干院俨然成了一座大寺的规模。

当时罗氏虽然对佛熙不满，但格局已成，只好退让一步。没想到这个和尚得寸进尺，如今居然用垃圾来羞辱罗家祖坟。

罗显带着无比的愤怒，叫来几个族人，把祖坟上的瓦砾清理干净，等佛熙回来理论。佛熙没露面，只派了个小沙弥回话，提出一个要求：让罗显把祖坟迁出杨干院。

相信罗显听到这个要求时，内心是崩溃的。整个杨干院是为了给我家祖先守坟才建的，你们搞清楚自己的立场好不好?! 罗显把来人骂走，准备好好跟和尚们算算账。

不料佛熙却率先出手。

佛熙早看这座殿后孤坟不顺眼，这次既然挑起了冲突，一不做二不休，索性把事情做绝，老衲可不是吃素的！

他手里一翻，准备了一份状书，直接送到了歙县知县高琦的案头。

在这份状书里，佛熙声称罗氏一族看中了本寺的好风水，设了一个假坟在此，妄称年代久远，伪造方志文书，其实护坟是假，谋夺寺产是真。

猛一看，这状书简直就是胡言乱语，全无凭据。可佛熙一点也不担心，因为他背后站着一位高人——正是他的师侄、时任徽州府都纲的法椿禅师。

都纲是宗教仲裁官，法椿自然熟知大明律。整个诉状，恐怕都是出自他的手笔。

可不要小看佛熙这次提告的动作，里面的门道可是很深的。

百姓要告状，得先请里老进行调解，调解不成再行告官。杨干院属于寺庙体系，因此不受这个流程的限制，可以径直去找知县。换言之，罗显要告杨干院，将会是场旷日持久的官司；杨干院告罗显，却可以立刻进入审理阶段。

这样一来，罗显将在毫无防备的情况下，与杨干院对簿公堂。

知县高琦接到诉状之后，立刻派人把罗显提来。罗显一头雾水赶到县衙，看到佛熙旁边居然还站着法椿。

原来，佛熙主动提诉，还有这么一层用意。

在《金陵梵刹志》里，关于都纲的权限是这样说的："若犯奸盗非为，但与军民相涉，在京申礼部酌审……在外即听有司断理。"翻译过来就是：如果诉讼是寺庙之间的，交由都纲仲裁；若诉讼发生在寺庙和普通民众之间，则须通过当地官府来审理。

杨干院起诉罗显，属于宗教人士与民间的冲突，自然应该交给歙县知县审理。但因为杨干院是原告，身为徽州都纲的法椿，也有权参与进来。

种种迹象表明，这一次起诉是杨干院精心策划的，目的就是让法椿站在公堂之上，与罗显对质。

罗显本来信心满满，法椿是都纲又怎么样？我家祖坟先于杨干院而起，这是板上钉钉的事实，有实物、有人证，还有府志、县志、碑文等文献为证，怎么可能把白的说成黑的？

没想到，双方一对质，情况却大大出乎罗显的预料。

法椿上来就扔了三枚大炸弹。

第一，他宣称罗秋隐坟墓的所在早已湮灭无闻，现在的坟头是罗显伪造的。理由是：这尊坟墓的形制狭小，坟边又没有石灰勾勒，只有八层砖围，分明是临时草草堆成。

第二，府志、县志记录简略，里面所说的罗氏坟冢位置含糊，未必就是目前在杨干院里的这座，因此不足为凭。

第三，杨干院的建立，与罗氏无关。目前这所禅院始建于唐咸通二年（861年），位置是在歙县孝女乡，先后经历三次迁移，方才落于杨干。而那篇所谓程元凤撰写的碑记里，说杨干院自宁泰乡迁来，显然指的不是这一所杨干院。院内的坟头，自然也就不是罗秋隐的——罗家人拜错坟头了。

罗显被这三枚炸弹给炸蒙了。这三条虽是强词夺理，可一时之间不易辩驳。

没等罗显辩解什么，法椿又扔出了第四枚炸弹。

这是一份洪武二十四年的流水保簿，编号"宾一千九百九十九号"。那一年，徽州正好清丈土地，不光要清理民田、官田，所有寺庙道观的土地也要登记造册。杨干院名下的所有寺产，就登记在这份文书里，并写明所属人是杨干禅院。

法椿的主张很简单：流水保簿是最具权威性的官方证明，足见官府承认杨干院的产权在寺僧手中，并无与罗氏有关的字样。禅院内的建筑该如何处置，只有寺僧有权决定。

如果说前三条还属于强行碰瓷的话，那这一条就是直指要害了。

不管杨干院和罗氏在唐、宋、元期间有什么渊源，至少在洪武二十四年之后，法律上认定杨干院是独立经营的，而非罗家私产。

罗显这下子可慌了。

他连忙申请同乡做证。知县发牌调来排年、里老、邻佑来问话。

里老的身份刚才解释过了，邻佑即邻居，这个排年，说来有些复杂。

明代的里长并非终身制，是由十户富裕人家轮换充任，每户轮值一年。轮值的人户，称为现年，不当值的九户，则称为排年。他们有义务为涉及本里的官司提供证词或担保。

这三类人，都是最熟悉罗氏和杨干院关系的外人。罗显以为他们肯出来做证，多少可以扳回一城。孰料这些人在堂上支支吾吾，不肯明言。甚至有两个早已从呈坎后罗分出去的族人——罗承善和罗互社，跳出来代表分家指斥罗显。

看来法椿的准备工作做得十分充足，不光撒出银钱去收买关键证人，还挖出两个跟罗显有仇的闲汉。杨干院是远近知名的富户，都纲这级别的官职说买也就买了，贿赂几个小小百姓自然没问题。

罗显立刻陷入四面楚歌的境地,极为被动。他唯一的希望是知县能稍微讲点道理,做出公正的裁决。可他站在公堂往上一看,见是知县高琦,心里明白彻底完蛋了。

高琦在《歙县志》和《徽州府志》里有传,他是山东武城人,进士出身,嘉靖五年(1526年)起担任歙县知县。当地人对他的评价非常糟糕:"性刚愎,每以微罪杖人,不服则乘怒加杖,遂令立毙,且复黩货无厌。寻以贪酷败。"

以法椿的手段,不会不去重金贿赂这位"黩货无厌"的主官,补上最后一手棋。

果然,高琦在审理时,表现出了极其露骨的偏袒,对法椿、佛熙一方言听计从,对罗显却屡屡训斥。罗显吓坏了,他知道高琦的名声有多坏,除了"贪"之外,还有一个"酷",动辄动刑,被当场打死也不是没先例。

罗显年纪不小,害怕自己稍有反抗,会被水火大棍伺候,便被迫含泪认尿。

高琦一见被告服软,立刻敲钉转脚,发下判决:罗显和那两个帮忙搬瓦砾的罗氏族人问罪发落,县衙派人去把那座祖坟铲平。

杨干院一方大获全胜。

法椿不愧是徽州都纲,熟知司法流程不说,又胆大心黑,盘外着一着接一着,更有杨干院的财力支撑。他以有心算无心,硬是把一桩没道理的官司给打赢了。罗显输得冤枉,可也输得不冤。

罗显回到家里,越琢磨越委屈,越委屈越气愤。

倘若还在宋代,罗氏一族里世代簪缨,人脉深厚,连兴建杨干院都能请来当朝右丞相撰文,哪个宵小敢来动歪脑筋?可惜进入明代之后,罗氏的官运却大不如前。

准确地说,是后罗的官运大不如前。呈坎分前罗与后罗两脉。前罗在明代出过几个名人,比如徽墨鼻祖罗小华、隆庆进士罗应鹤、著名清官罗尚锦等等;后罗一脉则与官场断了缘分,他们家出了不少商人和举人,但再没见到什么朝廷大员。

要知道,官员数量与家族地位密切相关。没了官身护佑,你繁衍得再兴盛,也不过是一块肥肉,引各方垂涎。法椿、佛熙之所以肆无忌惮,高琦之所以敢贪赃枉法，还不是觉得后罗好欺负呗！

罗显担心这场官司一输，后面的麻烦无穷无尽。他召集了各房家长，说咱们不能坐以待毙，得把这场官司打下去。

族人们深知其中利害，纷纷出钱出力。现在有文献记载的，罗显惠、罗仪、罗权、罗兴等八人负责跟随罗显当助手，处理官司事宜。在活动经费方面，罗昌玺捐了720两，罗斯昌、罗斯齐两兄弟，罗仪儒、罗良玺、罗珂珊等身家比较富庶的族人，每户捐了650两银子。次一等的罗姓族人，或捐300，或捐100，也有家境比较困难的，只捐了十几两。

总之罗氏一族"莫不各随其力之所及，家之所有，乐输以为助"，齐心协力要渡过这次危机。罗显对此很是激动，感慨说："将以见一时举族念祖之公心，且使后世知孝于祖者，垂直不朽，亦可以自励云耳。"

罗家足足凑出差不多4000两银子，按当时的物价，可以买8000石大米。打个官司而已，用得着这么多钱吗？

还真需要。

《近事丛残》里有这么一段隆庆年间的往事。一个叫曹大章的翰林回到老家金坛居住，遭遇强盗打劫，怀疑是扬州一个叫韩嘉言的盐商干的。曹大章把韩嘉言告到了应天府。官司开打之后，两家各显神通，不是买通应天府尹，就是去找科道弹劾，行贿的行贿，收买的收买，银钱泼水一般使出去。最终官司打到南京刑部，终于判定韩嘉言与强盗案无关。

可怜韩嘉言为了上下疏通打点，百万身家花了个罄尽。虽然结局他还了清白之身，却已被这无妄之灾折腾到破产的边缘。

可见在大明打官司，每一层环节都得使钱，不多准备点银子是不成的。拿这4000多两去对撼杨干院的和尚，还远远不够呢。

罗显收得了银子，聚齐了人手，族里问他下一步打算怎么翻案，罗显想了想，去歙县击鼓鸣冤肯定没戏，闹到徽州府也意义不大。

他一咬牙，说咱们去徽州府巡按察院上诉去！

巡按察院是个什么地方？为什么罗显觉得去那里上诉会更有胜算呢？这还得从大明的上诉制度说起。

大明朝廷有规定，打官司要一级一级打，老百姓如果起了纠纷，先让里老调解，不成则去州县里打官司；州县解决不了，再上诉到府里；府里不满意，再上诉到省级最高司法机构——按察使司。这个次序不能乱。如果有人胆敢越级上诉，扰乱司法秩序，无论是否冤枉，先笞五十再说。

歙县的上级主管是徽州府。罗显要循正规途径，必须先在歙县提告，然后再去徽州府上诉。这官司一打起来，怕是会旷日持久。

但凡事总有例外。

明代有一个官职叫作"巡按御史"，该官员代表皇帝定期巡视各地，检查地方政务。可以把其理解为一个空降的司法兼纪委官员，上可通天，只对皇上负责，地方政府管不着。

巡按虽然只是七品官，但权柄极大，地方上举凡民政司法的庶务，有问题可以"大事奏裁，小事立断"。更可怕的是，巡按还有两把尚方宝剑。

第一把宝剑，是对地方官员有奖惩之权，可以保举"廉能昭著"的清官，亦能追究"蠹政害民"的贪官。所以就连四品知府看见七品巡按，都得客客气气的。

第二把宝剑，巡按除了监察之外，还自带法院属性，有权接受军民词讼。如果老百姓觉得县衙处断不公，又不愿意上诉到府衙，那么还有一个选择，就是去找巡按上诉。

巡按是中央官员，找他打官司不算越诉。而且巡按的身份独立于地方，可以一定程度上保证审案不受地方利益干扰，算是百姓的另外一条申冤的通道。老戏文里经常看到，动辄戏台上出来一个"八府巡按"主持公道，威风凛凛，所有人都得跪。虽然"八府巡按"不是正式官职，但也多少能看出其在民间的威名。

徽州府隶属于南直隶地区，归中央直辖，没有省一级的按察使司，但属于应天巡按御史的巡查区。

罗显在歙县这里吃了亏，又不想惊动徽州知府，自然就该去应天巡按那里找回场子。

说来有趣，徽州府的办公地点，就在歙县的县城里头。罗显从歙县县衙出来以后，一拐弯就能走到徽州府衙，再往东边走上几步，可以看到一座高大宽阔的公署，这里就是应天巡按御史的办公室——徽州巡按察院。

这是洪武三年（1370年）兴建的建筑，有正厅耳房五间、泊水三间、直舍一间、后堂三间、左右廊各六间、门屋七间、听事厅左右各三间，算得上大院子了。

巡按御史没有固定驻地，要巡视遍历各地，各地都会设有一座"察院"作为办公室。歙县是附郭县，县衙和徽州府衙同在一城，所以歙县察院和徽州察院索性合并一处，一个单位，挂两块牌子。

不，严格来说，是三块牌子。

这座公署本来还有一块牌子，叫作"应天巡抚徽州都院"。

巡抚这个官职，比巡按级别更高。在大明国初，行省一级由承宣布政使司、提刑按察使司和都指挥使司分管民政、司法以及军事，号称"三司"。但三司彼此独立，运转起来特别麻烦，后来朝廷设了一个"抚政安民"的巡抚，节制三司，军政一肩挑，比现在的省长权力还大。

比如在隆庆年间，海瑞就曾巡抚应天十府，威名震慑，吓得整个南直隶官场为之簌簌。

巡抚的头衔里既然有个"巡"字，自然也要在各地设下办公地点，称为"巡抚都院"，也有受理诉讼的职能。南直隶巡抚一共有两个，一个叫"凤阳巡抚"，负责凤阳、庐州、淮安和扬州四府，兼漕运总督；还有一个叫"应天巡抚"，负责应天、苏州、松江、徽州、安庆等十府政务。它在徽州府的办公室，叫巡抚都院，一直是和巡按察院合署办公。

弘治十四年，应天巡抚彭礼来到徽州，觉得一起办公太麻烦了，徽州府赶紧在府学左边建了个新都院，把牌子搬了出去，旧院仍交巡按使用。

徽州百姓一提到都院和察院，都敬畏地称之"两院"。

嘉靖八年（1529年）年初，罗显写好上诉的状书，带着全族人民的希冀，踏进了巡按察院的大门。

可巧新一任巡按御史刚来，此人叫刘乾亨，是河南洛阳人。刘乾亨新官上任，很想有一番作为，对这件案子颇为重视，遂接下了罗显的诉状。

罗显这份诉状,也是请了高人指点。里面先不提杨干院和罗秋隐坟的事,而是指责杨干院"招集流民伪僧为非""习演白莲教法,聚散无常",说佛熙奸淫妇女并"谋死奸妇父男",说法椿"夤缘官府,交通贿赂",总之先给人造成一个先入为主的印象——这阖寺僧人都是奸佞,奸佞之话必不可信。

说完这些,状书才开始讲述罗家祖坟的事,引用大量文献来论证罗氏"因坟建寺"的缘由,以及佛熙等人的恶行。最后还不忘把知县高琦捎进来,说他贪赃枉法,滥用酷刑,事后还派人平坟,简直罪大恶极。

刘乾亨看完罗显的诉状,觉得这案子没什么疑问,胜负立判。不过正因为胜负太明显了,反而比较麻烦。

巡按虽然可以接军民词讼,但并非能事事亲审。《大明会典》里说得很清楚:"(巡按所接案子)若告本县官吏,则发该府;若告本府官吏,则发布政司;若告布政司官吏,则发按察司;若告按察司官吏……不许转委,必须亲问。"

可见大部分告官案件,巡按只能向被告官吏的上一级转发,只有当按察司官吏涉案时,巡按才能亲自出手。

罗显这个案子涉及歙县知县高琦,按正常流程,刘乾亨应该将其转发给徽州府,由府属推官来处理。可如果徽州府能解决,人家何必跑来察院多此一举?

刘乾亨再看了看,发现状书里提及了一个细节:罗显指控高琦除了收取贿赂之外,还滥用酷刑,将其屈打成招。

这回好办了!

《大明会典》里关于巡按亲审的条件,有一则特殊条款:"伸诉各司官吏枉问刑名等项,不许转委,必须亲问。"就是说,如果案情里有官吏擅用刑求逼供、锻炼成狱的情节,巡按不得再转发出去,要亲自审问。

按照我们的想象,接下来应该就是刘青天亲自升堂了吧?惊堂木一拍,奸僧犯官纷纷跪下认罪云云。

不,并没有。接下来刘乾亨做出一个特别奇怪的决定——转宁国府提调文卷审理。

这个宁国府,不是《红楼梦》里那一座,而是在徽州府东北方向的邻府,治所在宣城。刘巡按这一脚皮球踢得够远,踢到了徽州府境外。

这个决定乍一看莫名其妙，但仔细一琢磨，可谓深得官场真味。

一个新上任的巡按，如果上来就亲审拘拿一个知县，未免有点骇人听闻。做官最重要的是和光同尘，抓了高琦不要紧，惹得徽州官场抱成一团，八府巡按也吃不消。

刘乾亨把案子转交宁国府异地审理，自己就安全了。宁国府跟歙县没关系，可以保证审案的公正，更不怕得罪徽州官场。将来他们若是查出歙县知县有问题，也怪罪不到巡按头上。

更妙的是，这并不违反大明律。罗显状告知县高琦，按规矩是该转交府级衙门来审。只不过这个"府"不是徽州府，而是宁国府罢了。在大明的司法实践里，异地审案的情况很多，谁也无法指摘。

刘乾亨这是在隐晦地暗示徽州府，如果你们对异地审理有意见，那我就要援引"伸诉各司官吏枉问刑名"的条款，动用巡按的权限来亲自审理了，届时大家面上定不好看。

"巡按亲问"在刘乾亨手里，变成了一件核武器。它的用处不是毁灭，而是威慑，放在发射架上引而不发，才最有力量。

所以这一招"转宁国府审理"，看似踢皮球，其实蕴藏着无比精妙的平衡技巧，既让案子顺利推进，同时又保护了巡按自己。

果然，徽州府知道以后，什么也没说，也没什么能说的，等结果就是了。只有法椿显得有些狼狈，他的力量在徽州府能施展，跨境力不能及。

宁国府派来审理杨干院案子的，是一位姓郭的推官。

在明代的府衙生态里，一把手是知府，二把手是同知，三把手是通判，四把手是分管刑名理狱工作的推官，俗称"刑厅"，也叫"四爷"。

这个四爷叫郭凤仪，河南人。他相当认真负责，把案卷供状、古今郡志、寺碑家谱等一干卷宗调过去，细细研读，把所有里老、邻居等相关人证重新审问，还派了太平县的典史、巡检亲自赶赴杨干院勘查现场。太平县即现在的黄山区，明代归宁国府管辖，与歙县隔黄山相邻，过来一趟很方便。

结果并没什么悬念。无论文献还是乡人证言，都证明了罗氏祖坟的存在。而宁国府的调查人员在杨干院佛殿前的泥土下方，挖出了一些古旧砖廓，更证实了祖坟绝非浮土堆成。

宁国府的判决如下：

1. 断令佛熙修筑坟还罗显摽祀。

【注释】

摽祀：亦称标祀、标挂，俗称清明吊子。标，农村用白纸剪成的祭祀用品。每年清明节，各家各族扫墓祭祖，祭扫完毕，往往插一标杆于墓前或坟头上，其上糊上长条白纸或楮钱，表明已行祭祀。南方的标杆多用竹，北方的标杆则用柳枝，这些柳枝往往有可能活为树。

2. 仍将观音堂东边一间与罗显盖造祠堂一间，竖立碑记，供奉罗秋隐神主。
3. 以后不许罗显因而赖为己地，再有埋葬。
4. 追查佛熙、满真犯奸是的，追出度牒还俗。
5. （佛熙）供拟罗显奏事不实，杖罪。

这个判决，可以说罗家大获全胜。罗显不仅保住了祖坟，可以如常祭祖，而且还追回了观音堂的一间房屋，为祖先重建墓祠。而且仇人佛熙被判了诬告罪，狠狠挨了一顿板子，强制还俗。

唯独第三点对杨干院有利，判定罗氏对寺产并无所有权，也不得添加新坟进去。这条聊胜于无，罗显本来也没有争寺产的心思，更不会把新坟挪进去。

可惜知县高琦并没受什么影响，大概宁国府不愿无端得罪一位官员吧，算是一点点遗憾。

按照程序，宁国府把结果回报徽州府察院，请巡按覆审。刘乾亨大笔一挥，直接批准，还添了一条，责令佛熙亲自把祖坟堆回去。

还坟现场一度十分尴尬——对佛熙来说，不光太平县的典史和巡检来压阵，还强制要求杨干院的和尚，以及附近里老、甲首、邻人都来围观。众目睽睽之下，佛熙红着一张老脸把坟土堆回去，堆完以后，仓皇而去。

一应事项完成以后，罗显和杨干院双方"各取甘结"。

甘结是一种特别的法律文书。当官司做出最终判决之后，双方都要在甘结上签字画押，以表示服从判决，不再翻案。甘结一签，证明本案在程序上完结。

可有一个人，仍旧不服。

法椿。

宁国府审案之时，法椿力不能及，只能眼睁睁看着判决下来。可是他并不甘心，一心要把案子反转过来。

不过这件事若再从祖坟入手，难度太大。法椿精研佛法之余，想出一条毒计来。

嘉靖九年（1530年）七月十五日，杨干院对外宣布，要搞一次盛大的中元节法会，无论僧俗男女都可以来参加。远近乡人听说之后，纷纷聚拢过来，一时杨干院内外熙熙攘攘，分外热闹。

呈坎距离杨干不远，后罗氏的年轻族人们见到如此好玩，也纷纷跑去玩耍。

去的人有罗良玺、罗伟，以及罗显的干侄子郑来保。郑来保还带着自己媳妇尚金宗以及媳妇闺密叶氏、郑氏、徐氏等人，兴致勃勃地来到杨干院。他万万没想到，这是自己过的最后一个中元节，也是人生最后一个夜晚。

具体怎么回事，史书里并没有提及。总之，在当晚发生了一次蓄谋已久的斗殴。在争斗中，郑来保被僧人们活活打死，尸体被一个叫智灯的和尚抢走，直接烧毁。

消息传回到呈坎，罗显无比震惊，怎么一个人去看个法会就平白无故地死了，而且连尸体都找不到？他还没从震惊中恢复过来，更大的麻烦已经降临了。

杨干院突然宣布要状告罗氏。

这一次，法椿的控诉比上一次更加阴狠。他宣称后罗一族的罗良玺图谋杨干院土地，唆使罗伟在法会上挑衅，打死了杨干院僧人能霓、佛圆，一定要追究到底。

法椿在状书里精心做了设计，把这次诉讼设计成一起人命官司，再牵连到罗氏谋夺土地的动机。新案带着旧案，便无翻案之嫌了。

不过法椿没有把状纸递到歙县县衙，而是一竿子直接把案子捅到了徽州巡抚都院。

注意，是巡抚都院，不是巡按察院。刚才说了，这里是巡抚在徽州的办公地点，它和巡按察院一样，也可以接民间的诉讼官司。

这是大明司法制度的一个特点：无论是布政使、按察使还是巡按、巡抚，他们都可以接待上诉民众或复查案情。万历年间有一位大儒叫吕坤，他曾经评价这一特点："数批检问，非以求同，正谓恐有冤抑，相与平反耳……盖众官同勘一事，原为此事虚实；同勘一人，原为此人生死。"意思是对于同一案子，由几个互无统辖的部门来勘问，可以最大限度保证审判的公正。

尤其是"数批检问"四个字，要求断案时十分谨慎，多次批驳、考查、询问，尽最大努力查明真相，避免冤假错案。

"数批检问"这个办案原则，对百姓来说，是好事，但也很容易被有心人利用。

比如法椿这次选择了巡抚，就包藏了心机。

上一次罗显之所以能翻盘，一是因为他选择了上诉巡按；二是在状子里把知县高琦也给告了。一涉官员，巡按便有理由要求异地审判，导致法椿不能控制局面，以致失败。

法椿不想重蹈覆辙，所以这次他越过歙县和徽州府，绕开应天巡按，把这桩案子送到了应天巡抚面前。他精通法律，知道巡抚都院有个规矩，如果巡抚碰到上诉案件是纯民间纠纷，无须亲自审理，而是"发与所在有司"，让地方司法部门去调查。

那一年的应天巡抚叫毛斯义，他接到诉状，一看这是歙县民间斗殴事件，不涉官员，便按规矩转发给徽州府，责成他们尽快处理。

经过这么一番操作，法椿终于如愿以偿，让案子落在了徽州府。别忘了，他可是徽州僧纲司的都纲，也属于官员之列，这里算自己的半个主场，打点起来方便多了。

除了官面上的手段，法椿在私下里也没闲着。

嘉靖九年十一月二十五日，法椿在一个叫容岭的地方摆下酒宴，请来了李廷纲、范琼隆、王琳、李文浩、胡通进、吴永升、汪宁、罗榾、罗延壁等九人，这些人都有一个共同的身份：被告罗良玺所在里的排年里长。

同席的，还有汪招才、汪社贵、汪寄寿等人。汪姓是歙县大姓，比罗姓还要强大，叫他们几个过来，可以一壮声势。

法椿知道，这件案子一旦开审，一定会把九个排年叫去问话，得事先买通，串好口供。这件事他不方便出面，便委托了佛熙来充当酒宴主人。

佛熙在宴席上公然提出了一个要求："奏本已准，望列位回护。"意思是案子要开审了，哥儿几个可得记住说什么话。然后他掏出了三十两银子和三两一钱的金子，交给出席者平分。众人把钱收下，纷纷表示绝无问题。

法椿这边摩拳擦掌，罗显那边可也没坐以待毙。

他是个略懦弱的好人，可不是个笨蛋。上次被法椿的突然袭击坑得太苦，这次罗显多少吸取了点教训。

罗显做的第一件事，就是再次来到巡按察院，向巡按刘乾亨提诉，状告杨干院和尚殴死干侄子郑来保并诬告罗良玺、罗伟。刘乾亨和巡抚毛斯义的反应完全一样，把这个案子直接转发徽州府，与杨干院诉罗良玺、罗伟案合并为一案，统一审理。

这……不是脱裤子放屁，多此一举吗？

或者咱们问得再专业一点：巡抚或巡按遇到民间纠纷提告，不亲自审问，而是转发徽州府处置，这和老百姓直接去徽州府上诉，有什么区别吗？这条规定的意义何在？

《大明会典》里关于巡按的职责里，有这么一句描述："受军民词讼，审系户婚田宅斗殴等事，必须置立文簿，抄写告词，编成字号，用印关防。立限发与所在有司，追问明白，就便发落，具由回报。"

也就是说，找巡按上诉的民间案件，要先在巡按察院登记留底，然后才会转发徽州府。巡按察院会设定一个审结限期，如果逾期未结，巡按要追究官员责任。等有司审完之后，还要把结果回报给巡按察院，由巡按核准才算完结。

无论案情登记、审结限期还是具由回报，其实都是在鞭策地方有司：这件案子在我们巡按察院挂上号了，你可别敷衍塞责啊。

所以罗显去巡按察院再次起诉，是有意义的。此举能给徽州府制造压力，逼迫他们秉公行事，至少不敢太过偏袒。

更何况，巡抚是一省之长，日理万机，这种小案子不可能特别关注，转完就算了；而巡按只负责司法监察，对官司有更多精力去盯着。对徽州府来说，应天巡抚转过来的案子，可以稍微动点小心思，若是巡按转来的案子，可就得打起精神来不敢出错了。

果然，徽州府一接到巡按转发，头都大了，这成了两院都关注的案子啊！知府不敢只派推官来审，更换成了徽州府的二把手，徽州同知李邦。

同知的全称是"同知府事"，正五品，主要负责"清军伍，督粮税"，是仅次于知府的大人物，俗称"粮厅"或者"军厅"。碰到州县无法解决的案子或者两院转发的案子，往往由同知充任主审官，以示重视。

对法椿来说，搞定一个推官相对容易，如今主审突然换成了同知，贿赂的成本和难度直线上升。无形之中，罗显把法椿的主场优势给打消了一大半。

嘉靖十年（1531年）正月，此案正式在徽州府开庭。

开审的流程千篇一律，无非是原告被告各自陈述案情，各自提交物证、人证。可就在法椿准备叫那九个排年里长出庭做证时，罗显突然亮出了杀招。

罗显当场指控，说佛熙和尚收买了这九个人，而且说出了准确的时间、地点、人物以及受贿金额：嘉靖九年十一月二十五日，容岭，三两一钱黄金和三十两白银，受贿人为李廷纲等九人。

佛熙宴请之事，做得十分隐秘，罗显是怎么知道的？

原来这九个排年之中，有一个叫胡通进的人，他此前欠了别人的债，拿到佛熙的贿赂之后立刻去还钱。而罗显靠着族里的力量，早已在呈坎张开了一张监视大网，盯着这些和案子密切相关的排年。上次法椿就是靠贿赂人证，差点让罗显祖坟不保。再笨的人，这次也该长记性了。

胡通进一还钱，罗显这边立刻觉察，带人打上门去，三下五除二全问出来了。

罗显在公堂上当众喝破这件事，李廷纲、王琳、范琼隆几个人吓得面如土色。他们不过是些升斗小民，哪儿吃得住如此惊吓，纷纷捧出受贿金银，一五一十全交代了。

法椿万万没想到，罗显看着老实巴交，却把自己的几个杀招全给拆解掉了。

到了这份上，同知李邦觉得不用再继续审了，可以直接宣判。罗显趁热打铁，把一个人扶上公堂——死者郑来保的儿子郑文，正宗的苦主，上堂是要控告法椿等人密谋打死自己父亲。

这种直接告来徽州府的案子，就不需要同知亲自出马了。李邦把徽州府推官曹世盛叫来，让他继续审理。

曹世盛一升堂，即下令拘拿法椿等人，并要求召来当晚行凶时的两个重要证人：杨干院的行童——就是寺院里做杂活的小和尚——汪仁坚，以及杨干院的火头吴塔监。

眼看罗显即将大获全胜，可徽州府派去找证人的皂吏回报，说汪仁坚、吴塔监两人突然病故，已经下葬。

案子到这里，突然一下卡壳了。

曹世盛忽然发现，他们没理由继续拘拿法椿。因为法椿起诉的是罗良玺殴毙僧人案，他贿赂证人，是为此案做伪证。而罗显起诉的是杨干院僧人殴毙郑来保案，如今证人绝灭，无法证明法椿跟这件案子有什么关系。总不能他在甲案里犯了错，就判他在乙案里是凶手吧？

只好暂时把他放了。

要说法椿，可真是意志坚韧之辈。明明处境极为不利，他居然还没放弃，恢复自由之后的第一件事，就是找到佛熙，按授机宜。

佛熙得了师侄的提点，再赴巡抚毛斯义处上诉。这次上诉不为胜负，只为拖延时间。巡抚接了这案子，一定会转发徽州府，徽州府再回复巡抚都院，文书来回，怎么也得几天时间。

接下来，佛熙马不停蹄地找到吴永升、汪宁、罗概、罗延壁、胡通进几个人，对他们说："你侪受我金银事已发觉，今就首官，难免本罪，莫若诬称罗显情亏，妄将金银诈称是僧买求，再告一词，替我遮饰，得赢官司重谢。"

这不是笔者的原创，而是供状文献里的原话。看到这里时，真是服了法椿了，亏他能从绝路中挖出这么一条缝来。

反正那九个排年已承认收受贿赂，干脆让他们改一下口供，诬称这些钱是罗显给的，也是罗显教他们说是佛熙贿赂。为什么罗显这么做？因为他心虚啊。

这套说辞并不求逻辑严密，只求把水搅得足够浑。

吴永升、汪宁等人得了佛熙保证，立刻向徽州府告了一记刁状，诈称那笔金银是罗显给的。

罗显一听这几个人居然还要攀咬自己，也不示弱，让自己的侄子罗兴去了巡抚都院，找毛斯义毛老爷申诉。你不是要闹大吗？那我就再闹大一点。

此前他一直走的是巡按这条诉讼线，这次走一回巡抚衙门，把两院补齐，声势搞得大大的。

巡抚都院接到案子，照例转给徽州府。徽州府一看麻烦又来了，推官曹世盛连忙请到同知李邦，按程序这事还得您来审啊……

李同知打开案卷一瞧，好家伙，一桩案子变成了四桩案子：罗显、郑文诉杨干院僧人殴死郑来保兼诬告罗良玺、罗伟案，法椿诉罗良玺、罗伟殴死杨干院僧人谋夺风水案，九排年诉罗显贿赂排年伪证案，罗显诉九排年诬告案。

这四桩案子你中有我，我中有你，彼此牵连，有来有回。本来挺简单一事，现在硬是被法椿搅得错综复杂。

好在徽州同知李邦也不是吃素的。徽州这个地方以"健讼"著称，民间特别爱打官司。能在这个地方当父母官的，都是久经考验之辈。他展卷一捋，从千头万绪中一下子抓到了关键所在。

根源就在嘉靖八年的罗氏祖坟案。

那桩案子虽然审结，后续余波却涟漪不断。要了结眼下的四桩案子，非得把那一件根源弄清楚不可。

可是，徽州府并没有关于此案的资料。

当时罗氏祖坟案一审是在歙县，二审涉官，由巡按刘乾亨安排，转去宁国府异地审问。结案后的执行，也是由宁国府太平县负责。此案所有的相关档案，都存在那边，徽州府没有经手，自然也没记录。

李邦想要了解罗氏祖坟案的情况，还得去宁国府找。于是他便派遣一个叫作潘元的快手，跑去宁国府调阅档案。

法椿觑到这个机会，又出手了，还是盘外着数。

他找到潘元，送了一笔钱。潘元心领神会，假装生病在家，把徽州府申请调阅卷宗的文书和自家身份凭证，给了杨干院一个叫能儒的和尚。这个能儒和尚没有剃度，拿着潘元的凭证，大摇大摆去了宁国府。

那时候身份证没照片，宁国府哪里知道潘元被人冒名顶替，一看文书勘验无误，便把档案找出来，交给了能儒。

能儒拿到档案之后，直接把它给了佛熙。佛熙偷偷打开，发现里面分成两卷。一卷是歙县知县高琦判案的文件，对杨干院有利；一卷是宁国府推官郭凤仪判案的文件，对罗显有利。当年宁国府二审之时，曾把歙县一审卷宗调过来对照，因此并在了一处。

佛熙把宁国府卷宗偷偷抽出来，只留下歙县卷宗在里面，仍由能儒送到徽州府，指望能借此瞒天过海。

可惜李邦并不糊涂。他看了看卷宗，发现只有歙县高琦的手笔，便多留了个心眼，召来罗显询问。罗显一听就急了，怀疑卷宗被人偷换，他大叫大嚷，要求彻查。

可这怎么彻查？潘元或能儒若一口咬定中途丢失，谁也没辙。明代这种手段很流行，本来案情清楚，结果被人故意湮灭档案，最终不了了之。法椿干司法工作的，见过太多了，所以才敢放胆如此施为。

可法椿没料到，罗显这一嚷嚷，自己的同伙佛熙倒先心虚了。毕竟这是窃取官府文书，算是重罪。佛熙把宁国府卷宗藏在身上，偷偷躲在徽州府公堂附近，俟退堂混乱之时，过去把卷宗扔到桌案上，掉头就走。

有一个叫程宽的推厅小吏，他收拾公堂时看到有本卷宗扔在桌上，打开一看有宁国府字样，遂送到清军厅。

清军厅是徽州府同知的办公室，李邦一看卷宗莫名其妙地被送回来了，又把罗显唤来。罗显仔细检查了一下，发现还缺少一份重要文件——甘结。

前面说了，甘结是结案后双方签署的文件，表示服从判决。这份文件若是丢了，法椿很有可能不承认判决结果，又把案子拿出来重审。

李邦没有寻找遗失文书的义务，他只能依照现存文件做判断。罗显没办法，只能自力更生。

这件事倒是不难查，罗显略做询问，很快便发现是快手潘元找人顶替的缘故。他再一次跑到巡按察院，要告潘元和能儒偷换文书湮灭证据的罪过。

巡按照例转发徽州府，李邦一看，好嘛，现在成了五桩案子了。

不，不止五桩。

嘉靖十年六月二十九日，在宁国府卷宗遗失案发生的同时，杨干院又出事了。

杨干院有个小和尚叫仁膏，气不过罗氏作为，提了两桶大粪泼到罗氏祖坟和祠堂，搞得污秽不堪。恰好这一幕被罗显的族弟罗时看到了，跟仁膏两个人厮打起来，闹到歙县公堂。知县责令一个叫姚升保的歇家——一种做婚姻诉讼生意等中介的职业，类似于牙人——去调解。不料姚升保一眼没看住，让仁膏跑掉了。

罗时把这事告诉罗显，罗显大怒。祖坟被泼秽物，这谁能忍？他大张旗鼓去到巡抚都院那里，又一次提告。佛熙听说这件事之后，跟法椿一商量，不能示弱，遂捏造了一个仁膏被罗时寻仇打死的假案，去了巡按察院提告。

等到巡抚、巡按分别把状书转至徽州府时，同知李邦手里刚好凑够七桩案子，可以召唤神龙了……

李邦没有召唤神龙的能耐，只好召唤休宁县知县高简、黟县知县赖暹两个人，让他们合议并案审理。

上级移交下级司法机构审案，是明代一种常见的做法。尤其是这一大堆乱七八糟的案子里牵连着歙县知县，为了确保顺畅，最好是让邻县来审。

这案子本身，真没什么好审的。两位知县调取了过往卷宗，又到杨干院现场勘查一番，很快得出结论：祖坟归属无误，维持原判。至于那几桩殴毙人命的官司，能霓、佛圆、郑来保、汪仁坚、吴塔监五人算是病故，仁膏根本没被人打死，而是逃亡在外，并无谋杀情节。

从这份判决中可以看出来，两县得了徽州府的暗示，要快刀斩乱麻尽快结案,不要深究细枝末节。所以判决大原则上对罗家有利,但像郑来保、汪仁坚、吴塔监三人的死因——尤其是郑来保的——居然报成了病故,显然是不愿深究。

总体来说,这次判决维护了好人利益,但也没让坏人受罚。

法椿的搅乱之计,终究还是发挥了作用。

他深悉官场心态,知道官员最怕的就是混乱。一旦发现混乱开始趋向失控,官员们便会下意识地去弥缝、抹平,把事情尽快了结,哪怕中间有些许不公正也无所谓。秉持着这个认知,法椿硬是把一场败仗,搅成了一场乱仗。

当然,官府对罗氏一族,也不是没有愧疚之心。两个知县特意委托当地德高望重的乡绅,将杨干院内的坟祠范围重新测量了一下:"东入深二丈五尺;西入深二丈二尺;南北横阔六丈五尺,坟右空地一丈六尺,坟前以沟,坟后以街沿各为界,听从罗秋隐子孙永远摽祀,不许浸损。"

这算是把罗氏坟祠的归属彻底坐实,与杨干院划出了明确界限,办成一桩铁案。

两县的判决还没完。

罗显和法椿,都判了个"奏事不实",李廷纲等九个排年收取贿赂,以上十一人各杖八十,徒二年;行贿、窃换文书的佛熙杖六十,徒一年,强制还俗(上一次未得执行);其他诸如罗兴、罗时、义珍、能儒等次一级的参与者,也俱各受罚。

你们这么折腾官府,多少也得付出点代价吧?

当然,这个判决,还是留有余地的。罗显和法椿年纪都不小了,真挨上一顿板子只怕会当场死掉,两县准许他们用缴纳米粮的方式来赎刑。九个排年里的胡通进、吴永升家里阔绰,也采用同样的方式抵扣刑罚。义珍和尚没钱,就用劳动的方式来抵扣——叫作"折纳工价"。

接下来,徽州府给两院各自行了一道文,在他们那儿把案子销掉,先后得到巡按御史刘乾亨、巡抚都御史陈轼的批准(毛斯义已调任),同意李同知的判决。这件事从程序上算彻底完结。

可这时有一个人,仍旧不甘心。

还是法椿。

他居然还没放弃。

法椿注意到一个事实。那九个受罚的排年里，李廷纲最先自首，得到了免罚的待遇；胡通进、吴永升纳了米，也抵扣了刑期。但其他六个人，只能乖乖挨打。

这里头，仍有可乘之机。

法椿找到那六个倒霉蛋，又撒出银钱去，联络了其他里的十四个排年，凑足了二十人联名具表，去告罗显。

告罗显什么呢？

告他为了隐瞒实情，贿赂了那九个排年，给了每人50两银子，一共450两。这个数目，对普通百姓来说可以说是天价了。那么有证据吗？

有啊。

当初李廷纲自首的时候，掏出了佛熙给的3两银子作为证据，我们也有。然后汪宁等六人分别掏出了50两白花花的纹银，上缴官府。

不用问，他们拿出来的这300两是法椿给的。

法椿也真是大手笔，一抬手就扔进300两银子打水漂，再加上额外送他们六人的酬劳以及收买其他排年的，成本不低。

但这些银子花得相当值。

汪宁等六人家境一般，不可能自己出50两白银，这些钱肯定是别人给的。别人怎么会无缘无故给你钱？一定是要换你在官司上的合作。那么在官司上，谁最后得利了？自然是罗显嘛。按这个思路想下去，简直不要太合情合理。

更狠的是，汪宁提告的，是罗显贿赂了九个排年。他们六个现在已经把赃款交了，那么剩下的三个人——李廷纲、胡通进、吴永升，也会被官府催缴赃款，可他们哪儿有啊，这不等于平白多了50两债务吗？

活该，谁让你们逃过一劫，我们却要挨板子。

搞定了排年，法椿又以佛熙的名义，派仁膏——就是先前跟罗时打架的小和尚——去了巡按察院告状，声称找到新的证据，能霓、佛圆并非如两县判决时说的那样病故，而是被罗显指使的族人打死的。凶手叫罗禄，杨干院已经掌握了他"围捉吓骗银两、卷掳家财"的证据。

证人不可靠，又冒出一个凶手，法椿如此安排，等于是要彻底否定两县的判决。只要这桩七合一的案子翻转过来，连带着罗氏祖坟祠堂也就能铲除了。

此时已是嘉靖十一年（1532年）二月，巡按察院里换了新主人。新来的巡按叫作詹宽，福建人。他不清楚之前的一系列纷争，只看到法椿、佛熙要翻案。

大明法律允许翻案，而且要求这种性质的案子必须去异地审结。既然此前休宁、黟县两县判决是来自徽州府同知的委托，那么这个案子不能留在徽州。詹宽想了想，决定把此案移交到池州府。

池州府隶属于南直隶，范围与现在的池州、铜陵二市相当，紧邻徽州府的西侧。

詹宽为什么选择池州府，而不是宁国府，这个史无明载。但从种种迹象推测，法椿应该是暗中使了力气。

贿赂巡按是件高难度的事，但也得看贿赂巡按做什么。法椿没让詹宽枉法，只是让巡按大人在法律许可的范围内，做出一个法椿想要的选择罢了。这对詹宽来说，毫无成本与风险。

池州府对这个案子很重视，由知府侯缄亲自提调人、卷，着一个姓杨的推官负责具体审理。

法椿在侯缄或者杨推官这里，也使了大钱。这一次法椿想明白了，光靠规则内的小聪明，是扳不回局面的，还得花钱。毕竟在大明，银钱最能通神，这一点连远在北京修道的嘉靖皇帝都明白。

接下来发生的事情，没有人知道。

因为原本丢失了……

是这样的，这一系列案子的档案文书，收录在一本叫《杨干院归结始末》的书里。而这本书留存至今的版本，缺失了第十四页。所以池州府到底怎么审这个案子的，已经没法知道了。

我们只能翻到第十五页，看看池州府审问的结果如何。

这里有罗显留下的一篇自述:"不意奸僧串通积年打点衙门铺户唐文魁,贿嘱官吏。至九月十五日,计延傍晚到所,不审邻佑,不详原案,不取服辨,非法夹打。"

可以想象,罗显面临着多么绝望的局面。

首先,这个开庭时间定在傍晚就很蹊跷。因为明代的府城是有夜禁的,一更三点敲响暮鼓,禁止出行;五更三点敲响晨钟后才开禁通行。一更三点就是现在八点左右,等你傍晚开庭时,老百姓早跑回家去了——没人围观,才好方便做事。

然后上头这位主审官,也不问证人,也不查卷宗,也不听辩解,直接掷下一个结论,你不画押就打。

这都是些什么结论?

要罗显承认行贿,给了李廷纲等人每人50两白银来做伪证;还要罗显承认,罗氏祖坟是伪造的,与杨干院无关。

罗显自然打死不从,要看供状。没想到杨推官直接买通了几个书手小吏,每人一两银子,直接把卷宗里邻居的证词给改了。所有"有坟"字样均改为"无坟",真正做到滴水不漏。

要说这位杨推官,绝对是个老于案牍的刀笔吏,他写了一篇长长的判词,极为精彩,好似推理小说一般。这段文字近乎白话,笔者就不翻译了,特抄录如下。

对于罗氏祖坟真伪问题,他如此分析道:

"吊查新安新旧志书,俱载杨干院在歙县孝女乡潭端里,唐咸通二年建。而今寺不曾收入。志额及洪武丈量籍册与本寺奠基文簿备载今寺见产,并不曾开有罗秋隐墓。又查《新安文献志》,载有程丞相行状,明开女适罗鼐,亦不曾开有建寺守坟缘由。止有罗显宗谱并伊执出《程丞相碑记》开有罗秋隐葬在通德乡杨干寺后……备查各执书丹文簿,众执罗秋隐并无坟墓实迹。"

然后杨推官又质问道:

"杨干寺自唐迄宋已经三迁,罗秋隐死于唐末,纵葬杨干,未必在迁处所。且罗氏前朝代有显宦,传至近世,丁力富盛,既系远祖葬地,缘不递年摽祀?

岂无故老相传？查自洪武至弘治，节次修盖法堂，与前殿相去不满四步，中果有坟，当必侵压，本家何无言论？"

他还去现场亲自勘查了一圈：

"况既系古坟，必有显迹，今泥砖乱砌，内实黄土，长止三尺，高广尺余，中不容一人之臂。若砖内加以板木、衣裘，止可容一人之掌，岂类廓形？傍铺细碎石子，审是本寺阶路。且歔本山乡，纵使薄葬，焉无斗灰、片石粘砌？"

杨推官从文献、行为逻辑和坟墓形制三个角度，完全否定了罗秋隐墓的存在。

那么现在那座祖坟是怎么来的？杨推官脑洞大开，给了这么一段故事：

"罗显见寺有风水，要得吞谋，捏伊始祖罗秋隐葬在本寺，令罗旾、罗文殊强搬瓦砾，修理砌坟。差委赵典史修坟建祠，罗显等暗造墓志一块，带领弟侄，假以修坟，乘机于观音堂前挖去泥土混赖，置酒邀请李廷纲、范琼隆、王琳、李文浩吃。罗显对说：'每人且将金三钱一分、银三两送你，出官之时，只说佛熙买求你赃，汪宁等俱有。比李廷纲等听从接受，罗显又将银两、衣帛等物约共一百二十两作为谢礼，与李廷纲、范琼隆、王琳，各分五十两入己。'"

不知道法椿使了多少钱来贿赂杨推官，但这钱绝对值。这篇判词推理层层推进，有凭有据，合情合理。杨推官这一支如椽大笔，生生将一桩铁案给翻过来了。

不过他建构的整个理论，还有一个致命的破绽，那就是罗秋隐墓。

杨推官的理论基础是，罗秋隐墓系罗显伪造而成，一切推理都是基于这一点发挥。反过来说，如果罗秋隐墓是真的，这篇精彩的判词不攻自破。

此前纠纷，杨干院毁掉的只是墓顶土堆，并未往下深入。罗显如果豁出去，要求官府开墓验棺，挖出祖先尸骸，这场官司就赢定了。

而杨推官心思缜密，不会不补上这个疏漏。他暗中提醒法椿，法椿找了当地豪强三百多人，在杨干院里夤夜举火，打着勘查的旗号将坟当顶掘挖，居然真在里面挖出了砖塈、墓志，可是并没有找到棺椁尸骸之类。

【注释】

砖埒：用砖块砌成的墙。

这个结果，有点模棱两可，怎么解释都合理。

不过到了第二天，情况又变了。那一干豪众次日清晨早早过来，使锹用铲，转瞬间就将罗秋隐墓的痕迹彻底抹除，只留下一片平地。

最后一个漏洞，也补上了。

很快杨推官得意扬扬地扔出了结论："（罗显）反行污首，捏僧截卷，致仍旧断。装捏众词，平占风水。"

罗显怎么也没想到，池州府的这次审判如此不加遮掩，让局势发生了一百八十度的急转。自己满满的优势，瞬间化为乌有。

怎么办？

情急之下，他想到了宁国府。

当年这个案子，正是在宁国府异地审讯，才让罗氏获胜。现在池州府做出的判决，是在打宁国府的脸，如果他们能参与进来，案情一定会有转机。

可惜宁国府显然不打算蹚这场浑水。罗显的诉状告过去，负责人直接转回了徽州府。徽州府呢，因为此案已由巡按詹大人转委池州府审理，不好驳巡按察院的面子，也照样转到池州府审理。

转了一圈，回到原地了。

此时已经是嘉靖十二年（1533年）一月份，将近两年时间过去。罗显别无选择，又踏进了巡按察院的大门，去找巡按詹宽詹大人主持公道。

以往数次官司，罗显靠着向巡按御史提告的办法，占尽优势，这一次他觉得还会被福星关照。可他也不想想，当初把整个案子踢到池州府的，正是这一位詹宽。罗显找他，岂不是自投罗网吗？

罗显在这一次的诉状里声称：池州府审判不公，杨推官贪赃枉法，法椿毁坏祖坟，请求秉公处理。

詹宽一看，哦，这案子涉官了。

之前说过，按照大明律，如果一桩涉官案件提告到巡按这里，案件要转到被涉官员的上级机构。告县官，则转府处理；告府官，则转布政使司处理；告布政使官员，则转按察使司处理。只有告按察使司的官员时，转无可转，巡按才能亲自审问。

池州府也隶属南直隶，南直隶不设布政使司和按察使司，府级再往上的地方司法机构，只有应天巡按御史。因此这次罗显的案子，詹巡按可以亲自过问。

詹宽也不客气，先提拿了太平县的赵典史过来，问他嘉靖九年六月去杨干院筑坟的事。赵典史不知是被吓的，还是得了什么暗示，说话支支吾吾，说当时罗显自己找了一百多人去筑坟，本人只是旁边监督，罗显曾经说在地下发现砖塂什么的，本人只是听说，并未亲见云云。

詹宽又潦草地审问了几句，直接判了案。不过这次判决的结果，无论罗显还是法椿，谁也没预料到。

判词如下：

"夫崇正辟邪，为政首务。欺公蔑法，难长刁风。切照罗显祖坟，就依其宗谱等书所载，果在寺后，不应今在寺中。今果在于寺中，则修造梵宫时，助缘题名于梁楣者，罗氏如许多人，又不应忍弃其祖，与僧直据其后耳。实为取非其有，又何怪乎排年扶僧竞为立一赤帜耶？合乎其土。"

詹宽一上来，就否定了祖坟的合法性。即便如罗显主张的那样，祖坟在先，佛寺在后，如今也该拆掉。杨干院现在是公众寺庙，捐款的外来居士很多。你们把祖坟留在庙里，别人天天上香，是供奉你家祖先还是供奉佛祖？

然后詹宽笔锋一转，连罗秋隐都骂上了：

"秋隐，唐时一民庶耳，不知有何功德在人耳目，专祠独祀于百世之下，实为僭越，法当立毁。再照杨干院创虽非今，然而妄塑佛像，迹类淫祠，又系今时例禁，尤当一切毁去。"

等一等，你骂罗秋隐也就算了，怎么连杨干院也要毁掉？你到底哪边的？别着急，咱们再往下看看詹宽给的解决方案：

"将中堂改祀宋丞相程公元凤,为旧有神主页。配以罗鼐、迪威、贤孙,为碑载檀越也。左右两堂,遍祀劝缘,助缘人氏,为示此寺决非一家可得而据也。观音堂改与僧家,祀其香火,各仍其旧,为寺有僧田,尚供税赋也。候本院另行平毁改立,庶可以斥二家似是之非,亦无负前人崇正辟邪之意矣。"

没想到,没想到詹宽的判决竟然是这么一个离奇的结果。

罗氏祖坟要推平,佛殿也不能幸免。原有殿屋一半改祭程元凤等先贤,一半留给杨干院。

这有点莫名其妙了。程元凤是罗鼐的岳父,在建立杨干院的过程中出了大力气,但也不至于把罗家祖宗搬走,祭一个外人吧?

詹宽这么判决,也是有原因的。在大明朝,你家的祖先,可不是随便就能立祠堂祭祀的。《大明集礼》有明文规定:"庶人无祠堂,惟以二代神主置于居室之中间,或以他室奉之。"也就是说,你的先祖甭管哪一朝的,没有官身的话,他没资格享受立祠祭祀的待遇,子孙只能把牌位摆自己家里拜拜。

试想,如果无论什么人的祖先,都可以立祠祭祀,岂不是大明满地都是祠堂?

罗秋隐在唐代是庶民,所以詹宽认为杨干院里的罗秋隐坟和墓祠,算是淫祠,理应禁绝。相比之下,为罗家写碑文的程元凤,是大宋堂堂右丞相,詹宽觉得与其祭罗,还不如祭程呢。

詹宽比杨推官高明之处在于,他不纠结于那些细枝末节的推理,直指礼法核心,拿意识形态泰山压顶,让人辩无可辩,驳亦不敢驳。要知道,大明以礼立国,凡事一上升到道德层面,就没道理好讲了。

当然,詹巡按对杨干院也没什么好脸色。早在洪武二十四年,朱元璋就下过一道《归并令》,要求天下寺院要进行归并,三十人以上才能成寺,而且还得是归并到明前的老寺,新建的庵堂寺院要一概革去。

虽然杨干院属于老寺,但佛殿里的佛像却是新修的,也算"迹类淫祠"。詹宽援引《归并令》,要求他们必须限期整改,交出一半寺产。

法椿没想到,眼看见到成功的曙光,却惹出这么一位一身正气、两不偏帮的大神。判词里有一句"为示此寺决非一家可得而据也",正是法椿梦寐以求的结果,可以彻底把罗氏一族赶出杨干院——只是代价实在太大,半座寺庙没了。

除了祖坟之事,还有九位排年涉及贿赂之事等着处理。

詹宽也懒得仔细分辨,给罗显、法椿以及九个排年统统判了杖、徒之刑。好在这些刑罚很快得到了赦免,因为正赶上八月份嘉靖皇帝生了个儿子,起名为朱载基,大赦天下——他们的运气是真不错,赶上了好时候,若是晚两个月判,结果恐怕会大不相同,因为朱载基出生不到两个月就夭折了。

至于是谁贿赂九位排年的,到底也没查清楚,就这么不了了之了。

嘉靖十二年十二月,应天巡按察院行了一道公文给徽州府,责成他们按照判决书,尽快去杨干院平坟拆寺。徽州府收到一看,这道公文上还有巡抚都御史陈轼批示的"照巡按衙门批详施行",立刻明白,两院已就这个问题达成共识。

其实陈轼在徽州同知李邦审结之后,也批示过同意。现在他再同意詹宽的判决,有点打自己的脸。可陈轼也没办法,巡按虽然比巡抚品级低,可毕竟不在一条行政线上,真要在司法领域顶起牛来,巡抚也得让巡按三分。

有了两院督促,徽州府不敢怠慢,派了一个姓张的通判在杨干院压阵,把罗秋隐的坟墓第二次铲平。然后,他们将佛殿拆毁,只留下观音堂供僧人们礼佛。

法椿和罗显看着这一切,百感交集。两人从嘉靖七年斗到嘉靖十二年,却是这么一个两败俱伤的结局。

面对这一结局,法椿大概是放弃了,而罗显却在一年之后,重新振作起来。

因为他无意中发现了一个小真相。

在郑来保被殴死的那一夜,杨干寺的和尚坚称有佛圆、能霓两个僧人被罗家殴死,但一直不见尸首;后来休宁、黟县两县断案时,认定两人病故;再后来池州府断案,法椿又拿这两个和尚说事,指控是罗禄所杀,后被詹巡按证实子虚乌有。

那么这两个人到底去哪儿了呢?罗显自己也做了一番调查,调查结果让他大吃一惊。

还记得法椿的来历吗?他本是休宁县的绝户长子,逃户至杨干院被佛海收留,偷偷入了僧籍。休宁县曾经找上门来,要他回去落户,不知为何没有追究到底。

罗显找到的真相是：佛圆、能霓多年前就死了，杨干院却一直在虚造僧籍，让他们活在册籍里。休宁县给杨干院发来文书，要求法椿还俗回去落户，法椿或佛海便买通了休宁县的一位里老郑彦儒，把佛圆、能霓其中一人的僧籍销掉，伪托还俗，虚落在郑彦儒的里册中。一人逃出，一人回籍，账面上做平，足可以给休宁县一个交代。

经过这么一番运作，死和尚进了活人籍，法椿便把身份洗脱出来。

这次与罗氏对决，法椿故技重施，让佛圆、能霓两位劳模再"死"一次，借此诬陷罗氏。

罗显认为这是一条绝好的证据，凭它一定可以扳倒法椿！他抖擞起精神，打算继续上告，可写完状书却发现，无路可走了。

此案最后一次是巡按御史詹宽亲自审结，巡抚都御史陈轼附署，可以视为终审判决。罗显想要上诉，地方上已经找不到比两院更高的司法机构了。此路不通。

等一下。

地方上没有，那么京城呢？

京城有刑部、大理寺、都察院三法司，还有一厂一卫，还有阁老们，再往上……还有皇上嘛。

罗显冒出一个极其大胆的想法：要不咱们上访去吧！

上京告御状这种事，历朝历代都有。汉称"诣阙"，唐有"投匦状""邀车驾"，宋叫"诣台省"，清称"京控"。在大明朝，上访有个专门的术语，叫作"京诉"。

越级诉讼已经很犯忌讳，京诉更是敏感至极。

早在洪武年间，朱元璋曾经给老百姓颁发大诰，头顶大诰可以直接进京喊冤。不过很快"小民多越诉京师，及按其事，往往不实，乃严越诉之禁"。从此以后，大明历任皇帝对京诉格外谨慎。民众可以上访，但甭管申诉事实是真是假，上访者都得被问罪。

好在徽州府有健讼传统，百姓法律意识和常识都很丰富。罗显和罗氏一族研究半天，在大明律里查到这么一条：

"各处军民奏诉冤枉事情，若曾经巡按御史布按二司官问理……令家人抱赍奏告者，免其问罪，给引照回。"

就是说，如果上访的案子曾被巡按御史或者布政史司、按察史司受理过，那么上访者可以免罪。这在法理上说得通，因为被这三处衙门拒绝之后，百姓没有能再上诉的地方了，只能上京。

罗显这个高兴。杨干院这个案子，终审正是巡按判的，完全符合这个规定。可没高兴多久，他发现这条规定还有个适用范围：

"军役户婚田土等项干己事情，曾经上司断结不明，或亲身及令家人老幼妇女抱赍奏告者，各问罪，给引照回，奏词转行原籍官司，候人到提问。"

朝廷日理万机，不能什么鸡毛蒜皮的上访案子都接。如果你是涉及大逆或人命之事，适用于刚才那条免罪的规定；如果你上访是为了田产婚姻户籍之类的，对不起，一样问罪，还得打回原籍。

杨干院这个案子，核心纠纷是罗家祖坟的位置，归到田土一类，自然不能免罪。

得，空欢喜一场。

顺便说一个无关的趣事，大明律有时候挺地域黑的。在《弘治问刑条例》里有一条关于"京诉"的规定："江西等处客人，在于各处买卖生理，若有负欠钱债等项事情，止许于所在官司陈告，提问发落。若有蓦越赴京奏告者，问罪递回。奏告情词不问虚实，立案不行。"特别指明江西人做生意打官司的，不许上访，否则问罪不说，还不予立案。

为什么这么黑人家？早在朱元璋的《教民榜文》里已有揭示："两浙江西等处人民，好词讼者多，虽细微事务，不能含忍，径直赴京告状。"不是不接你们的案子，实在是你们太喜欢打官司了，屁大点事也跑来京城上访，朝廷实在忙不过来啊……

书归正传。

罗家人研究了半天，发现无论如何得牺牲一人，才能把上访这事完成。罗显年纪大了，一定扛不住牢狱之灾，法律上也不允许老人京诉，得派个身强力壮抗打的年轻人去京城。最后罗显的侄子罗兴站出来，毅然决然地说我去吧。

于是罗显精心准备了一份状书，将整个纷争的前因后果、证据辩驳详细地写下来，最后还附了法椿虚造户口、改换身籍的新犯罪事实。

罗兴揣着这份状纸，从歙县千里迢迢朝着京城而去。时年嘉靖十四年新年。

寻常百姓看惯了戏文，以为告御状就是望见皇帝车仗，高举状纸，大喊一声冤枉啊，迎头一拦。

其实这么做的风险极高。且不说你往前一冲，有很大概率会被护卫直接打死，就算侥幸未死，《大明律·兵律·宫卫》对于这种拦御驾的行为也有严厉规定：“若冲入仪仗内而所诉事不实者，绞。”

其他性质的京诉，最多是杖刑或者徒刑，这种就直接绞刑了。

那我不去找皇上，直接在皇城外头喊冤呢？

也不行。

"擅入午门、长安等门内叫诉冤枉，奉旨勘问得实者，问罪，枷号一个月；若涉虚者，仍杖一百，发口外卫分充军。"

可见皇城喊冤也是个高风险的举动。

京诉这事，需要上访者有极大的勇气，同时也需要一些技巧。罗兴大约在二三月间抵达京城，他显然得到过高人指点，既没拦车驾，也没去城门口喊冤，而是找准了京诉唯一的正确门路——通政司。

通政司是干什么的？它"掌受内外章疏敷奏封驳之事，凡四方陈情建言、申诉冤滞、或告不法等事，于底簿内誊写诉告缘由，赍状以闻"。这有点类似于中央办公厅和信访局的合体，负责朝廷以及地方各类文书的接收、审核、分配转发等等，职责范围正好包括了接待"申诉冤滞"这一类的上访。

虽然通政司只管把文书转发给有关部门，本身没有断事之权，但这是一道必要的审核程序。如果没有通政司盖章，你就算有天大的冤情，刑部、大理寺和都察院也不会受理你的状子。

罗兴找对了门路，把这份状子顺利送入通政司。通政司审核之后，收下文件，正式进入京诉流程。然后通政司把罗兴一捆，扔牢里了……别忘了，京诉是违法行为，不问所诉案情虚实，你都得坐牢。

四月十二日，通政使陈经于奉天门把杨干院案上奏天子。嘉靖皇帝读完这件案子的前因后果，蓦地想起一件往事。

嘉靖刚登基那会儿，爆发过一次"大礼议"事件。简单来说，嘉靖本是兴献王的儿子、正德皇帝的堂弟。正德死后，没有子嗣，大臣们便把他请来京城当皇帝。嘉靖登基之后，朝臣们说您这算改嗣，得认伯父弘治皇帝为父亲，对亲爹兴献王改称皇叔，不然祭太庙不成体统。嘉靖不干，坚决不改口，还想把亲爹追认成皇帝。他跟朝臣们斗了几年，最终获得胜利。兴献王得了个"皇考恭穆献皇帝"的名号，神主牌摆进了皇城观德殿中。

嘉靖是个孝顺儿子，对于统嗣奉先之类的事情怀有情结。杨干院案的是非曲直，嘉靖无从判断。但他对于罗氏一族拼命保护祖宗祠坟这个行为，很有好感，甚至颇有共鸣。朕当年不也是拼了小命，才保住了亲生父亲的牌位吗？

而且……这个案子，实在很合朕的心思啊。

罗兴进京上访这个时候，嘉靖皇帝正琢磨着给亲爹再弄个庙号，好让他老人家名正言顺地入享太庙。此时他的政治手段日渐成熟，知道这种事不宜强行推进，一定得按部就班地来操作。

一切都已经规划好了。

按照嘉靖皇帝的计划，在接下来的嘉靖十五年（1536年），吏部尚书夏言将上一道奏疏《请定功臣配享及令臣民得祭始祖立家庙疏》，连续提出三条建议——"定功臣配享""乞诏天下臣民冬至日得祭始祖""乞诏天下臣工建立家庙"，建议放松宗庙祭祖的禁令，推恩天下，允许子民祭祀自己几代以上的先祖。

其中最关键的一句是："臣民不得祭其始祖、先祖，而庙制亦未有定则，天下之为孝子慈孙者，尚有未尽申之请。"这是夏言的原话，未尝不是嘉靖皇帝的心声。夏言上疏之后，嘉靖皇帝立刻顺坡下驴，下旨准许民间联宗立庙，祭祀始祖。

这个消息只要一传出去，全国宗族一定欢欣鼓舞，热烈响应。朝中臣工无法反对，谁敢说自己不想祭拜先祖？在各地开禁祭祖的大潮掩护之下，嘉靖皇帝便可以顺理成章地给亲爹追尊庙号了。

这个罗氏祖坟，正好是因为违反了祭祖禁令，才被詹宽毁去。对嘉靖皇帝来说，这可谓是瞌睡时送来一个枕头。他可以借这件案子隐晦地点明一下态度，提前吹吹风，为明年的开禁祭祖宣传造势。

再说了，罗显告的是杨干院，那是释教的寺庙，对一心沉迷修道的嘉靖皇帝来说，也没什么好顾虑的，说不定还会在心里暗爽一下。

想到这里，嘉靖皇帝下旨，交由都察院处理此案。

皇帝的小心思，就是朝廷的大心思。谁都看得出来嘉靖的态度，否则特意下旨干吗？于是杨干院这桩案子在司法流程走得飞快，从都察院转呈刑部，再送到大理寺勘合，很快先拿出了对罗兴的处理意见。

罗兴越诉上京，论律当罪。都察院广西道——这是部门名称，并非专指地域——判定对该犯施以杖刑，但法外开恩，减了一等。具体的执行工作，交给了京城地方上的最高司法部门——顺天府。顺天府对罗兴施完杖刑，给了他一张路引，让他回原籍候审听理。

紧接着，五月十四日，都察院发布了对罗显、罗兴所诉杨干院侵毁罗氏祖坟案的处理意见：转发应天巡按御史宋茂熙，着其亲自审理。

好敷衍的官腔啊，这不是把皮球踢回去了吗？

这种上访案子，朝廷一般并不会做出判定，而是发回原籍，指定地方官员进行审理，是官场惯例。

但如果真以为是敷衍，那就太小看大明官僚们的用心了。为官之道，讲究"默会于心"，很多事情不可明言于口，只能在细微处去自己揣摩。

官腔，也得看怎么打。

在这份看似冷漠的文书里，都察院写了这么一段叮嘱："遵照近奉钦依事理……亲自虚心鞫审，毋拘成案，果有亏枉，即与辩理。有罪人犯，依律议拟。不得转委别项官员，以致推调淹滞。亦不得固执己见，罗织成狱。"

这段批示，每一个字看着都是标准官腔，不带任何倾向，可仔细琢磨味道，就能发现深意。

"遵照近奉钦依事理"意思是本着最高指示的精神。这是个大帽子，让读者知道发话的到底是谁。

"毋拘成案"，是让宋茂熙不要援引此前的判决，等于说皇帝对詹宽的判决不满意，必须反过来；"果有亏枉，即与辩理"，谁最亏枉，自然是上京告状的苦主罗家；"亦不得固执己见，罗织成狱"，这是提前定下了此案的调子，你要是不按上头的心思判，那上头便认为你是固执、罗织。

在明眼人眼里，这态度已表达得足够明显，朝廷就差明着说一句我支持罗家。

如果受理官员还不明悟的话，再想想，有几个上访的案子，能由通政司的头头郑重其事地呈给皇上？那个流程本身就传递了重要的信息。

皇帝的态度，都察院"默会"；都察院的文书，应天巡按御史也"默会"。宋茂熙是个老油条，他觉得这案子既然得了皇上关注，还是别沾手的好。他随即下文，把这案子又转到了宁国府，重新审过。

这套流程，看起来和上一次没区别，可背后蕴藏的政治意义，却截然不同。原来只是一桩地方乡民诉讼，现在却俨然成了配合中央宣传形势的典型。我大明一向以政治需求为第一位，司法什么的走走过场就好。对此宁国府自然也是深为"默会"。

司法问题，政治解决，这场官司的胜负，其实在开审前就定好了。

宁国府这次审理前所未有地高效，不出几日判决便出炉了。和詹宽当年所判相比，可谓是一个华丽的急转身：

"断听罗显等照旧修筑坟堆，并埋立志石，坟前摽祀，不许在坟左右别行修理。"

罗氏祖坟，又一次华丽丽地回到杨干院内。

九排年收受贿赂一案也顺便审结，系佛熙所为，各自追赃。至于池州府审出的那个所谓"罗显贿赂九排年每人五十两"，纯属栽赃陷害。

对于杨干院里的罗氏祖坟内没发现棺椁的问题，宁国府也十分贴心地做出了解释："因前坟自历唐宋至今数百余年，丧制厚薄，葬埋深浅，委不可知。原遗骸年久，消灭已尽，化为泥土，理亦有之。"

好嘛，罗显还没解释呢，他们已经自动脑补了，真是太贴心了。

宁国府的判决书送到巡按察院，宋茂熙十分满意，批示道："寺因坟而建，坟因寺而废，以理言之，毁寺而存坟可也，废坟而存寺不可也。"

一般对于转委案件，巡按批个准字就够了，宋茂熙写这么多，是把罗秋隐坟和杨干院的性质明确下来，使奸邪无从翻案。再说了，这案子是走京诉的，判决结果得往都察院上报，皇上一定会看见，趁这机会多写几笔，显得忠勤用心。

于是这一件前后持续八年、兴讼七次的案子，以呈坎后罗氏的胜利落下帷幕。罗显百年之后，可以无愧于九泉之下了。

想到他这八年以来的艰辛，不得不感慨一句：罗氏一族的胜利，当然要靠罗显和族人们的自我奋斗，同时也要考虑到历史的行程哪。

对了，还有一个人的下落没交代。

法椿。

他彻底失败了，不是败给了罗显，而是败给了嘉靖皇帝。在宁国府的压力之下，法椿洋洋洒洒写了一篇超长的招供，从他的角度交代了整个纷争的缘由、过程。

不过法椿不知使了什么招，居然逃过了责罚。

在宁国府的那份判决里，罗显和法椿等人都有奏事不实的行为，前者杖九十，后者杖八十，但准许罚款抵销。罗显的罪名，居然比法椿还重一些。后来罗显缴纳了30石米，才算抵销了刑罚；法椿有官身，只交了7石。

而且，罗氏祖坟保住了，杨干院也没受什么影响。宁国府判决里有一条："本寺观音堂佛殿并地土，仍听寺僧法椿等照旧营业梵修。"

把观音堂、佛殿退还给杨干院，是因为罗氏从头到尾都没有主张过对杨干院的所有权；对法椿的罪行惩罚如此之轻，是因为他一直隐在幕后，大部分行动都是通过佛熙等人来进行的。

不过，也许还有另外一种解释。

宁国府这次判决面面俱到，唯有一个案子——郑来保被殴身死案——被遗漏掉了。按说这次判决对罗显如此偏袒，这么重要的人命官司怎么可能不提？再回想起休宁、黟县两县合审时，曾经判定郑来保属于病故，也未予以深究。可见无论徽州府还是宁国府，在这个案子里都不支持罗显的主张。

所以，有没有可能，郑来保真的是意外病故，却被罗显拿来给杨干院泼污水，而徽州、宁国两府没有被罗显蒙蔽，认为这件人命官司不存在，法椿才没有被重判？

更不要说罗显被先后判了数次"奏事不实",说不定都和郑来保案有关。

对于整个杨干院事件,我们得保持一个清醒的认知:所有关于这件案子的资料,都是出自罗显编撰的《杨干院归结始末》,内容不可避免地从罗氏主观立场来叙事。他们是否文过饰非,是否夸大其词,无从知道。法椿未必有那么邪恶到底,而罗显,也绝非一只善良的小白兔。

历史的复杂性和迷人之处,也许就在这里了。

无论如何,折腾了一大圈,局势回到了嘉靖六年的原点。杨干院的僧人们,照旧在寺内诵经礼佛;罗氏一族,照旧每年来坟前祭拜。孤坟与古寺终究没有分开,一如从前。

杨干院的官司结束了,可历史的进程,还在继续。

嘉靖十五年,夏言上疏三道,建议开禁祭礼。民间祭祖立庙之风大盛,令宗族社会形态进一步锻成,对后世中国影响深远。

在同一年,按照徽州当地保存文献的好习惯,罗显把这场官司的相关文书,纂成了一部《杨干院归结始末》,留给子孙后代,希望他们"未必不兴感警创以动其孝思,亦期保久远之一助也"。

嘉靖十七年(1538年),嘉靖皇帝如愿以偿地为父亲追尊庙号,为"睿宗"。

嘉靖二十七年(1548年),睿宗的神主牌位入享太庙。

嘉靖四十五年(1566年),徽州府修《徽州府志》,将杨干院的兴建时间定于宋宝祐六年,为护罗秋隐坟而起,为这起争讼画上最后的句号。

罗氏一族继续在呈坎繁衍,绵延至今;杨干院也始终坐落在杨干,不曾迁移。远山近溪,晨钟暮鼓,几百年来,那座孤坟依旧矗立在佛殿之前,只有悠扬的钟声始终相伴。当地至今还流传着一句俗话:"阴坞口的风,杨干院的钟。"两者皆是兴旺不衰的象征。

杨干院在明末尚存,两朝领袖钱谦益还曾写过一首《三月七日发灞口,经杨干寺,逾石砬岭,出芳村抵祥符寺》,再后来如何就不得而知了。我看到有一篇今人的《徽州百村赋》里提及,杨干院败落于清末,只有建筑留存。到了1985年12月,村民在院里烘烤球鞋,不慎点着了蚊帐,把这座空寺彻底焚尽,只有一道灌斗砖墙残留。

后记

我跟这个故事的缘分,说来很是奇妙。

丝绢案之后,我对徽州文书产生了很大的兴趣。一次偶然的机会,我读到阿风老师的《从<杨干院归结始末>看明代徽州佛教与宗教之关系——明清徽州地方社会僧俗关系考察》,从中第一次得知了杨干院的事迹。

可惜那篇论文的重点在徽州僧俗关系,关于案子本身,只是大略讲述了一下过程。我迫切地想看到《杨干院归结始末》全文,论文注释里却只提及原件藏于中国社会科学院历史所。

我在网上找了一通,未果,看来那本史料并没有被电子化。我又下了一大堆相关论文,可也一无所获。我绝望地发现,唯一的办法,就是去社科院找。

那是 2017 年的夏季,我背着书包,骑着共享单车,兴冲冲地跑到了社科院门口。奇迹发生了,门卫并没拦我,大概我的形象比较符合经常来这里的人设吧……胖胖的、背书包、戴眼镜、骑自行车,眼神还有点呆呆的。

我找到办图书借阅证的地方,一个小姑娘正坐在电脑后。我说我想办证,小姑娘问,你哪个所的?

我:"呃……普通市民。"

小姑娘:"对不起,我们这儿不对普通市民开放。"

我一阵失望,但也有心理准备。小姑娘突然很奇怪地瞪了我一眼,警惕地拿起手机。我在她报警之前,赶紧转身。马上要到门口了,忽然听到背后喊了一声:"你是亲王?"

我吓得一哆嗦,这么快警察连网名都查到了?赶紧点头承认。

然后我才知道,小姑娘和我一个很要好的朋友是剑三里的师徒,刚才她看我眼熟,拿手机偷拍了一下,发去微信跟我朋友确认。

确认身份之后,小姑娘十分激动,然后还是拒绝了我办证的请求。

我哭着表示理解,又灵机一动:"那你能不能帮我查一下数据库,看有没有馆藏《杨干院归结始末》的原件?"

小姑娘表示这没问题,查了一下,发现这个原件是藏在社科院历史所里,和社科院图书馆还不是一个系统。而且这份原件是明代原件,算文物,保存状况敏感,别说外借了,就连借阅都极有难度。

我一听,完了,这回肯定没戏了。我只好向小姑娘道谢,失望而去。然后我忽然又灵机一动,问她能不能联系上阿风老师。

小姑娘十分激动,然后又拒绝了。不过她答应如果碰到阿风老师,可以帮我问问看。

后来经过多方寻找,我总算加到了阿风老师的微信。我忐忑不安地问,有没有《杨干院归结始末》的影印本可看?阿风老师说没有。

我哭着表示理解。没想到阿风老师随即说,你别费劲去看原件了,很难辨读。有一位已故的周绍泉老先生做了一部分点校工作,我以他的工作为基础,把全书点校完了,马上就会在下个月出版的《明史研究》上登出来。

我差点仰天长啸,这实在是太有缘分了,连续两次的奇迹啊!阿风老师还很热心地把他的很多论文发给我参考,他对一个陌生人实在是太好了。

因为俗务耽搁,这篇文章到现在才算写完。它基于周绍泉、阿风两位老师点校注释的《杨干院归结始末》,以及参考了阿风老师的《明清徽州诉讼文书研究》《从<杨干院归结始末>看明代徽州佛教与宗教之关系——明清徽州地方社会僧俗关系考察》《明代府的司法地位初探——以徽州诉讼文书为中心》等一系列论文。与其说是写作,其实更像是一个学习的过程。

天 下 透 明

大明第一档案库的前世今生

序章　天生命苦，湖中玄武

中华大地之上湖泊众多，风光各有不同。假若把它们比拟成人类的形象，鄱阳湖端方温润，像一位器宇轩昂的名士；洞庭湖气象万千，如同一名才华横溢的诗人；太湖恢宏大气，俨然是一位叱咤风云的大侠；西湖精致俊秀，必然是一个清纯少女……

在这一群"俊男美女"之间，恐怕只有位于南京城外的玄武湖是个例外。若将它比作人类，出现在我们眼前的，应该是一个满脸悲苦的沧桑大叔。

这真不怪它。

纵观玄武湖的历史，可谓是屡遭劫难、动辄得咎。它的湖生，简直就是一部被人类霸凌的历史。

玄武湖在历史上出现的时间很早，它古称"桑泊"，位于楚国的金陵邑。秦始皇统一六国之后，将金陵邑改设为秣陵县。这个湖就在县治旁边，于是被顺便改名叫作秣陵湖。

据说秦始皇曾经巡游至此，有一位望气士说这里风水好，有王气。秦始皇一听不乐意了，立刻派人把附近的方山凿开，引水灌入湖泊。金陵的王气被生生泄掉，从此在这里建都的王朝，都难以长久。

这个故事于史无证，应该是后人附会编造出来的。不过人类对玄武湖满满的恶意，从这个传说里可见一斑。

整个汉代，秣陵湖籍籍无名，并没什么显著事迹。到了三国时代，孙权为了避自己祖父孙钟的讳，干脆废掉了"秣陵湖"和"钟山湖"这俩名字，改称其为蒋陵湖——因为湖边有一座陵墓，墓主是汉代驻守在此的秣陵都尉蒋子文。

孙权喜好奢华，为了修一条青溪，把蒋陵湖湖水借走了一半。后来孙权又大修宫苑，计划在宫殿四周挖一圈水路，又想借水。可怜蒋陵湖已快被抽成湿地，实在伺候不动这位大帝。孙权没奈何，只好重新疏通渠道，引江水入湖，把宫苑修在了湖岸前方。

因此蒋陵湖又得名叫"后湖"，意思是在宫苑之后。

此后这座湖泊的名字一直被改来改去，什么玄武湖、昆明湖、饮马塘、练湖、习武湖等等。玄武湖这个名字的来历，据传说是人们曾在湖里发现两条黑龙——其实就是扬子鳄，黑色属北方，北方有神兽曰玄武，玄武湖的方位恰好又是在建康城北方，因此得名。

那个时候的玄武湖，面积是现在的三倍那么大，约有十五平方公里，本用于编练水军。后来南朝帝王们觉得拿这种风景练兵太浪费了，遂在湖心堆出三座岛屿，模仿蓬莱、方丈、瀛洲，号称"三神山"，还在附近修起了上林苑、华林苑和乐游苑，成为王公贵族出游玩乐的绝佳地点，一时兴盛无二。

可惜好景不长，隋文帝南下讨平了陈朝之后，怕前朝余孽死灰复燃，便将建康城的宫苑推平，让农民在上头耕种。建康这个名字，也被改回秣陵。至于玄武湖，它离宫苑太近，也未能避开这场劫难。

它惨到什么程度呢？后来唐代的颜真卿曾经在这里担任过地方官，他在玄武湖原址设立了一个放生池。想想看，一个偌大的湖泊，居然被填成一个放生池的规模，这得有多凄凉。李白曾有诗感叹："亡国生春草，离宫没古丘。空馀后湖月，波上对江州。"这个"后湖"就是指玄武湖。

终唐一代，玄武湖委屈地蜷缩成一团，默默无闻。一直到三百四十八年之后的南唐时代，后主李煜和六朝一样喜好奢华享受，玄武湖这才被重新疏浚，勉强恢复昔日"名目胜境，掩映如画"的风采。

有一次，一个叫冯谧的宠臣对李后主说："当年唐玄宗赏赐了贺知章三百里镜湖，传为美谈。我退休的时候，只要这眼前的三十里玄武湖，也就够了。"李后主没吭声，旁边的尚书徐铉讽刺道："天子对贤士一向慷慨，区区一个小湖送就送了，没什么可惜的，可惜没有贺知章那样的人物值得赏赐啊。"

【注释】

冯谖喜湖，典出宋人窦萃（别号天和子）所编《善谑集》，原书已佚。元末明初陶宗仪编纂《说郛》时收录八条，包括上述这条冯谖喜湖。

可惜玄武湖的好日子没过多少年，又开始走霉运了。这次它迎头撞上一位千古名臣王安石。

王安石曾在江宁府担任知府，办公地点正在玄武湖旁边。他是个出了名的务实主义者，每天看着湖边胜景，觉得闹心。这风景再好，也不能当饭吃啊，太浪费了。于是王安石给宋神宗上书，建议排空湖水，改为农田。他算了一笔账，将这个湖填平，可以多得200余顷好田。

这种好事，朝廷自然无有不允。就这样，在王安石的主持下，开十字河，立四斗门。可怜的玄武湖再一次被人为放空，化为一望无际的农田，只留下十来个小池塘，仿佛它眼眶中满盈的泪水。

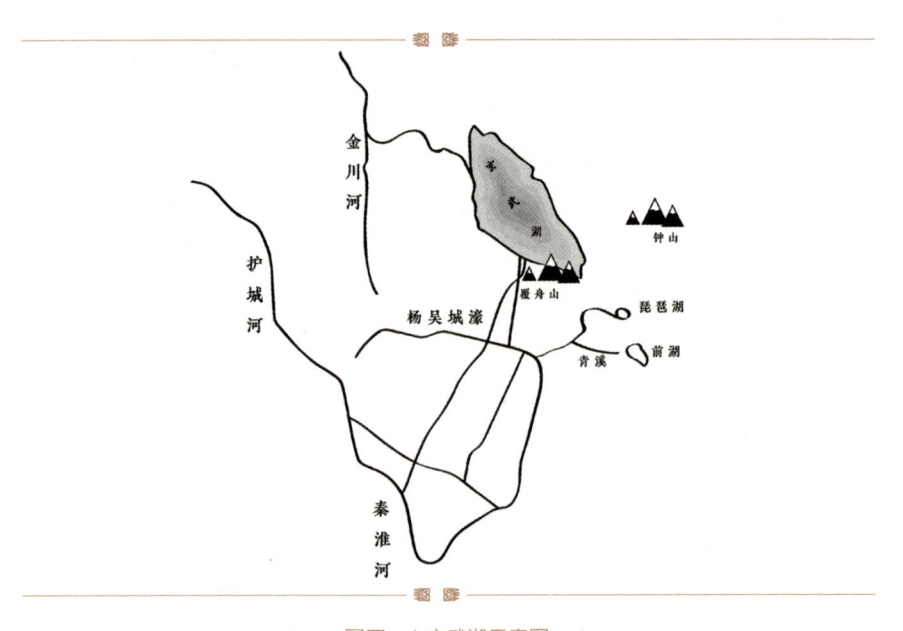

图四·1 玄武湖示意图

这已经是它第二次被人类干掉了。

王安石对这项政绩很是得意,特意写了一首《书湖阴先生壁》以为纪念:"茅檐长扫净无苔,花木成畦手自栽。一水护田将绿绕,两山排闼送青来。"两山是钟山、覆舟山,这一水,即是玄武湖。昔日那烟波浩渺的大湖,成为"护田绕绿"的条条水渠,多好啊。

王安石的初衷是好的,可惜对城市规划缺乏了解。没了玄武湖,城市的排水功能受到极大限制,一下雨就涝。这个麻烦从宋代一直持续到元代,以至于元廷不得不先后两次重新疏浚。在钟山附近开河道,重新蓄水还湖,才算让玄武湖稍微缓过来一点。

一直等到大明皇帝朱元璋定都应天府之后,他着手对玄武湖——那会儿其官方名字已被定为后湖——做了一次大改造,才使之恢复到最盛时三分之一的格局,够资格重新称湖了。

东晋 (320年)	湖上修了6里堤坝
南朝 (446年)	湖上修了10里堤坝
北宋初年	湖内增加了67顷耕地
北宋 (1076年)	湖内增加了200余顷耕地,几乎干涸
元代 (1343年)	湖的面积恢复为原来的三分之一

表四·1 玄武湖历朝面积变化表

听到这个消息,一身伤痛的后湖挺高兴,觉得自己总算否极泰来。大明的首都近在咫尺,肯定会在我这儿建个行宫林苑什么的吧?过去的奢华好日子,眼看就要回来啦!

它没高兴多久,朱元璋突然下了一道离奇的命令:封湖。

随着皇帝一声令下,大批军队冲到后湖水畔,把附近百姓毫不留情地驱赶出去，硬是在京城脚下隔离出了一块戒备森严的禁区。

也许只是临时性的管制措施吧？后湖这样猜想。

它万万没想到，这次封湖持续了不是一年，不是五年，而是将近三百年，几乎与大明的国祚等长。终明一代，后湖从未对外开放过，成为大明最神秘的区域之一。

究竟是什么原因，让大明朝廷如此大动干戈，把这座命运多舛的湖封禁如此之久？是风水考量？是灵异作祟？抑或湖底镇压着什么不得了的怪物？

以上答案都不对。

想搞清楚大明封禁后湖的原因，就得先牵扯出一个历代帝王都为之殚精竭虑的大题目。

第一章　天下透明

让咱们先把玄武湖搁在一旁，视线稍微放远一点，看向公元前206年的咸阳。

在这一年的十月，大秦首都咸阳出了一件小事。

不，我不是说鸿门宴，它是件大事，还没发生。

这件小事与鸿门宴相比，毫不起眼，在史书里只有简单的几句话，阅读时很容易一眼滑过去。但对风起云涌的秦末乱局乃至后世来说，它却有着极深刻的影响。

这一年，刘邦抢在其他诸侯之前杀入关中，兵临咸阳。秦三世子婴手捧玉玺出降，秦帝国彻底土崩瓦解。这群沛县穷汉进入大秦国都之后，立刻被其繁华富庶迷花了眼，纷纷冲进各处府库去抢金帛财宝。就连刘邦自己，也赖在秦宫里不愿意出来。这里多美好啊，有精致滑顺的帷帐，有名贵的萌犬和骏马，有琳琅满目的宝物，还有不计其数的美女。

在这场狂欢中，只有一个人保持着无比的冷静。他叫萧何。

跟那些出身市井的同僚相比，这位前沛县官员有着丰富的行政经验，他知道，对这个新生政权而言什么才是最重要的。

萧何穿过兴奋的人群和堆积如山的财货，来到大秦丞相、御史专属的档案库房。这里门庭冷落，因为里面没有珠宝金玉，只有天下诸郡县的户口版籍、土地图册、律令等文书，没人对这些写满枯燥数字的竹简有兴趣。

萧何下令将这些资料进行清查、分类，然后一一打包好。

没过多久，刘邦去鸿门参加了一次酒宴。回来以后，他一脸晦气地吩咐诸将收拾行李，准备退出关中。紧接着，项羽大摇大摆地闯进咸阳，他趾高气扬地告诉刘邦："你去汉中当个汉王吧。"然后把三个秦军降将章邯、董翳、司马欣封在秦岭北边，牢牢地镇在汉中与中原之间。

刘邦大怒，汉中又小又穷，道路险峻，再加上这三道枷锁，明摆着不打算让自己翻身啊！他心想，干脆赌一把，带兵去跟项羽拼一场算了。周勃、灌婴、樊哙几名部下轮番相劝不果，这时萧何站了出来，问他："去汉中称王，跟死相比哪个惨？"刘邦说："废话，当然是死更惨。"萧何说："现在咱们跟项羽打，铁定是百战百败，纯属作死；您何妨学学商汤和周武，先去汉中隐忍一阵再说。"

刘邦看着萧何，觉得他话还没说完。

随即萧何讲出一段详细规划："臣愿大王王汉中，养其民以致贤人，收用巴、蜀，还定三秦，天下可图也。"

估计刘邦听完这话，肯定下意识地反问了一句："凭什么？"

你的战略规划听着很棒，但具体怎么落地？凭什么"养其民"，凭什么"收用巴、蜀"，又凭什么定三秦、图天下？

萧何微微一笑，就凭我从咸阳带出来的那些户籍档案。

可不要小看这些其貌不扬的简牍，它们蕴含的力量，比名将精兵更加可怕。

户籍的雏形，早在商代"唯殷先人，有册有典，殷革夏命"时就已经出现了，春秋时代亦有书社制度。但真正把它建成一个完整体系的，是赳赳老秦。

【注释】

唯殷先人，有册有典，殷革夏命：语出《尚书·多士》。西周初，成王年幼，武王的弟弟周公旦摄政，决定在洛邑建立新都，即后来的东都。但殷商遗民不愿随迁，周公便告诫他们，"你们殷人的祖先，是有册书典籍的，记载着成汤革夏命的道理（如今周也革了殷的命）"。由此可知，殷商时期已经有了官方档案册典，惜尚未知其具体形式。我国有据可查的最早文字为甲骨文，《英国所藏甲骨集》说"贞登人乎涿"

（在涿这个地方登记人口），可见，在殷商时期，已经有了严密的人口登记制度，登记造册，以实行管理，成为后世统治者效法的榜样。

自商鞅以来，秦国的行政管理一向以绵密细致而著称，特别热衷于大数据。《商君书》里列举了国家兴盛需要掌握的十三类数据：官营粮仓、金库、壮年男子、女子、老人、儿童、官吏、士、纵横家、商人、马匹、牛，以及牲口草料。其中对于百姓数据的搜集，必须倚重户籍的建设与管理。

到了秦始皇时代，郡县制推行于全国。从一郡、一县到一乡、一里乃至每一户，官府都有详尽记录。你家里几口人，年纪多大，什么户籍类别，多高的爵位，何年何地迁来，何年傅籍，养几匹马、几头牛，耕种的地在哪儿、多大，种的什么作物，税要交多少，等等，记录得清清楚楚。

而且相关档案每年还要进行更新，由专门的上计人员送到咸阳留存，以便中央随时掌握地方情况。

这套制度，在秦始皇时期一直保持着高效运转，到了秦二世时期，各地官府出于惯性也一直在执行。萧何在官府里当过主吏掾，对这些东西再熟悉不过。

【注释】

主吏掾：秦朝县令的属吏，汉朝改为功曹，主管衙署内所有吏员，有考核、裁汰之大权，故有主吏之称。掾，原为佐助之意，后为副官或官署属员的通称。萧何曾任秦沛县（今徐州沛县）主吏掾，能经常接触各种不同的业绩数据，每种数据干什么用的，各种数据背后是什么情况，他都一清二楚。

当萧何把它们献给刘邦时，一瞬间，整个天下都变得透明。

无论是南海郡的柘浆种植面积、成都的蜀锦产量，还是琅玡郡在秦始皇二十八年（公元前219年）的壮丁总数，翻阅一下，一目了然。想知道整个河东地区的牲畜总数？想看看关中有多少铁匠作坊？翻阅一下，探囊取物。

刘邦手持竹卷，足不出汉中，便可以阅尽天下虚实。

如《里耶秦简》编号 K17，一家人的姓名、排行、关系非常清晰。

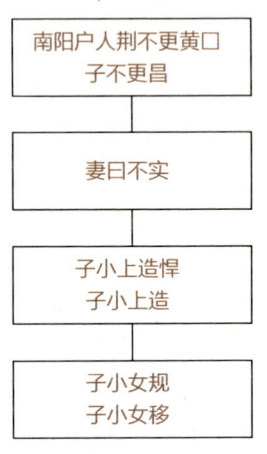

```
┌─────────────────┐
│ 南阳户人荆不更黄□ │
│     子不更昌     │
└─────────────────┘
         ↓
┌─────────────────┐
│     妻曰不实     │
└─────────────────┘
         ↓
┌─────────────────┐
│    子小上造悍    │
│    子小上造      │
└─────────────────┘
         ↓
┌─────────────────┐
│    子小女规      │
│    子小女移      │
└─────────────────┘
```

表四·2《里耶秦简》编号 K17 简表

对于一位志在天下的王者，这实在太重要了。

知道了壮丁数量，可以算出能动员的士兵和民夫；了解了牲畜多寡，可以合理分配运力；查阅了作物产量，便对粮草的征发心中有数；掌握了地形图册，也就明确了对该地区的用兵方略。哪个郡有铁矿，可以冶炼军器；哪个县有草药，可以平伏疫病；哪个乡可以提供兽筋膏脂，多长时间送到哪里，道路状况如何……种种信息，都隐藏在这一片片简牍之中。

要知道，战争的胜负，很大程度上取决于后勤表现。后勤最重视的并非武勇，而是精准统筹。精准统筹的前提，则是翔实丰富的数据。可以这么说，在战略层面的对局中，拼的不再是韬略，而是资源利用率。谁的数据掌握更精准、谁的物资调配更有效率，谁就是最后的胜利者，即所谓"大势"。

萧何从咸阳运走的简牍档案，正是战略对决中必不可少的。

刘邦偶尔犯浑，但大事上绝不糊涂。他立刻领悟到这些简牍蕴藏的威力，心下大定。《汉书》记载，他听完萧何的劝说后，就回了一个字："善。"几百年后，刘备听完诸葛亮的《隆中对》，也只回了同样一个字，他的内心，未必不是在效仿高祖。

刘邦不再执着于跟项羽争霸，收拾行李高高兴兴出发了。抵达汉中之后，他拜萧何为丞相，主抓内政，坐镇后方。没过几年，刘邦明修栈道，暗度陈仓，揭开了楚汉相争的序幕。

在漫长的中原争霸期间，项羽就像是一尊浮在空中的无敌战神，每一次挥动武器，都把刘邦伸过来的藤蔓砸得粉碎。可这些藤蔓的根部紧紧吸附于大地，源源不断地从土壤里榨取营养，一次又一次重新生长，伸展，纠缠，韧劲十足。

慢慢地，战神开始疲惫，藤蔓的数量却有增无减。它们被打断了无数次，可总能卷土重来。战神想落在地上喘息片刻，却惊讶地发现早已无立足之地，四面八方都被藤蔓密密麻麻地爬满……接下来的故事，人人皆知。

如果说那些名将是藤蔓的枝，那么萧何就是藤蔓的根。

"镇国家，抚百姓，给馈饷，不绝粮道。"这是刘邦给萧何做的工作总结。这些工作没有冲锋陷阵那么华丽激烈，也没有运筹帷幄那么惊艳烧脑，只是无休止地和数字搏斗的琐碎。它没法保证汉军在战场之上连战连捷，但可以让汉军在战场之外始终不败。

【注释】

据《华阳国志》所载，刘邦"自汉中出三秦伐楚"之时，"萧何发蜀汉米万船而给助军粮"。萧何这位同志不仅负责了信息搜集工作，还撸起袖子把收税、后勤的活都给干了，打仗的钱也都是他弄来的。所以最后，刘邦说他是首功之臣。

于是项羽百胜而后一败，刘邦百败而后一胜，江山遂告易手。

刘邦对这一切，看得非常透彻。他称帝之后，论功行赏，把负责后勤工作的萧何排在了首功。

若没有萧何当初从咸阳果断运出的那一大批无人问津的档案，这种奇迹般的运营效率简直无法想象。善战者无赫赫之功，这些不显山不露水的户口版籍，才是真正的第一功臣。司马迁为萧何这个行为做了总结："汉王所以具知天下厄塞、户口多少、强弱之处、民所疾苦者,以何具得秦图书也。"

当然,这些咸阳老档也并非万能。

秦末战乱时间太长,以致中原凋敝不堪。刘邦在自己下的诏书里承认:"民前或相聚保山泽,不书名数。"这个"名数",颜师古解释说是"户籍"。"不书名数",是说老百姓都跑光了,户籍管理体系已然崩溃。

【注释】

民前或相聚保山泽,不书名数:语出《汉书·高帝纪》。古之为盗者,多保据山泽,占山为王,汉儒贾山曾言,秦"群盗满山"。汉高祖刘邦十分清楚,之前战乱年代,百姓多离家逃难,聚集在山泽之间,没有户籍,不受管控。据《汉书·严安传》所载,秦朝末年,连年战乱导致人力缺乏,真的是把女人当男人使,把男人当牛马使。死个把男人不要紧,我们还有女人呢!运输队里面都是女的。又据《汉书·食货志》所载,经过战乱,许多大城名都的在籍人口,只有原来的十分之二三。不但普通百姓的生活没有保障,天子的日用也无法满足,出趟门连四匹纯色的马都凑不齐!

咸阳老档可以提供一些历史数据以为参考,却没办法继续更新数据。

但不更新又不行。

马上得天下,不能马上治天下。维持一个国家,比占领一个国家更难。

新生的汉家王朝想要延续下去,得先搞清楚人口数量,把流民赶回到田地里去,固定税基;有了税赋徭役,政权机器才能运转,实行有效统治。想做到这些,没有一套行之有效的户籍制度和配套法律是绝对不行的。

这个难题,刘邦自然而然地交给萧何去解决。

汉高祖四年(公元前203年),萧何便迫不及待地动手进行了一次全国人口大普查,"初为算赋",然后以此为基础,搞出了一套叫作《九章律》的法典。

这个法典是以秦六法为基础,在《盗法》《贼法》《囚法》《捕法》《杂法》

《具法》之外，又补充了《户律》《兴律》《厩律》三部法律。这其中的《户律》，正是以法律条文的形式架构出的一套户籍制度。

【注释】

《户律》里面规定，每个人都必须自觉上报自己的年龄。如果岁数太小，又没有父母或其他监护人，那么就要当地的官员估个数，替他上报。如果报年龄的时候，虚报达到三岁以上，就要罚钱。制定这条法律，是因为经验丰富的萧何事先就考虑到，有些人会虚报自己的年龄，不愿意被登记为"丁"，以逃避赋税和徭役。后来，曹参继承了萧何的职位，就随便混混日子，天天喝个小酒什么的。人家问曹参你干活怎么这么不积极啊？曹参说萧何制定的规矩太好了，我还要费什么脑子呢？后来这成了一个成语，叫"萧规曹随"。

这套体系展开来说，是个非常大的话题。简单来讲，汉户律"计家为户，计人为口"，以一户作为基本单位。户籍要开列户主以及家庭成员的籍贯、爵位、年龄、性别、相貌肤色、健康状况等。还要对家庭财产进行登记，一户有多少田亩、多少奴婢、多少牲畜，一一写明。

该户的赋役数额和户口级别，皆据此而定。

每年八月，老百姓还要向当地官府主动申报户口变动情况，谓之"案比"。每隔三年，各级官府就要把手中的人口数量、年龄、垦田、税收、官吏数量做一个统计，乡里交县里，县里交郡国，最终汇总成"计簿"，再派专人递交中枢。

中央这边接到"计簿"，由御史先审核一轮，确认数字没问题，再提交给丞相。有了这些数据，朝廷可以保证税收，也可以借此控制民众流转，进一步增强中央集权。

这都是秦法搭建起来的运作框架，由汉律来落地实行。

确定了田地数量，税赋就有了出处；确定了人口数量，徭役就有了来源。这两样掌握住，政权就稳了。用《大学》里的话说："有德此有人，有人此有土，有土此有财，有财此有用。"

这套体系不光让西汉渡过了初期的难关，逐步走向强盛，还深刻地影响到了后世。

自汉以后，随着社会生产力发展，每一个朝代都演化出自己独特的户籍管理体系。比如东晋分本土黄籍和侨民白籍；唐分天下户口为九等，三年一团貌；宋代分有常产主户和无常产的客户，又分坊郭（城市）户和乡村户，等等。但万变不离其宗，无论细节如何变迁，其运作的基本逻辑，始终不曾偏离萧何的《户律》精神，总结下来就八个字——收税有据，束民有方。

【注释】

东晋的户籍制度：西晋因着八王之乱、永嘉之祸而亡国，琅玡王司马睿在南渡过江的中原士族与江南士族的拥护下称帝，国号仍然为晋，史称东晋。东晋政权偏安江南，中原之地陷入被胡人分裂的混战之中。北方世家大族、百姓纷纷渡江南迁，称为侨人，散居在侨立的郡县中。据《隋书·食货志》所载，本来户籍无黄、白之别，皆是黄籍，但南渡而来的侨人被允许携带其北方原来的籍贯，故产生了白籍。持白籍者可以不向官府纳税服役。侨人越来越多，必然加重江南土著居民的负担，影响国家的财政收入，造成严重的社会经济问题，故出现了旨在把侨人变为南方土著人户的土断，努力恢复户籍无黄、白之分的旧状，扩大征税、服役人群。

唐代的户籍制度：据《旧唐书·食货志》所载，唐高祖年间，凡天下户口，量其资产，定为九等，每三年编造一次。编造户籍时，地方官吏必须亲自检阅人丁的形貌，将结果记录在册。因各地常集合五党或三党为一团进行，故称为团貌。团貌要耗费相当可观的人力，所以，在户籍编制正常的情况下，貌阅的重点对象为与赋税制度密切相关的五个年龄段的男子，以及可以免除赋役的三种不同程度的残疾人。

宋代的户籍制度：宋代户籍有主户、客户之分。主户，又称税户，指有田产、税钱或家业钱的民户，根据地域、田产的不同，分为五等，使之在负担差役、杂税等方面有所区别。上户承担重难差役，中下户承担较轻的差役。客户，也称佃客，指没有土地、常居主人之家、为人佣耕的佃农。官府出于征发劳役的需要，将客户也登记在册。坊郭户和乡村户大约始于宋朝初年，其实就是城镇户口和乡村户口。两种人交的税不一样，城镇户口又有钱的，就要交更多税。不管是城镇户口还是乡村户口，都有主户和客户之分。主户是城市里的有房一族，客户则是租人家房子、店面的那些人。

一个政权掌握的户籍数据越详细，天下就越透明，统治也越稳定。

因此我们会看到，历代王朝肇造，皇帝要做的第一件事，永远是统计天下，修造版籍。这事搞不定，啥也干不了。

不过建户籍这事吧，说难不难，说容易也不容易。

户籍档案有一定的继承性。如果你前头赶上一个靠谱政权，规则设计完备，资料保存完整，能省不少事。比如刘邦，有现成的秦法可以参考，又有萧何保留下来的秦档，很快便能进入状态；司马炎运气更好，魏、蜀、吴三国皆袭用汉制，三分归晋之后，三家户档可以直接合并；大唐之前，有隋朝帮它"大索貌阅"，收拾流民和隐藏户口；大宋之前，后周已把基层建设得差不多了，赵匡胤黄袍加身，照单全收便是。

跟这些幸运儿相比，大明开国皇帝朱元璋可就没那么好的运气了。

因为他要面对的，是奇葩前任留下来的一个大烂摊子。

元代是一个非常奇葩的朝代，它的户籍体系叫作"诸色户计"，以繁复而著称。有按职业分的，如军户、民户、匠户、盐户、窑户、儒户、打捕户、乐户、织户、采珠等等；有按贡赋内容分的，如姜户、藤花户、葡萄户；有按照僧、道、也里可温、答失蛮等宗教信仰分的；还有为了服务于贵族而设立的投下户、怯怜口户；再往下细分，还能分成草原兀鲁思封户、五户丝食邑户、投下私属户、投下种田户等等；甚至还会细分到负责侍奉贵族老年生活的养老户，负责供养皇亲国戚的江南钞户，给公主和王妃当嫁妆的从嫁民户，隶属于寺院的永业户；等等。

顺便一说，同一类户籍下面，还按财产数量分为九个级别。

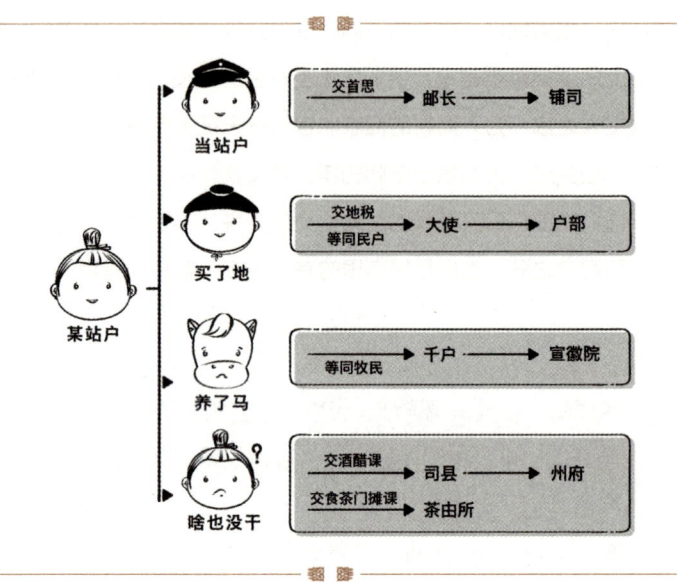

图四·2 某站户同时向不同部门交税示意图

再顺便一提，不同类别的户籍，归属不同的管理机构，没有统一的协调机制。比如探马赤军户归奥鲁官管理，匠户归户部管理，僧道户归宣政院管理，投下户则是不同的宗王贵戚私有之物，江南钞户名义上归户部管，税收却要上交诸王与驸马们。

在没发明电脑的年代，想把如此错综复杂的户籍体系理清楚，就是一百个耶律楚材也没办法！忽必烈在中统元年（1260年）曾经试着抢救了一下，立了十路宣抚司，定户籍科差条例。可这种种错综复杂的关系，让他这次"阅实天下"的目的没有实现，反而弄得更乱了。

跟繁复的户籍体系相对应的，元代的户籍管理也极其简单粗暴。

马可·波罗在游记第二卷里，讲过一段他在杭州的见闻："每家的父亲或家长必须将全家人的名字，不论男女，都写好贴在门口，马匹的数目也一样要载明。如有人死亡或离开住所，就将他们的名字勾去，如遇添丁，就加在名单上。"

虽然他是以赞赏的口气来描述的，但让秦汉唐宋的户籍官吏看到这个场面，能吐出一口血：这管事的得多懒多糙，才会这么干啊！

这还是在一线城市杭州,其他地方更不敢想象了。所以元代的户籍管理,其实算得上放养。

如此破烂粗放的一部机器,一直磕磕碰碰地运转了百年。元末战乱一起,它便彻底趴窝崩溃。用史书上的话说就是:"元季丧乱,版籍多亡,田赋无准。"

【注释】

元季丧乱,版籍多亡,田赋无准:据《明史·食货志》所载,元朝末年时局动荡,多死伤祸乱之事,官方的户籍和田亩账册多有亡佚,赋税征收没有根据。据《明实录》所载,直至洪武十四年十二月的最后一天,朝廷才统计出全国人口的数字。

蒙古人拍拍屁股,跑回北方草原放牧去了。前来接盘的朱元璋,可发了愁。他望着那一堆冒着狼烟的机器残骸,蹲在地上叹了口气:这饭啊,夹生了。

元代户籍实在太乱,大明根本不可能全盘继承;可彻底抛开另起炉灶,难度也极大。废弃不是,继承也不是,朱元璋面对这个复杂局面,只能摸着石头过河,一步一步试探着来。

早在洪武元年(1368年),他在南直隶诸府和江西三府搞过一个叫作"均工夫"的试点制度。规则很简单,按田地数量征赋役:每一顷地,出一个壮丁,农闲至京城服三十天徭役。如果田不够一顷,可以几家合出一丁;如果田多人少,也可以出钱雇佃农去服役。

这是一个无奈的折中做法。因为那时老百姓跑得到处都是,没有户籍来制约。官府干脆不按人头征税,而是把赋税折到田里。你人可以跑掉,但土地总跑不了吧?

除此之外,朱元璋在洪武元年还发布诏书说:"户口版籍应用典故文字,已令总兵官收拾,其或迷失散在军民之间者,许令官司送纳。"这是在向民间征集散落的元代户籍残本。紧接着，第二年，朱元璋又宣布："许各以原报抄籍为定，不许妄行变乱。"

【注释】

户口版籍应用典故文字，已令总兵官收拾，其或迷失散在军民之间者，许令官司送纳：户籍账册还是有根有据为好，朕已下令总兵官注意征收元时户籍残本，或者它们已经失散于军、民之间，如果能找到的话，允许地方官府送交上来。

许各以原报抄籍为定，不许妄行变乱：每个人的户籍必须以原先的户籍为准，不得擅自改变。万历年间，《大明会典》重申，所有军人、农民、驿站工作人员、盐场工人、医生、天文星象观察者、工匠、乐工，都不可以擅自转行。如果偷偷改变户籍记载的职业，想换轻松工作的，抓住你就要打八十杖。

你在元代是什么户籍，现在还是什么户籍，别自己乱改。在新户籍建起来之前，权且用旧户籍管着，先把人拢住了再说。

无论是"均工夫"还是"原报抄籍"，都只能临时救个急。真正想让大明长治久安，还得尽快把新的户籍体系建起来才行。朱元璋手下有一位大臣叫叶伯巨，他把这个道理说得特别直白："夫有户口而后田野辟，田野辟而后赋税增。"

为此朱元璋辗转反侧，到处开会调研，最后还真让他寻到一个办法。

宁国府有个叫陈灌的知府，在当地搞了一个户帖法，成效斐然。朱元璋深入研究了一下，觉得这个建户籍的法子特别好，又是经过实践检验的，完全可以作为样本在全国推行。他决定拿来先用用看。

时间很快推移到了洪武三年。

洪武三年对大明来说是个特别重要的年份。在这一年，朝廷相继出台了各种政策，重修了官员殿陛礼法，制定了王府官制、五等勋爵，明确了明代科举的框架。一个新生政权，正缓缓走上正轨。

在这一年的十一月二十六日，朱元璋颁布了一道圣旨，郑重宣布户帖制在全国推广上线。

"户帖"这个词不是明代原创的，它最早见于南齐，在南北朝至唐宋的史料里时常可见，是一种催税到户的术语。不过在明代，这个"户帖"的内涵却变得很不一样。

不光内涵不一样，连口气都变了。

朱元璋的这道圣旨，在中国的皇家文件里极有特色。要知道，一般的圣旨正文，在皇帝形成意见之后，都会交给专家润色一番，使之骈四俪六、辞藻雅驯，看起来高端大气上档次。而朱元璋的这份"户帖谕"，却是一篇原汁原味的"口谕"。

圣旨是这么说的：

说与户部官知道，如今天下太平了也，止（只）是户口不明白俚（哩）。教中书省置下天下户口的勘合文簿户帖，你每（们）户部家出榜去，教那有司官将他所管的应有百姓，都教入官附名字，写着他家人口多少，写得真着，与那百姓一个户帖，上用半印勘合，都取勘来了。我这大军如今不出征了，都教去各州县里下着，绕地里去点户比勘合，比着的便是好百姓，比不着的，便拿来做（作）军。比到其间，有司官吏隐瞒了的，将那有司官吏处斩。百姓每（们）自躲避了的，依律要了罪过，拿来做（作）军。钦此。

真不愧是平民出身的皇帝，圣旨写得近乎纯大白话，读起来特别寒碜。

这个文风，其实不是朱元璋首创，乃是脱胎于元代。元代皇帝都是蒙古人，发布命令多用蒙语，会有专门的译员逐字逐句直翻成汉文，再交给文学之士进行文言修饰。有时候事起仓促，省略最后一道程序，便形成一种特别生硬的口语话文牍——硬译公文。比如泰定帝即位的时候，诏书就是这种风格："（我）从着众人的心，九月初四日，于成吉思皇帝的大斡耳朵里，大位次里坐了也。交众百姓每心安的上头，赦书行有。"

有兴趣的人可以看看《正统临戎录》，里面用硬译体记录了大量蒙古人的对话，特别有趣。

说回正题。

朱元璋为啥要用这么奇怪的白话文？不是因为朝中无人，而是因为他受够了那些文绉绉的套话空话。

有一位刑部主事茹太素给朱元璋上奏疏，前后一万七千字。朱元璋让人念，一直念到六千多字，还没进入正题。朱元璋大怒，把茹太素叫过来痛骂一顿。这位皇帝态度倒真认真，骂完了大臣，晚上叫人接着念，念到一万六千五百字，才听见干货。

茹太素用最后五百字说了五件事，件件见解都很精到。朱元璋感慨说："今朕厌听繁文而驳问忠臣，是朕之过。有臣如此，可谓之忠矣。呜呼！为臣之不易，至斯而见。"

后来朱元璋为了防止忠臣被误伤，特意把公文要求写在《大明律》里："陈言事理并要直言简易，每事各开前件，不许虚饰繁文。"

在国家级的政策文件上使用大白话，也算朱元璋身体力行做的一个表率。

回过头来继续看朱元璋这份圣旨，抛开文风不说，它的内容相当务实。里面没任何虚头巴脑的废话，条分缕析，每一句都是干货，把户帖制的核心思想表述得很清楚。

那么，户帖制到底是干什么的？怎么运作？咱们不妨把整个执行流程走上一遍，就明白了。

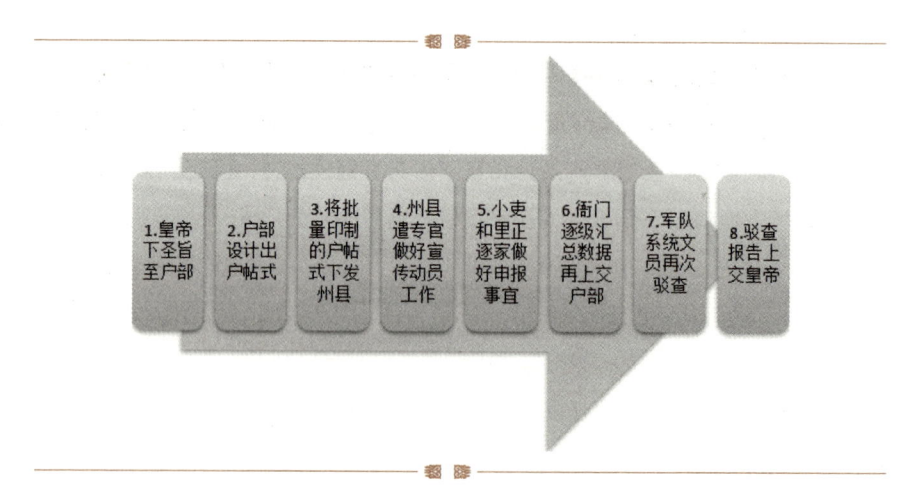

1.皇帝下圣旨至户部 → 2.户部设计出户帖式 → 3.将批量印制的户帖式下发州县 → 4.州县遣专官做好宣传动员工作 → 5.小吏和里正逐家做好申报事宜 → 6.衙门逐级汇总数据再上交户部 → 7.军队系统文员再次驳查 → 8.驳查报告上交皇帝

图四·3 "户帖制"执行流程示意图

第一步，当然是皇帝下发一道大白话圣旨到户部，给政策定下基调。

第二步，户部根据文件精神，设计出标准户籍格式尺寸，叫作户帖式。

户部规定："户帖"的用纸长一尺三寸，宽一尺二寸，边缘还缀有一圈花卉装饰。

这个尺寸，可不是随便定的。

早在晋代，朝廷制作户籍时已有规定，要求用一尺三寸札。因为当时没有线装书，而是卷轴装。纸与纸之间左右相连，形成一条长幅，因此宽度不限，只需要规定长度即可。

到了明代，装帧方式已和现代无异，页页相叠，因此需要把长、宽都规定出来。将长度定为"一尺三寸"，也算是一种从古。

看完尺寸，咱们再来看正文格式部分。

正文分成左、中、右三块。在最右边，印制洪武皇帝刚才那段白话圣旨，前面添加一句"户部洪武三年十一月二十六日钦奉圣旨"字样。一来申明此乃皇命；二来警告百姓要如实申报，否则要充军；三来提醒经手官员，如果他们违法徇私，也要处斩。

中间部分，是户帖主要内容，要写明该户的乡贯、男子丁口、女子口、名岁、与户主关系、户种、事产、住址等信息。

最左边，是留给官员签字之用。朱元璋对这次推行极为重视，要求每一级都要有经手官员的签押，以便追溯责任。所以每一份户帖的签字，都是从户部尚书邓德开始签起，接着是副手左侍郎程进诚——当然，这两位的签押都是提前印制好的，否则他们也甭干别的事了；随着户帖一级级下发，会有侍郎某、郎中某、员外郎某、主事某依次签在后头。

这是中央部门签发部分。在户帖背后沿边还留有空白，以便地方执行官员签下花押：从知县、县丞、司吏、典吏到书手、里保，一个都不能少。

调阅任何一份户帖，都能查到从中枢到执行小吏这一整条文件流转的路线。哪一环节出问题了，抓起责任人来十分方便。

每一份户帖，都要一式两联。首一联叫作籍联，次一联叫作户联。前者交给官府留底，后者给百姓家里留底。在籍、户二联之间的骑缝处，要印有字号以作为堪合之用，还要盖上一个户部骑缝章，每联恰好各留半个印。这样一来，官、民各有一份，最大程度防止伪造。

从一份户帖式上的设计可以看出，大明朝廷着实下了一番苦心。逐级签字、骑缝用印、编号堪合、籍户二联，尽可能堵上可能存在的疏漏。仅此一点，就比前朝不知要高到哪里去了。

第三步，户部把设计好的户帖式下发给官办印坊，依照样本批量印制，然后分发到各地州县，并规定了缴还时间。

第四步，各地州县接到空白户帖之后，必须由正印官员担任提调官——这个提调，是临时差遣头衔，和后来负责教育的行政职务不一样。他的工作是张贴文告，晓谕百姓，让他们早做准备，还要对属下官吏进行培训。

接下来，提调官成立工作小组，亲自坐镇监督，下级官吏带着空白户帖，分赴各地基层去执行落地。

第五步，衙门小吏和当地里正逐家去敲门送帖。百姓大多不识字，需要口头申报，小吏当场填写资料，并由熟悉内情的里正审核、作保。三方确认无误，小吏会撕下其中的籍联部分，带回衙门，与其他籍联汇总；剩下的户联部分，交还百姓自家留底，叫作户帖。

这个制度之所以叫户帖制，就是从户联这儿来的。

第六步，所有填好的籍联，在衙门汇总统计，要算明户口、人口、丁口、田产几项数字的总额，连同原始资料一起递交给上级，自己复制一份留底。这么一层一层磨算，逐级汇总到户部。户部呈递到朱元璋手里的，就是一份全国总户口、总人口、总适龄壮丁以及总耕种田亩数的概算报告。

有了这个东西，天下在朱元璋面前，便不存任何秘密了，透明可见。他可以随时看到一个地区的总数据，如果愿意，也可以深入查到任何一户的情况。

但你们以为这就完了吗？

老朱对官僚一向不大放心，总怕有人从中舞弊徇私。他对老百姓更不放心，民间隐瞒人口和田地的事太普遍了，如果放任不管，等于白干。

因此他特意设计了一个制约舞弊的手段。

第七步，朱元璋动员了一大批军队系统的文书人员，分散到各地去审核抽查，术语叫作"驳查"。用圣旨里的话说就是："我这大军如今不出征了，都教去各州县里下着，绕地里去点户比勘合。"

这些大头兵和地方不是一个系统，相互包庇的概率不高。如果军队驳查出户帖数字与实情不符，哪一级出了问题，就要哪一级官员的脑袋。如果查出百姓自己隐瞒，那就发配去充军。

第八步，军队驳查完毕，也提交一份报告给皇帝，和户部报告并读。大功告成。

说了这么多，那么这个户帖到底什么样子？

让我们拿一份保存至今的户帖实物，看看都填写了什么吧。

从图上我们可以很清楚地看出，在最右侧，是朱元璋的大白话圣旨，占了将近一半的纸幅。在圣旨结尾还有一行字："除钦遵外，今给半印堪合户帖付本户收执者。"

这是在宣读户主的权利和义务，提醒他有权收到一份户籍副本，上面还有一半官印可以验证真伪。

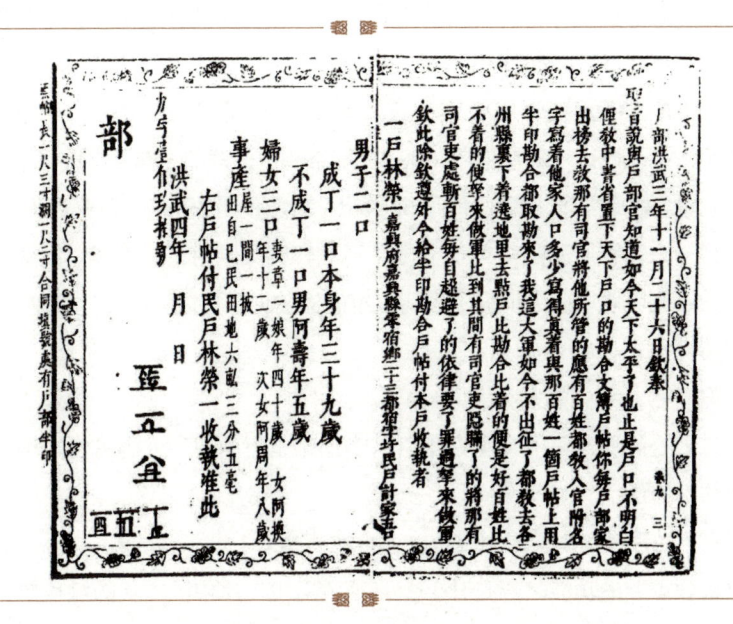

图四·4 户帖实物图（出自崇祯《嘉兴县志》）

圣旨之后进入正文：

一户，林荣一。

嘉兴府嘉兴县零宿乡二十三都宿字圩民户。

计家五口。

男子二口：成丁一口，本身年三十九岁；不成丁一口，男阿寿，年五岁。

妇女三口：妻章一娘，年四十岁；女阿换，年十二岁；次女阿周，年八岁。

事产：屋，一间一披；田，自已民田地，六亩三分五毫。

从这些信息可以看出，这是个典型的小自耕农家庭，一家五口，一间房子几亩田地，勉强糊口度日，家庭地址在嘉兴府下辖的某一个乡村里。

再往左边看，是两行字："右户帖付民户林荣一收执，准此。洪武四年 月　日"。说明这份文件是户联，给户主留底。

在"洪武四年"的左边，有一排残字，只余左半边："加字壹佰玖拾号"。这个是骑缝字号，另外一半字在籍联上面，已被扯去交官。万一起了纠纷，官府就会调来籍联和户联对比，骑缝字号能对齐，说明是真的。

而在年月日的斜下方，还有负责官员的花押，一共有六个。不过具体是哪些官员的手笔，非得穿越回去才能知道了……

在左上角，还能看到一个"部"字。另外一个字是"户"，留在了籍联上。具体操作手法是，把第一联卷起来，让"户"字和下一联的"部"字恰好平齐，盖上骑缝大印。如此操作，两联各留一半钤记，功能和字号一样，还兼具认证功能。

这样一来，官府和民众各执一份。不光官府可以用它来管理，民众若碰到家产纠纷，也可以以此为证据，去调官府的原始记录，最大限度地杜绝了伪造、篡改的情况。

这份户帖，可以说设计得相当周详了。

不过细心的朋友可能会觉察到，这个户帖里有两个不太容易发现但事关政策成败的小问题。

大家不妨停在这里，想上五分钟，再继续读下去。

户籍最重要的功能之一是什么？是征收赋税。而中国古代的赋税依据除了人丁之外，还要看田地的多寡。

不，这个说法还不够准确。

税赋依据，不只要看田地多寡，还要看田地质量。

河边的田地和山坡上的盐碱地，即使面积相同，土地肥瘠程度肯定不一样，产出大不相同；麦田和桑田，即使面积相同，收税种类也要有区别。如果不加区别，只以面积来收税，小则造成纷扰，大则激起民变。

早在春秋时代，楚国令尹子木整顿田制时，就注意到要考虑田地肥瘠不同，要"量入修赋"。王安石变法时，有一项方田均税法，将土地按肥沃程度分成五等，每等税负各不相同，多占良田者多缴，少占贫田者少缴。

将田地分级，是土地管理实践中的重要一环，可以在一定程度上保证税赋公平，减轻贫民负担。

可在刚才那份户帖里我们可以看到，林荣一家里那六亩三分五毫的田地，只是简单地登记成"自巳民田地"。这块土地种的什么作物、肥沃程度如何，户帖里一概没写，甚至连所在位置和形状都没提。

这让朝廷以后怎么收税？

也许会有人指出：土地资料都是单独编成鱼鳞图册，你在户帖里当然看不到。

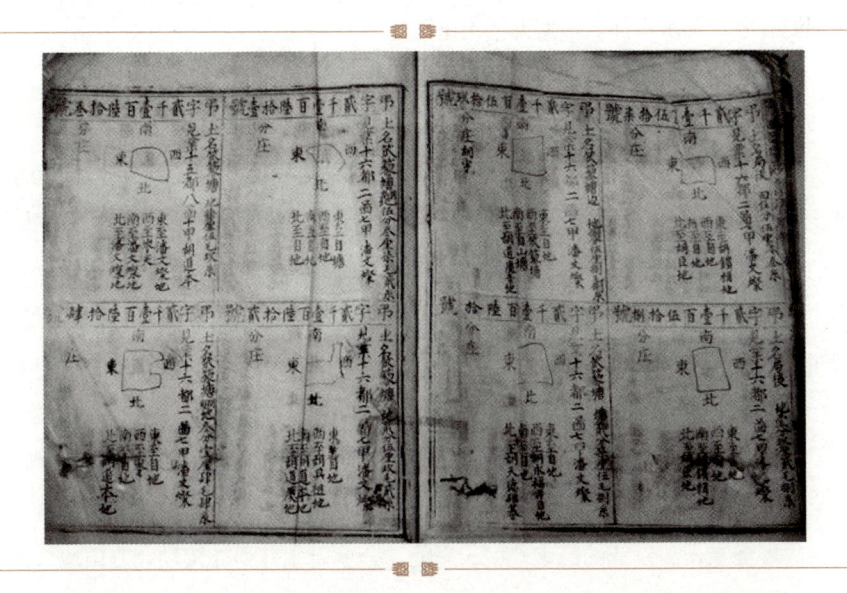

图四·5《明万历九年歙县十五都八图丈量鱼鳞清册》（藏于徽州税文化博物馆）

鱼鳞图册是一种土地登记簿，里面会将所有者的田、地、山、塘一一标明，绘成图形。一片一片的地图状如鱼鳞，故而得名。它始见于宋代婺州，在元代开始流行于两浙经济发达地区，是国家厘定税赋的重要参考。

但问题是，朝廷开始大规模修造鱼鳞图册，是洪武十四年之后的事。在洪武三年、洪武四年推广户帖的过程中，看不到官方有任何清查田地的意图。

这太奇怪了，元末的状况明明是"版籍多亡，田赋无准"，说明户籍和田籍都散失了。朱元璋既然已经搞了全国人口大普查，为什么不搂草打兔子，顺便把田地也捋一捋呢？干吗拖到洪武十四年之后才做？

其实，这不是疏漏，反而是大明朝廷的务实稳重之处。

朱元璋想搞土地清查吗？想！他做梦都想。

拜元末弊政所赐，明初的田地管理一摊烂账，基层瞒报土地的情况十分严重。像汤和、李善长这种级别的功臣，都曾因为族人藏匿土地之事受过申斥，可想而知当时的风气。

隐田藏匿得多，税赋就交得少。税赋交得少，新生的大明政权就要出问题。朱元璋当然希望尽快把天下的土地都清查一遍。早在洪武元年，他已动过清查土地的心思，要求户部"核实天下土田"。

但具体到执行层面，从皇帝到户部尚书都在发愁。

太缺人才了。

清点人口比较简单，执行人员懂得加减乘除就够了；清丈田地却是一个高难度的技术活，因为田地不可能全是规整的方形，经常会有圭、邪、箕、圆、宛、弧之类的田地形状，执行人员得精通方田之术，才能精确测量出面积。

何况它还是个情商活。地方上的势力盘根错节，互相包庇，执行人得足够精明，才能从狡黠的地方豪强嘴里挖出隐田来。

国初百废待兴，朱元璋手里暂时还没有那么多人才储备。

洪武初年的大明朝廷缺人缺到什么程度呢？有一次，朝廷决定要整顿浙西的土地，勉强凑了周铸等一百六十四人前往核田，这还是因为浙西是赋税重镇的缘故。至于长江以北的广大地区，只能"分遣监生并秀才丈勘北方田地"，瞧瞧，连国子学的人都抽调出去了。至于其他地区，中央连使者都派不过去，只能发一纸圣旨，让各个地方自行"择邑从事之贤者""新具图籍"。

上头的窘境，各地都看在眼里。好，你顾不过来，那我就慢慢拖呗。比如苏州府，洪武元年的核田任务，他们交齐全府鱼鳞图册的时间，是在洪武二十年（1387年）。

即使是派了督查员的浙西地区，朝廷的推行也是困难重重。

浙西乃是膏腴之地，那么多田地，利益关系牵涉极深。当年元廷屡次想在这里清丈土地，结果"缘以为厉民，至有窃弄兵戈于草间者，上下忧之，遂不克竟"，愣是被当地人给搅黄了。后来官府和当地豪强达成一个默契，你好好配合我建土地册籍，准不准另说，我不深究你隐报的土地，各自卖个面子，相安无事。

这么个复杂的地方，朝廷却只派了一百六十四人，撒下去连个水花都瞧不见。

史书上记载周铸他们事情办得还不错，说"父老咸喜其清明果决，竿尺有准，版帐（账）不欺"。还有凑趣文人写了首诗："天子龙飞定两都，山川草木尽昭苏。三吴履亩难为籍，四海均田喜有图。"

【注释】

父老咸喜其清明果决，竿尺有准，版帐（账）不欺：语出名士杨维桢《送经理官成教授还京序》。成教授，即前济宁郡教授成彦明，此次与周铸同行，前往浙西核田。当地有名望的老年人都十分喜欢这些督查员，觉得他们办事清明、果断，丈量田地时很有规范，编绘的鱼鳞图册也十分准确，与实际田亩相符。

天子龙飞定两都，山川草木尽昭苏。三吴履亩难为籍，四海均田喜有图：此乃杨维桢采民谣整理成诗，名为《送经理官黄侯还京序》，黄侯，乃黄万里，也在此次前往浙西核田之列。杨维桢为元末明初之人，诗中洋溢着对新朝治土有方、编绘出鱼鳞图册的欣喜之情。大明天子龙飞九五之尊，定下南北两都，山川草木都恢复了生机；三吴本是难以实地考察、丈量之地，田亩难有籍册，如今，经过这次大规模测量，

四海之田亩都能有图有据啦！

至于实际效果嘛，周铸有一个同行者叫成彦明，他留下了一段工作记录：他负责松江一府下的三十八都、二百一十五图。一个人要兼顾这么多地方，其核田清丈的成色，怎么可能靠谱。

可见"竿尺有准"云云，无非是跟当地达成某种默契罢了。你自己报上来，我给你写下来，大家都别深究。

这还是在大明统治的核心地带，至于外围各地，更是鞭长莫及。

事实上，无论在技术上还是形势上，洪武初年的朝廷没法彻底清丈全国土地，更别说给土地分级了。对此顾炎武在《天下郡国利病书》里特意强调过："国初定赋，初但据一时一地之荒熟起科，未尝有所厚薄于其间。"

当然，朱元璋手里还有军队，如果要强行清田，也未尝不能。但一村一县可以镇压，总不能每村每县都要靠暴力解决。天下初定，民心未附，这么硬搞，必然激起大面积变乱。

作为一名出色的政治家，朱元璋表现出了相当大的弹性：既然做不成，就先退一步呗。

退一步，海阔天空。退一步，十年不晚。

所以在洪武三年开始的户帖大登记中，他决定只专心普查人口，不去碰"清田"这根高压线。只让百姓把手里的田地面积写清楚，官府做个账面统计，就得了。

可是不清丈土地，又怎么知道它们的面积和产出呢？就算让百姓自行申报，也得有个参考吧？

朝廷用了一个巧妙的民间土法来估算。这法子原来在金华地区盛行，以产量来估田亩。割麦子的时候，三捻为一把，每二百四十捻或八十把折为一石。每六十束稻草，则为一担谷。拿这个经验公式推算，肥田每亩收谷四担，瘠田两担，可以从产量粗略推算出土地面积。

这个经验公式适用于江南地区，北方物候不同，算法也有所不同。比如说有一个姓王的秀才在山东诸城推行的叫折亩法：具体做法是设定一个基准单位，叫作税亩，好地一亩顶一税亩，次一点的地，两亩顶一税亩，再次的地，三亩才折一亩。通过这种做法，尽量让税赋公平一点。后来到了明中后期，折亩法被发扬光大，通行全国，不过那就是后话了。

无论是金华的经验公式，还是诸城的折亩法，都是折中之举。朝廷无法核田，又要保证税收正常运作，只好采取这种粗疏的权宜之计。

朱元璋退的这一步，非常重要。

不清丈土地，百姓的抵触情绪会减轻很多。朱元璋抓大放小，先把户帖给推行下去。他甚至还主动下诏，鼓励垦荒，说新开发的土地不予起科。

百姓一听，好啊！旧田地官府现在不追究，新田地还不用征税，那还不多干点？元末抛荒的大量田地，在这个时期被重新垦殖，生产力迅速恢复。

至于户帖，官府说什么咱能填什么，反正是免费的。

老百姓觉得自己占了大便宜，却不知道朱元璋的算计更长远。

他们不明白，户帖的真正功能，是把居民禁锢在原地。只要人锁住了，朝廷想挖出藏匿的田地，还不是一句话的事？他们现在开垦的隐田越多，未来朝廷可以征税的田地就越多。

比如到了洪武十三年（1380年），朱元璋下旨宣布："陕西、河南、山东、北平等布政司及凤阳、淮安、扬州、庐州等府民间田土许尽力开垦，有司毋得起科。"听起来不错，从洪武十三年开始垦荒的土地可以不用交税。但再仔细一想，不对啊，很多人从洪武四年开始就开垦土地了，洪武四年到洪武十三年期间的新田，可就这么被国家算进赋税了。

缓行一步的好处还不止于此。

经过户帖推广这一场全国大普查的洗礼，朱元璋锻炼出了一大批精通计算又深谙基层内情的官吏。他们具备了清丈土地的能力以及丰富的地方行政经验，技术层面不存在障碍。

朱元璋这一招以退为进，既缓解了基层情绪，又推行了政策，还锻炼了队伍，为以后埋下伏笔，可谓前后勾连，一举数得。这般手段，真是面面俱到。

等到洪武十四年——恰好是户帖推行十周年，国家卷土重来，百姓们惊讶地发现，他们身负户帖之枷，面对虎狼之吏，已经没办法像洪武元年那样再玩小动作了。

真应了那句话，税收可能会迟到，但从不缺席。

咱们再说回那份户帖里的第二个问题。

林荣一的家庭地址，是嘉兴府嘉兴县零宿乡二十三都宿字圩民户。

注意这个"民"字，指的是林荣一全家的户籍类型，是"民户"。在其他几份流传下来的户帖里，我们还能看到"军户""匠户"等分类。

等一等，匠户、军户那些乱七八糟的，不是元代的职业户制吗？大明洪武二年确实搞过一个"原报抄籍"，但那不过是维稳的权宜之计，怎么洪武四年的新户籍里，还有这种鬼东西？

元代的这个职业户制，是一种历史大倒退。本来在宋代，因为经济发展迅猛，户口设计趋向于宽松流动。比如"客户"是没有常产的户籍，但如果一个佃农赚到钱买了田产，就可以"复造"户籍，从"客户"转为有常产的"主户"。

元代可不敢这么干，统治者最担心的是统治被颠覆，所以他们设计户籍的思路是往死了限制，限制得越紧越好。职业户制下的民众，世世代代只能从事一种职业，不可变易。

放着宋的好东西不学，干吗学坏的？

朱元璋选择保留元代的职业户制，原因很复杂。

一方面，明初有大量人口是旧职业户出身，牵涉复杂，已形成一套固定生态。贸然废除职业户，会造成一定程度的混乱。明初百废待兴，朱元璋不想在这个上面节外生枝。所以他在洪武二年，利用能搜集到的前朝旧档，申明效力，让职业户各安其位——先稳住再说。

而一项国家政策是有延续性的，一来二去，职业户便从权宜演变成常例了。

另一方面，朱元璋自己搞了一个卫所制。庞大的军队不再退役，以卫所为单位，直接落地变成军户。闲时屯田自给，战时赴戎。而军人的子弟，世世代代都是军人。朱元璋对这个设计很得意，自夸说我朝不用征兵，也不用征饷，军队自给自足，不惊扰百姓分毫。

这些人，自然而然也就成了"军户"。

不过朱元璋总算没太糊涂。他只把户籍分为四类：民户、军户、匠户、灶户。民户归户部管，军户归兵部，匠户、灶户归工部。还有一些细分小户种，但总算不像元代那么奇葩。

在具体的政策落实上，他也表现出了务实的灵活性。比如在这次洪武三年开始的户帖大登记中，有一个特别的要求："不分户种，就地入籍。"

"不分户种"是说无论民、军还是匠户，都要登记，没有例外，这是全国一盘棋；"就地入籍"是说，当时天下流民逃户太多，朝廷要求他们返回籍贯所在地，但如果有人不愿意回去，也没关系，可以在本地落籍，一样可以授田登记。

不过，无论是权宜之计还是规划卫所，都只是表面原因。其实朱元璋沿用职户制，归根到底是因为他的控制欲太强了。

这种制度弊端多多，但特别适合维持稳定，而稳定是新生朱明王朝最重视的。在朱元璋心里，老百姓最好老老实实待在土地上，别到处溜达生事。

不光朱元璋这么想，明清两代对职业户制，也颇多正面评价。比如万历年间有一位礼部官员晏文辉赞誉说："洪武旧本，由（犹）木之根、水之源也，木有千条万干，总出一根；水有千支万派，总出一源。人有千门万户，总出于军民匠灶之一籍。"清代的学者朱奇龄更是进一步分析说："既有常业，有令世守之。则父兄所以教其子弟，子弟所以拳其父兄者，无非各事其事，童而习之，其心安焉，不见异而迁焉。"

朱奇龄的分析，真正是切中肯綮：你一生下来，职业就注定了，不会有别的想法，自然不会瞎折腾——此所谓"其心安焉，不见异而迁焉"。官府方便管理，社会也能少闹点矛盾。

换句话说，为了保证安定团结的大好局面，朝廷并不在乎牺牲掉社会活力和个人自由。

这个职业户制度是特殊历史时期的妥协产物，在稳定明初局面方面有它的意义。没想到朱元璋试用了一下，觉得太好使了，干脆把它当成一个常规，一代代传了下去。

不清田，职业户，从上述两处细节可知，设计者在一份薄薄的户帖里埋藏的用意，实在深若渊海。

这一次户帖大登记，从洪武三年年底一直持续到洪武四年年底，前后整整一年。因为策略务实、设计周详，加上最高领导人的高度重视，很快全国大部分地区都顺利完成任务。

虽然这次普查的原始记录并没留下来，但根据种种记载推测，总注册人口数在五千五百万以上。

这五千五百万人，是已经安定下来的生产人口，而且处于官府控制之下。只要朝廷愿意，可以追查到具体任何一户的状况，掌控力远超从前。自宋末至元末一百多年，这是中央政权第一次如此清晰地了解天下人口多寡。

这对新生的大明政权来说，意义重大。

正当诸多官吏长舒一口气，觉得大功告成之时，大明朝廷又宣布了：户帖统计是一项长期性的工作，人口会增长，田地会变化，从此以后，每年地方上都要进行更新，每十年要重新造册。

原来这一切，都只是铺垫罢了。

真正的大戏，要等到十年之后。

第二章　朱元璋的理想

整整十年，朱元璋一直没闲着。

平定四边、改革官制、安定民生、恢复生产，天下有堆积如山的事情等着处理。洪武皇帝在百忙之中，还抽出空来搞了空印案和胡惟庸案两次大清洗，日子过得相当充实。

一转眼到了洪武十四年，算算日子，十年了，差不多到户帖第一次更新的时候了。

朱元璋没打算做简单的数据更新。他想要的，是一次系统的全面升级。

在朱元璋的规划里，户帖并不是终点，而是起点。他不只希望天下变得透明，还希望天下任何一处地方都能触手可及。朱元璋的理想，是达成一种对社会细致而全面的控制，让统治者的意志，可以直接贯彻到大明最基本的户籍单位——户。

这个不独是朱元璋的理想，对任何一个中央政府来说，最美好的状态，是每一道指令都能顺畅地传达给每一个具体的人，百分之百地上行下效，如臂使指。

理想很丰满，现实却很骨感。在科技水平低下的古代社会，国家机器想达到这个境界太难了。

大秦帝国尝试过一次。秦的基层组织，每三十户设一位里典、一位伍老；乡一级有啬夫、三老、游徼。这些人都属于政府公务员，负责治安、征税、司法等庶务。上一级的县令或县长对他们有任免、奖惩、指导工作的权力。

在这个结构之下,朝廷的意志可以从中央贯通到最低的里一级。

可是当时没有纸,更没有电话和电报。中央政府想要掌控每一处基层,需要投入大量资源。别的不说,秦始皇每天要批阅一百二十斤奏章,可想而知全国工作量有多少。

这种基层结构的成本太高,可秦廷又不愿放松管束。唯一的办法,就是让法律再细密些、再严苛些,指望民众畏法谨行,老实不生事,以此减少管理负担。可是,实际效果恰好相反:律法越严,管理起来就越麻烦,基层就越容易出问题;而基层问题一多,官府不得不强化惩戒,反而让成本越来越高。

一来二去,形成恶性循环,直到结构不堪负荷。

秦代灭亡的原因有很多,这个无视管理成本、希望彻底掌控基层的轴劲,也算其中一个深层次的原因吧。

后来刘邦就学乖了。西汉虽然上继秦制,但法律上"约法省禁,蠲削烦苛",同时在基层官员的选拔上懂得妥协,把很多权力让渡给地方上的大族。汉代的地方豪右、强宗之所以那么强大,本质上,是中央与地方在管理上达成微妙平衡的结果。

【注释】

约法省禁,蠲削烦苛:汉初吸取秦亡于严刑苛法的教训,立法思想转变为法令要简约,刑罚要宽疏!对一些定罪、刑罚有所减缓,废除了秦律中某些不合时宜的条文。

此后历代王朝都吸取了这个教训。中央政权为了减少管理成本,行政力量一般只延伸到县一级。再往下,官府只控制地方上的财税、军权和意识形态解读权等大节,把一部分琐碎的事务管理权——比如小规模的司法、治安、公共工程、社会福利等——交给地方上自决。

谁来自决呢？自然是当地的乡绅、豪强以及宗族等等。

比如你跟你弟弟要分家产，先不用去衙门，由本家族长主持公道；谁家闺女私奔了，不用惊动县官，由本村德高望重的缙绅决定惩治手段；闹了小偷强盗，暂时不必请官兵围剿，十里八乡自结义勇，巡逻捉拿；修桥、兴学、义庄之类的公共事业，也不用朝廷特别拨款，当地乡宦富户捐几轮钱就凑够了；赶上规模不大的灾荒，地方上也可以自行赈济。

甚至像征收赋税这种大事，官府有时候都可以外包给包税人，自己坐等收钱。比如宋代有买扑之法，规定凡税收千贯以下的小集市，官府只向包税大商人收一笔定额税，至于商人再从集市里征税多少，官府不再监管——所谓"许人认定年额买扑，更不差官监管"。到了元代，包税之风更是盛行。

有句俗话，叫"皇权不下县"。很多人将其误读为皇权管不到基层，其实这句话的意思是说皇权管不过来基层。

这个话题，不能简单以"下县"或者"不下县"一概而论。它并非一个"是否"问题，而是个程度问题，探讨的是政府给地方自治让渡了多少管理权，有的朝代多点，有的朝代少点，历朝历代程度均有所不同，从来不存在百分之百下县的皇权，也不存在一点都下不去的皇权。

这种让渡管理可以保证统治效率，但也会产生一个问题——让地方坐大，形成和皇权对抗的利益集团。他们会为了自身利益，对中央朝廷的指令进行过滤，对自己有好处的，加码执行，对自己不利的，蓄意扭曲或者对抗。

在明初那会儿，这个问题格外严重。元代粗放型管理持续了一百多年，地方上早已形成了自己的独立小圈子。中央政令下发到地方，执行难度很高。朱元璋曾经发狠，强行把一大批浙西富户迁入京城，算是一力破十会。但这种手段只能偶一为之，不可能在每一个地方都这么硬干。

真正要解决这个问题，还得靠制度。

十年之前，户帖的推行一定程度上改善了局面。但出于种种客观原因，朱元璋做了很多妥协和折中，他觉得很不痛快。经过整整十年的磨合和实践，朱元璋觉得可以按自己的理想，放手来玩一回大的了。

在和户部尚书范敏等人商议过后，朱元璋决定对基层组织下一次狠手。他给这一次改革设置了两个目标：

第一、击破横亘在朝廷和基层之间的利益集团，提高对基层的掌控力；

第二、避免高昂的管理成本。

这两个目标看起来背道而驰，怎么可能同时完成？朱元璋是不是想得太美了？

面对质疑，他胸有成竹地笑了笑，把目光投向江南一处叫湖州的地方。

原来早在户帖制推行的洪武三年，朝廷便已经在湖州府悄悄搞了一个平行的试点工程，叫作小黄册。

这个小黄册试点工程，和户帖制的内容截然不同。

小黄册的基本行政单位，叫作"图"。一图之内，一共有一百户人家。每十户人家编成一甲，从中选出一户甲首来管理，一百户人家正好十个甲首。再设置一位里长，为一图最高长官，负责掌管这十个甲首，直接向县级衙门汇报，不过不算政府编制。

接下来，就到了规则的关键部分。

无论"甲首"还是"里长"，不是由上级全权指派，也不是由基层民主选出。这两个职位的选拔方式，居然是轮换制。

首先这一百户人家按照丁粮多寡，排出一个次序。前十名的富户，按照排位轮流担任"里长"一职，每户任期一年，十年为一轮。

第十一名到二十名的十户，则担任甲首，每户分管九户人家——这九户人家里也包括不当值的里长候选户，他们的任期也是一年。到期后，由甲内人家进行轮换，十年一轮。

也就是说，以十年为周期，一图之内的每一户人家，一定会有一年担任甲首，也有机会担任一次里长。

这一百户人家，统一编入一册户籍档案，叫作"小黄本"……啊，不对，"小黄册"。这个制度，就叫作"里甲制"。

每一年催办税粮军需时，县里把命令下发至当值里长，然后当值里长会召集十个当值甲首，让他们各自回去督促手下十户（包括自家）交税。严格来说，十个甲首能管辖到的，只是九十九户，因为始终有一户在担任里长。

你轮值到里长这个职位时，并不意味着可以免除赋税，反而要承担额外的管理责任，如果管户交不起，你还得替他们把缺额补上。为什么要按富裕程度来选派里长？就在这儿等着呢。

除了这些，里长、甲首还得负责排解邻里纠纷、文书作保、治安巡检等琐碎的庶务，其职能相当于现在的街道办、居委会、公证处加联防队。

这些庶务，原来都是由当地富户、乡绅凭借威望来主持的，几乎每一个村里都有一位土皇帝和几家大族掌握着权力。

但是现在不一样了，如今"皇帝轮流做，明年到我家"，人人有机会当"甲首"，有实力竞争"里长"的人家也比从前多，小小一个乡里诸侯蜂起，这土皇帝自然也就当不下去了。

而且每一百户为一图的强行划分，把一些体量庞大的家族给分割开来。每一个分家都有自己的甲首和里长要竞争，再想让他们抱团可就难了。

里甲轮换制的毒辣，可见一斑。

朱元璋的算盘打得很巧妙，皇权暂时下不去，那我就把你们的权力进一步切割切碎，分散给更多人。

一块蛋糕，拿刀切蛋糕的人权力最大，大家都得听他的；现在朱元璋扔过来十把刀，每个人都可以轮流切一下，原来切蛋糕的人自然权威丧尽。

它的精髓在于，把政府让渡给绅权和族权的权力做了进一步细分，保证每一户人家都有机会掌握基层权力。这一招看似让基层更加分散，反而让中央权威回来了。

更绝的是，无论里长还是甲首，都是从一图之民中遴选出来的。他们没有官身，更没俸禄，该职位的工作支出——比如小黄册的制作费用——均由集体公摊。对官府来说，不需要承担管理人员的成本。

如此一来，提高基层掌控力和减少管理成本两个目标，不就都实现了吗？

这个里甲制的高明主意，不是来自户部，而是来自隔壁单位的刑部尚书开济。

开济是洛阳人，曾经在察罕帖木儿麾下任掌书记，是个管理方面的天才，深悉人性。他把南宋流行于绍兴的甲首法拿来改造了一番，遂成了具有大明特色的里甲制。

【注释】

察罕帖木儿：元朝末年有着非凡军事才能的将领，积极组织地方武装在山西、河南等地镇压红巾军，后攻破韩林儿龙凤政权的都城汴梁，升任河南行省平章政事，从一品，为贰丞相，掌军国重事，是朱元璋非常忌惮之人。可惜，后被降将田丰、王士诚刺杀。金庸小说《倚天屠龙记》中赵敏的父亲汝阳王，即以察罕帖木儿为原型。

掌书记：据《元史·百官志》所载，枢密院下设详定使司，负责在四方献策中择其善者上报皇帝。司内置掌书记二员，正七品。察罕帖木儿执掌河南行省时，兼任河南行枢密院事，开济为河南洛阳人，在其麾下任掌书记，掌管详定使司内文书往来与记录。

这个里甲制度始创于湖州，然后在东南几省试运转了十年，效果相当不错。朱元璋有了底气，遂在洪武十四年正式开始在全国推行。

全国版的"里甲制"，是以湖州版为基础的2.0升级版，两者的运转逻辑基本一样，但在细节上做了很多改良。

比如说，除了农村的"里"之外，还设了两个同级别的建制：城市的户口，叫作"坊"；城郊户口，叫作"厢"。再比如说，除了民户之外，军户和匠户也各自造册，甚至有度牒的僧道等宗教人士，只要你有寺庙庵观以及田产，就同样得建黄册，不得例外。

再比如说，一里所囊括的户数，不再是一百户，而是一百一十户。

在所有的改动里，最醒目也最深刻的一个变化是：里长和甲首的职责不一样了。

湖州"里甲制"对里长、甲首的职责描述，是"催办税粮军需""追征钱粮"。而在全国"里甲制"的框架下，里长、甲首多了一个职责。

俩字：徭役。

中国老百姓历来要承担两种义务：一种是税赋，要么交钱要么交实物；还有一种是徭役，要出人力。比如要兴修水利，比如运送军需粮食，再比如地方官府还有些迎来送往、日常修葺的琐事，都要征调人力来做。

这些活都是白干的，没有工钱，服役者往往还要自备干粮。

徭役对百姓的压迫，比税赋更可怕。税赋虽重，只要你辛苦耕种，总能凑出来。可一旦你去服徭役，自备干粮是一重负担；家里损失一个劳动力，导致田地抛荒，是二重负担；税赋可不会因此而减少，最终成了三重负担。对百姓来说，服一次徭役，等于三倍付出，这得多可怕。

但是官府又不能不重视徭役。没有这些免费劳动力支撑，古代政府根本无法主持大型工程，无法维持府衙日常运作，更没办法在战时组织军事行动。

朱元璋建起里甲制，就是打算以其为经纬，把徭役分配给每一户人家，叫作"配户当差"。明代徭役分成"正役"和"杂泛"两种。正役是国家征调的各项工作，除此以外都是杂泛，内容极为庞杂，如民夫、皂隶、库匠、轿夫、伞夫、狱卒等。里长和甲首最重要的职责，就是带领一脸不情愿的老百姓去轮流服这些徭役。

具体规则是这样的：

全国版的一里之内，一共一百一十户，分成十个里长和一百户普通人家。一百户人家里，每十户立为一甲，甲里选一户为甲首。

这十个甲，要排定一个次序。每年都按次序派出一甲，也就是十户，去应徭役，十年一轮换。不应役之年，叫作"排年"；应役之年，叫作"现年"。

到了应役之年，现年甲首带着自己所辖十户人家（含自家）所出的壮丁，到现年里长那儿报到，然后一起前往官府，在规定时间去规定地点干活。完成徭役后，甲首再把壮丁们带回来。

也就是说，每一年，都有十一户人家前往应役：现年里长＋现年甲（现年甲首＋九户普通人家）。十年一轮，正好一百一十户都有份。

我们可以把这个全国版里甲制理解成四个同心大转盘：

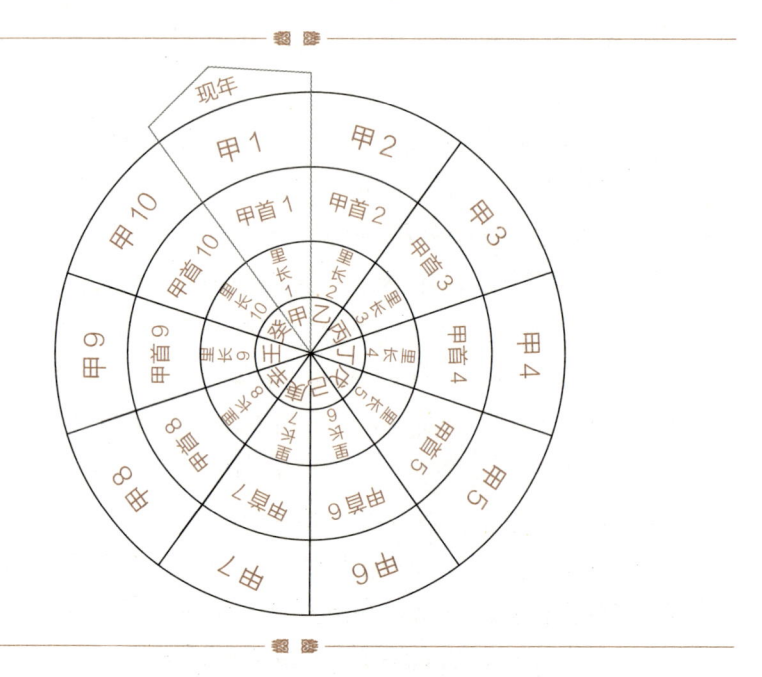

图四·6 里甲制同心转盘示意图

最内一圈是十个天干年份，外一圈是十个里长，再外一圈是十个甲首，最外一圈是十个甲。四个轮同时转动，每一年，都能找到一个对应的里长、甲首以及甲。

这样一来，徭役就可以公平地摊派在每一户头上。这个设计，可谓巧妙。

为了进一步公平，官府还要对人户进行分等，按照丁口分成上、中、下三等。丁口多者为上，寡者为下，每户轮役出的丁口都不同。

规则里还加了一个监控条款。如果其中一户逃避徭役被发现，那么整个一甲十户都要连坐受罚。如果一个甲出了问题，整个一里一百一十户都要株连。这样一来，民众为了避免自己倒霉，会彼此监视，无形中替官府做了监控工作。

可是，这样一来会产生一个问题。

当时的国民识字率很低，综合素质差。人人都有机会管事，可万一他没那个管理水平怎么办？万一他有那个水平，却用来给自己捞好处怎么办？就算不徇私枉法，他为了一里私利，去侵占别家利益怎么办？

任何权力，都是需要制衡的，哪怕是一甲一里也不例外。朱元璋为了确保这个制度的平稳运行，又煞费苦心，特意安装了几个制约装置。

第一个制约装置叫作"老人制"，这是脱胎自汉代三老的一种规矩，在当地选拔年龄大而且德高望重的老人，作为平息乡里争讼的裁决者。朱元璋认为老人"于民最亲，于耳目最近，谁善谁恶，洞悉之矣"。

根据《教民榜文》的记载："民间户婚、田土、斗殴相争一切小事，不许辄便告官，务要经由本管里甲老人理断。"可见里老人这个角色，等于在里长之外，安置了一个类似于御史或大法官的独立角色，用以平衡监督。而且朱元璋还特别加了一条："若不经由者，不问虚实，先将告人杖断六十，仍发回里甲老人理断。"

好家伙，越级上告还不行，必须先经里老这一关。

第二个制约，朝廷下发了一系列规则。它其实是一本里甲工作手册，里面详细解释了里甲的工作职能以及各种规矩。比如有份文件叫作《乡饮酒礼图式》，这可不光是喝酒，而是一整套乡村古礼仪法。

这套朝廷出版的规则，再加上地方自行约定的乡约，构成了基层的准法律条规。里长、甲首就算什么都不懂，只要严格遵循乡约行事，总错不了。而且这些文件是完全公开的，甲内每个人都知道规矩是怎么回事，无形中也有了制衡。

还有第三个制约。

早在洪武四年，当时里甲制还没建起来，地方势力还很猖獗，对征粮工作影响严重。朱元璋深感不便，在各地——主要是江南——临时设置了一个叫"粮长"的职务。

粮长由当地丁粮多的富户充当，平均每一万石（各地区的数字不固定）的税赋区域，朝廷会设置一人。

粮长的工作，是前往京师领取文书，返回自己的辖区，督促里长、甲首把粮筹集好，再带队解运到指定仓口。按照朱元璋的设想，粮长一来可以监控官吏贪腐，二来可以绕开豪右揽纳，上便朝廷，下通民众。

等到洪武十四年里甲制出现之后，里长和粮长的职务范围就显得有点叠床架屋。可这个职务非但没有被撤销，反而更有发挥。粮长开始担负土地丈量、劝导生产以及和农事相关的检具、呈递、蠲免等庶务。

它的地位之高，几乎相当于里、甲之上的一个非正式主官，自然也起到了制约作用。

经过这么一番设计，里长和甲首一来要每年轮换，二来要受老人掣肘，三来还要被乡约约束，四来还得应付粮长。重重控制之下，可以确保基层干部没有徇私舞弊的机会，更不可能盘踞做大。

皇权到底下不下县，其实正是从这些小细节里体现出来：里长、甲首出自本管，帮役助手皆由其遴选，费用由集体均摊；乡约代行约束，民事争端要先诉之于乡老；钱粮赋税由粮长与里甲共催办之。种种琐碎事务，皆由地方自决自负，不需官府插手。

另外，在里甲制的现实操作中，还有一些务实的小设计。

比如说，虽然法律规定一甲十户人家，但实际上每一甲的户数，不可能正好凑齐，总会有一些鳏寡孤独的家庭。这些家庭已没法承担差役，可又不能不管。

设计者把这种情况也考虑进去了：每一个里的一百一十户人家，叫作"正管"。除此之外，同里产生的鳏寡孤独户，挂靠于里下，但不算正管之数，有一个单独分类，叫作"畸零带管"。这些畸零户不允许脱离本里，本里也不能把他们甩开。一旦正管户缺编，随时会把他们补进去。

好了，现在规则设计完毕，推行里甲制只剩下最后一步：登记造册。

这事应该简单，此前朝廷已经掌握了天下户帖的数据，现在只消把分散的户帖集中在一起，一百一十户编成一里，不就完了吗？

没那么简单。

或者说，朱元璋没打算这么简单地处理。

以里甲制为基础的户籍册簿，不再叫"户帖"，改称为"黄册"。一里造一册，每一册一百一十户正管，分成十甲列出，附带畸零带管，还要分出上、中、下三等户的等级。户数满额叫作全图，如果不足一百一十户，则称半图。

黄册同样是十年攒造更新一次，和里甲制的三个轮盘同步旋转。

为什么叫黄册？很多人——包括《明史》的编撰者张廷玉——认为是其封面为黄纸装裱的缘故。其实这是因果颠倒了。

"黄册"一词，来源于"黄口"。这个词本意是雏鸟，后来代指幼童。在隋唐的户籍登记中，三岁以下或刚出生的孩子，称为"黄"。所谓"黄口始生，遂登其数"，是说孩子一生下来，立刻就要去官府报备登记，这是一个人在户籍里的起点。从此"黄"字演化出了人口之意，成了整个户籍的代称，也叫"黄籍"。

明代第一次攒造黄册，是在洪武十四年。到了十年之后的洪武二十四年，朝廷才正式下文，规定进呈中央的黄册封面，须用黄纸装裱。可见是先有黄册之名，后才用黄色封面装裱，而非相反。

那么朱元璋搞的这个"黄册"，到底跟"户帖"有什么区别？

咱们还是先看几份实物。

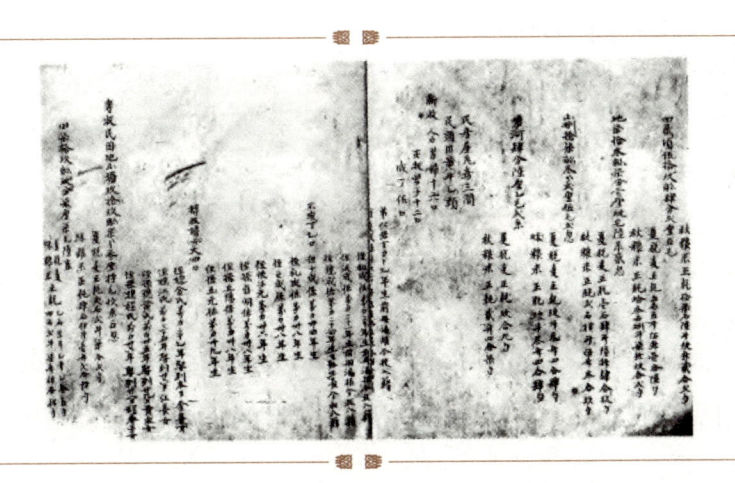

图四·7《万历四十年徽州府休宁县二十七都五图黄册底籍》

安徽省博物馆藏《万历四十年徽州府休宁县二十七都五图黄册底籍》，里面的户口信息是这么写的：

正管第九甲

一户王叙　系直隶徽州府休宁县里仁乡二十七都第五图匠籍充当万历四十九年分里长

回想之前我们看到嘉兴人林荣一的户帖，上面写的是"嘉兴府嘉兴县零宿乡二十三都宿字圩民户"。

两者有什么区别呢？

林荣一的户帖，写的只是一个地址和户籍分类，没有其他任何信息。而这个王叙，在地址和户籍分类后面，还多加了一条"充当万历四十九年分里长"。

这个王叙大概比较富庶，在十户里长轮值名单之内，万历四十九年（1621年），恰好轮到他当第五图的里长。所以在每一次的黄册攒造中，都得把每一户的里甲值年写清楚。

只是多写一句话，意义却变得完全不同。

户帖的意义，仅仅在于登记人口数量，最多能为人头税提供参考。而黄册写明了里长、甲首的轮值年份，也就锁死了他们的徭役安排。

因此在记录一里状况的黄册之内，会附有一个很重要的栏目，叫作"编次格眼"，有的地方也叫"百眼图"。这是一张方格大表，上分年份，下标户名，一格一格写明所有人家的应役次序，一目了然，相当于一张排班表。

不过百眼图体现出的这个赋役，指的是正役，还有其他杂泛徭役和临时性的征派，都是当地官府安排，不在排序之内。

换言之，黄册最重要的功能，不只是户籍登记，更在于强化徭役管理。从此以后，官府可以拿着百眼图做参考，调动百姓去服各种徭役，谁也跑不了。

也正因为如此，黄册在大明朝廷还有另外一个名字，叫作赋役黄册。

另外要说一句，黄册所记录的，是除现役军人之外的所有民众的户口状况，主要指民黄册。还有记录其他类别户籍的军黄册、匠籍册、灶籍册等等，分属不同部门掌管。

【注释】

黄册与户帖的区别：据栾成显先生的研究，黄册与户帖的区别首先在于，黄册里的事产部分更为详细，不仅载有田地、山塘、房屋、车船、牲畜等，而且列出田土买卖的细目，以及应纳税额等。其次，黄册是以旧管、新收、开除、实在所谓四柱式为基本登记形式，能够体现出十年之间人口与事产的增减变化。再次，黄册编造之时，已经将每户所属户籍、户等、列于第几甲、何年承受何种差役预先编定、记录在册了。由此可见，黄册比户帖更进一步，登载完备，组织严密。

咱们再来看另外一份有趣的原件。

这份原件是嘉兴县的黄册底稿（示意图），但它不是从档案库里翻出来的，而是藏在一个谁都想不到的地方。岳飞有个孙子叫岳珂，写过一部书叫《桯史》。到了明代成化年间，出版商决定重印这本书。印坊为了节约成本，没有购买新造纸张，而是从官府弄来一批淘汰下来的办公旧纸，把正文直接印在背面空白处。

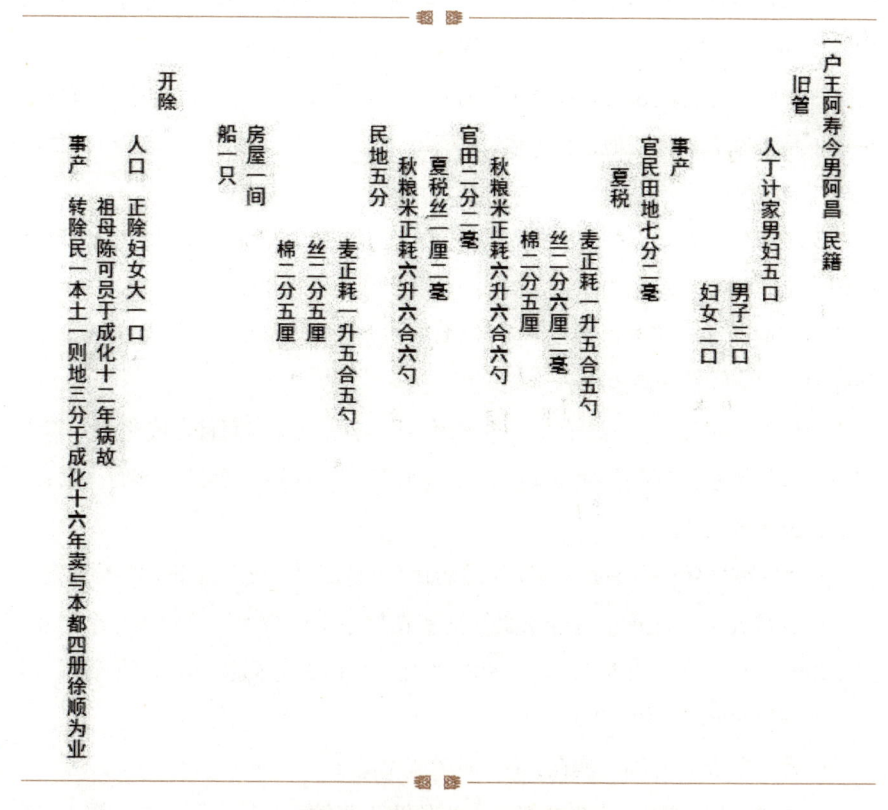

一户王阿寿今男阿昌　民籍
旧管
　人丁计家男妇五口
　　男子三口
　　妇女二口
　事产
　　官民田地七分二毫
　夏税
　　麦正耗一升五合五勺
　　丝二分六厘二毫
　　棉一分五厘
　秋粮米正耗六升六合六勺
　夏税丝一厘二毫
　官田二分二毫
　秋粮米正耗六升六合六勺
　夏税丝一厘二毫
　　丝二分五厘
　　棉二分五厘
　民地五分
　　麦正耗一升五合五勺
　房屋一间
　船一只
开除
　人口　正除妇女大一口
　　祖母陈可员于成化十二年病故
　事产　转除民一本土一则地三分于成化十六年卖与本都四册徐顺为业

图四·8 嘉兴县的黄册底稿示意图

从读者角度来看，这实在是粗制滥造，可对研究者来说，却是个大惊喜。因为这批旧纸，正是黄册的"清册供单"——这个接下来会细说，上面详细记录了嘉兴一些人家的黄册登记状况。

从这份黄册底稿能看到，黄册的主要内容和户帖差不多，每户人家有几口人、籍贯、性别、年纪、与户主的关系、事产多少等等。其中也有几个奇怪的术语，比如"旧管""开除"什么的。

这个地方，就是户帖和黄册的第二个决定性不同。

户帖是静态档案，它体现的是洪武四年的户籍状况。但人口会增减，财产会变化，黄册每十年一造，必须体现出这种变化趋势。

所以黄册里的户籍，多了四柱分项，分别是：旧管、新收、开除、实在。

"旧管"指的是上次造册的人口和事产数字，"新收"指本次造册新增数，"开除"指本次造册减少数，"实在"是本次造册时的现有数字。

举个例子吧，比如前面那个王阿寿一家，在成化八年（1472年）的黄册登记中，是一家五口人：他，他老婆，膝下一男一女，上面还有一位祖母。官田二分二毫，民田五分。

到了成化十八年，黄册要重新登记了。官府户房小吏跑来他家里，先调阅成化八年的旧档，写下"旧管"数字：人口五口，田地七分二毫。

小吏询问了一下，得知王阿寿的媳妇在成化十二年又生了一个大胖小子，便开列了"新收"一项的数字：人口加一。

然后他又得知，王阿寿的祖母在成化十二年去世了，而且在成化十六年卖了三分地给邻居。这些都属于减少，于是小吏又开列了"开除"一项：人口减一口，田地减三分。

一番加减之后，小吏最终写下了"实在"一项：人口五口，田地四分二毫。

这就是成化十八年王阿寿家最终落实在档案上的数字。等到下一个十年，也就是弘治五年（1492年），上一届的"实在"，就变成了这一届的"旧管"，再进行新一轮的加减，如此循环往复。

旧管 + 新收 – 开除 = 实在，这么一个公式。

这个"四柱之法"，本来在湖州小黄册里是没有的。在试运行的过程中，朝廷发现监控力度不够，朱元璋就把里甲制的创始人——刑部尚书开济叫过来，问他怎么办。开济稍动脑筋，回答道："以新收次旧管，则清矣。"一句话，就道出了四柱的本质。

你想作弊，想把这一期数字改了？可官府调出你从前的档案，前后四柱一对，便能发现数字有问题。有了四柱之后，每一期数字，都和前后两期数字像齿轮一样紧密咬合，动一处，则牵连全体。这么一来，朝廷不只掌握了你家的现状，还控制住了过去和未来，控制力度空前强大。

这招太狠，一经推行，从此"人户以籍为定"，老百姓再也翻腾不出什么浪花。

顺便说一句，开济这个人，实在是个国初管理方面的天才。除了里甲制和黄册四柱之外，他还一手建起了大明官员的 KPI（关键绩效指标）考核制度，给每个部委的文书处理都定下一个程限，根据完成情况来评判功罪。结果"数月间，滞牍一清"，大得朱元璋褒奖。

从此以后，凡是涉及田赋、诉讼、河渠工程之类的大型项目，朱元璋都把开济叫过来咨询。而开济也没让他失望，"济一算画，即有条理品式，可为世守"，可谓是明初管理学第一人。不过开济这个人，算是酷吏，曾拟定过一部反诈伪法，极其严苛细致，连朱元璋都看不下去，嘀咕说你这是张密网以罗民啊。

开济本身的性格有问题，加上自古管考勤的人从来都不受同事待见，其他官员逮到机会就拼命黑他。有一次，开济牵涉一起官司，御史趁机上书，说这家伙每次都是带两份相反的奏章觐见，听天子口气意向，再拿出合意的一份呈递，以此邀宠。

朱元璋最忌讳的，就是下面的人耍心眼，一听你连老子都玩，直接把他给弃市了。

带两份奏章上朝这种事，不是开济这种脑子，还真想不出来。

咱们说回黄册。

黄册里面，其实还隐藏着第三个细节。

黄册里会记录一户的土地状况，比如王阿寿一家有七分二毫官民田地，其中二分二毫官田是从官府租的地，还有五分自家的民田——这和户帖是一样的，只记面积，不写田地位置、形状和肥瘠程度。

不过黄册比户帖多了一项税赋记录，田地下面，夏税多少、秋粮多少，写得清清楚楚。

前面我们说了，朱元璋怕步子迈太大，所以推行户帖时，并没有顺便清查土地，可是他一直惦记着这件事。

黄册里多了土地税赋一项，说明朝廷终于要开始啃最艰难的一根骨头了。

当年形势不稳，土地清查必须缓行。此时的局势，已经和洪武四年大不相同。有了里甲制和黄册保驾护航，朝廷对基层的掌控力空前，可以开始搞鱼鳞图册了。

《明史·食货志》里记载："洪武二十年，命国子生武淳等，分行州县，随粮定区。区设粮长四人，量度田亩方圆，次以字号，悉书主名及田之丈尺，编类为册，状如鱼鳞，号曰鱼鳞图册。"

从这段记载可以看出很多有趣的信息。

第一是时间。洪武二十年开始造鱼鳞图册，这距离黄册正式编成已经过了六年，怎么朝廷工作效率这么低？

其实这赖《明史·食货志》说得不清楚。

丈量土地是一项持续时间很长的工作，不可能一纸公文下去，立刻就能得到结果，前期有大量准备工作。黄册制度之所以推行得那么顺畅，是因为户帖制铺垫了足足十年。同样道理，洪武二十年开造鱼鳞图册，也不是突然之举。之前六年，朝廷一直在各地积极筹备。

明代的鱼鳞图册是记录一块块田地的档案，档案包括每一块地的所属、方位、面积、形状等基本信息，还要写明地形、四至、肥瘠种类等等。如果土地涉及买卖分割，还要填写分庄。如有佃户耕种，亦要一一标明。旁边附有档案编号和地内桥梁、山川、河流等情况。

这还只是一户的信息。

十户的鱼鳞图册要合成一份甲合图，十一份甲合图再合成一里之总图，一乡的若干里总图汇聚在一起，交给县里。县里再一次合图汇总，上交州、府乃至户部。

可见打造鱼鳞图册的繁剧程度在户帖和黄册之上，绝非一蹴而就。

《徽州府志》曾提及："洪武十五年壬戌，遣官量田，定经界。"足以证明，鱼鳞图册的准备工作，从洪武十四年到洪武二十年之间，从未停歇过。洪武二十年修造的鱼鳞图册，不过是水到渠成的结果罢了。

图四·9 鱼鳞图册示意图

第二个有趣之处是主持者。此人叫武淳，头衔是国子生。

国子生就是国子学的学生。国子学是明初的中央最高学府，这个名字最早可以追溯到元至正二十五年（1365年）。洪武元年，朱元璋"令品官子弟及民俊秀通文义者并充学生""择府、州、县学诸生入国子学"。洪武十四年，他在鸡鸣山下设立国子学新址，并于次年改名叫国子监。

大家应该还记得，洪武初年，朱元璋无法推行鱼鳞图册的原因之一是专业人才匮乏。所以他非常重视国子学的培训，将其当成政务储备人才的培训基地。

既然是政务储备人才，那么就不能只读圣贤书。

朱元璋做人务实，给国子学加了一条规矩，叫作"实习历事"。它还有一个更明白的名字，叫作"监外历练政事"。

国子学或国子监的学生，到了一定年限，就必须到各个政府部门实习，熟悉政务。他们的身份，就叫作"吏事生"或"历事监生"。朝廷视其在实习期间的表现，予以拔擢任用。这种历练对培养人才的好处，自不待言。让学生早早经历政事磨炼，可以迅速上岗，对于缓解明初人才匮乏的窘境帮助极大。

洪武十九年（1386年），朱元璋一口气选派了一千多名国子生，送到吏部除授知州知县；洪武二十四年，又选拔了方文等六百三十九名国子生，以御史的身份去稽查百司案牍；洪武二十六年，登记在册的国子监生，从原来的平均两千人，跃升到了八千一百二十四人。

这三个时间节点很值得玩味。洪武十八年，户部侍郎郭桓案发，株连万余；洪武二十三年，胡惟庸案波及数万；洪武二十六年，蓝玉案发，波及万余。朱元璋每次大肆屠戮，都让官场为之一空，这些缺额只好让国子监顶上去。

"实习历事"的效果实在太好了，以至于朱元璋觉得有这个选拔制度就够了，一度停办了科举考试。一直到洪武十五年重新开科，他还反复叮嘱"务求实效、毋事虚文"。

这位叫武淳的国子监生，竟然可以主持鱼鳞图册这么重大的工作，可见他之前一定以"吏事生"的身份实习了很久，对庶务得心应手，才会被委以重任。类似武淳这样的人，还有很多。见诸史书的有吕震、古朴等人，都是国子生出身。可见朱元璋在主导土地政策的同时，对于配套政策的建设也没有放松。

第三个有趣的地方，是"区设粮长四人，量度田亩方圆"。

前面咱们也提到过，粮长是朱元璋在"里"和"县"之间设置的一个中间环节，主要职责是催收区域内的税赋，职责和里长有所重叠。按道理，在洪武十四年里甲制建成以后，这个临时性职务就该取消。可朱元璋却坚持保留下来。

保留粮长的一个重要原因，就是为洪武十四年之后的土地大清丈做准备。

像武淳这样的监生，纵然能力出众，可毕竟是中央来的人，需要有熟知地方情况的人来配合，才好开展清丈工作。

地方县府离基层太远，资源有限；里长、甲首级别又太低，都不适合配合工作。而粮长一来熟悉乡情，二来管辖范围是"随粮定区"，一区四个粮长，一个粮长的管辖范围涵盖一万石左右的区域。以"万石"为单位逐一造鱼鳞图册，既不至太过琐碎，也不至太大难以兼顾。

可见朱元璋这个伏笔也是经过深思熟虑的，一举多得。

由于前期工作准备得透彻，鱼鳞图册编造进展得十分顺利，赶在第二期黄册再造之前，完成了两浙与直隶的清丈工作。

是的，你没看错，只是两浙加直隶。其他地区的鱼鳞图册和编甲工作，在接下来的十几年里才陆陆续续完成，并成为一项长期工作，一直持续到了永乐年间。

从此以后，老百姓和户籍紧密地联系到一起，几乎没有出远门的可能，即使外出，官府会随时查验路引；即使你沿街乞讨，衙门也能查到你的黄册底细，遣返原籍。除了一些少数民族偏远地区和边境之外，大明十三个承宣布政使司和直隶地区的民众，就这样被朝廷严密控制起来。

黄册和里甲制锁住了人口相关的税费和徭役，鱼鳞图册和粮长则掌控了田地租赋。黄册、鱼鳞图册以及里甲制三位一体，构成了一道又一道纵横铁索，牢牢地把百姓钉在了土地之上，动弹不得，化为稳固税基，源源不断地为朝廷输血。

大明凭借着这三样工具，将控民之术提升到一个前所未有的新高度。历数前朝，还从未有一个政权对民众的控制能做到如此深切细致。

赋役黄册、鱼鳞图册和里甲制所构成的体系，对民众的管束和禁锢达到了前所未有的严密，是不折不扣的"张密网以罗民"。明清两代被称为中央集权的巅峰，其根源，就在洪武始建的这套底层设计里。

朱元璋的理想，至此得到了完全实现。

数字可以说明一切。

三位一体初建之后，全国户数一千零六十五万两千七百八十九，人口六千零五十四万五千八百一十二，全国耕地面积达到八百八十万四千六百二十三顷六十八亩，共可收夏麦四百六十九万一千五百二十石，秋米二千四百七十二万九千四百五十石。

这些看似枯燥的数字，意味着一个新生政权已经渡过了初期难关，彻底站稳脚跟，开始进入上升通道了。

洪武二十八年（1395年），心情不错的朱元璋，向天下颁布了一道圣旨："方今天下太平，军国之需皆已足用。其山东、河南民人田地、桑枣，除已入额征科，自二十六年以后栽种桑枣果树与二十七年以后新垦田地，不论多寡，俱不起科。"

朱元璋觉得目前掌握的耕地，提供的税赋已足够国家开销，从此以后新开垦的土地永不必征税，老百姓随便种吧。这个政策开始只覆盖两省，很快涵盖到几乎整个北方。

敢于宣布新垦土地"永不起科"，朱元璋这个底气，正是从成功的户籍推行中来的。

在很多历史书里，作者讲到各朝开国君主时，往往热衷于描绘其在疆场上的血腥攻伐，沉醉于宫廷官场的钩心斗角，对于民政建设往往一笔带过。这会让读者产生一种错觉，仿佛只要君王们得了天下，税赋钱粮、民众徭役就会自动各归其位，倾心输诚。

事实上，这些琐碎枯燥的工作才是真正的大事，也是真正的难事。老子有云："治大国若烹小鲜。"意思是治理一个国家，必须像烹小鱼一样小心翼翼，不可操切，否则一不留神就烂了。

纵观朱元璋在洪武年间的这一系列举措，正好是老子这句话的最佳脚注。

他的每一项政策都经过反复推演，有设计，有试点，有铺垫，有妥协，策略务实而有弹性，一步步走得十分扎实。从"户帖"到"赋役黄册"，从"一百一十户里甲"到"鱼鳞图册"，从"粮长制"到"实习历事"，层层推进，有条不紊。

朱元璋别的施政成败姑且不说，至少在地方户籍建设上，他展现出了一个成熟、理性、精明且极有耐心的政治家手腕。其中的管理手段之稳重，放之今日仍有参考价值。

经常有人会感到很奇怪，朱元璋在国初那么折腾，为何国家没怎么乱，答案就在户籍建设的细节中。

想想看，如果朱元璋制订户籍政策时既不论证也不调研，一拍脑袋就定，一定就推，一推就乱，一乱就镇压，镇不住就遮掩，水多了加面，面多了加水，大明能不能延续下去可真不好说。

不过这套户籍制度也不是完美无缺。它太过理想化，从根上想搞绝对平均主义，又为了稳定把民众束缚得极紧，指望他们世世代代都趴在土地上不动。

朱元璋在位时，这一系列制度尚能执行，他一死，这套体系便开始发生变化。有些政策被悄然废止，比如"永不起科"这个政策，在正统年间便被打破；有些政策扭曲走形，比如说粮长一职，后来成了老百姓避之不及的一个倒霉负担，谁戴上这帽子谁破产。弘治年间曾经有一首特别萌的民谣："广买田产真可爱，粮长解头专等待，转眼过来三四年，挑在担头无人买。"说的就是这个状况。

还有些制度虽然一直被忠实执行，可社会环境已变，当初的举措，反而变成恶政弊法。比如三位一体的锢民之术，导致了永不停息的流民之潮等等。

哎，我想起来，咱们最早……是说玄武湖对吧？

咳，咳，这下终于可以说回正题了。

显微镜下的大明

第三章　天下第一档案库

让我们把日晷拨回到洪武十四年。

朱元璋在各地编造黄册时，特别规定了存档方式："册成，为四本，一以进户部，其三则布政司、府、县各留其一焉。"

就是说，每一级官府在制作黄册时，都要做两份，一份上缴，一份自己留着。层层传递上去，最终每一本黄册，都会形成四本一模一样的档案。其中进呈户部的，叫作正册，要用黄纸当封面；剩下三本分别存在布政司、府和县三级官府，叫作底册，要用青纸当封面，以示区别（对封面颜色做出规定，其实是洪武二十四年才出台的规定）。

各地官府按照朱元璋的要求，紧锣密鼓地攒造黄册，然后一级一级汇总，里交县，县汇到府，府再统一交割给布政司。最后布政司把辖区内的所有正册打包装车，运往京城——洪武年间，首都正在昔日的金陵城。

几十条长龙似的车队，从四面八方向京城驰来，鱼贯驶入正阳门。正阳门位于京城南边，是国门所在，孝陵大祀牲牢、国学二丁祭品、户部粮长勘合皆从此而入。你看，大车上那层层叠叠的黄册簿子，像极了一块块夯实大明基础的砖块。

这些黄册运至京城后，户部会先把它们铺在祭天的祭坛下面，郑重其事地进行荐天之礼，然后将其收藏起来。

这个盛景，岂不是象征着万川归海、中央权威无远弗届吗？

看到此情此景，朱元璋很是心满意足。可没过多久，他便意识到一个麻烦。

问题正出在"收藏"二字。

洪武初年,各地直隶、府、州、县并十三布政使司,一共送来了五万三千三百九十三本,包括民、军、灶、匠等诸类户籍,天下虚实尽在此。

这么多本档案,该放哪儿呢?

这个数字看着吓人,归拢到一起却不会占多少地方。明代中期有个藏书家范钦,在家里建起一座"天一阁",能装七万多本书。堂堂大明,在京城建个存放黄册的小阁楼,算得了什么?

可是账不能这么算。

这五万三千本书,只是洪武十四年的黄册正册总数。黄册每十年就要重新攒造一次,随着经济发展,每期数量只会越来越多。比如弘治十五年(1502年),各地上缴的黄册,已经增加到了六万七千四百六十八本。

黄册旧档不会销毁,新档源源不断地进来。每十年就会新增六七万册,这么日积月累下去,将是一个非常可怕的数字。

再者说,黄册属于政府机密,一旦遗失或被人篡改,就会引发无穷麻烦。它的收藏地点,一定得杜绝闲杂人等乱入。

更头疼的是,档案都是纸本,这么多易燃品堆在一起,来个火星,劈个闪电,就能烧成连营之势,太危险了;就算没有火灾,常年虫蛀鼠啮、水浸潮沤,对档案也是毁灭性打击。

因此对朝廷来说,黄册的收藏地点,必须足够大、足够近、足够安全,还得便于管理。在京城这寸土寸金的地方,要隔离出这么一大片地方,有点难度。

朱元璋思来想去,把目光缓缓投到了京城太平门外那一片叫后湖的水域。

此时的后湖,周长大约有四十里,不足全盛时的三分之一,四周被石头城、钟山、覆舟山、幕府山环绕。湖心有五座人造岛屿,号称"五洲",分别是老洲、新洲、趾洲、长洲和麟洲,对应如今的环、樱、菱、梁、翠。(为叙述方便,接下来以如今称呼行文。)

这五座岛屿,最早可以追溯到南朝宋。当时宋文帝疏浚后湖时,用挖出的湖泥堆起了三座大岛,用海上三座神山来命名,即梁洲、环洲和樱洲的前身。它们个个来头不小,比如环洲之上有郭璞衣冠冢,梁洲是昭明太子编撰《文选》

之处，樱洲是囚禁李煜之地，无不底蕴深厚。

在后湖的外围，南有覆舟山、鸡笼山，东有钟山、青溪，西有卢龙山、石头城，北有幕府山，无论风水还是风景，都是极好的。

朱元璋是个实用主义者，他对这掩映如画的胜景毫无触动，对湖心五洲的格局却大感兴趣。

这里实在太适合修黄册库了。

湖心的五块洲陆，湖水环伺，只能靠行船往来。在这里修起黄册库，既方便隔绝闲杂人等接近，也有利于防火。而且后湖周回不长，外围再加一圈卫兵，便可以形成一个与世隔绝的双重禁区。关键是，这里离京城特别近，想调阅取档，立马可至，极其便当。

用时人的话说："后湖之广，周遭四十里，中突数洲，断岸千尺……此诚天造而地设者也。"

这么一个地形上天然隔绝，又距离中枢咫尺之遥的好地方，只当风景看实在太浪费了。

早在至正二十六年（1366年），朱元璋就修了一道从太平门到台城的城墙，断开了湖水和覆舟山、鸡笼山的联系，随后又在钟山濒湖之处，修起一座太平门，门外修起一条湖头路，也叫太平堤。他在洪武六年（1373年）将城墙加高、加厚，防止有人居高临下，窥探湖中，又整修堤坝，隔绝了外人循钟山入湖的通道。洪武十九年第三次改造，向北修建新城墙，完全断开了后湖西岸。

紧接着，他从后湖东北角的湖坡开始，每隔一百步堆起一个土堆，立起一块界石，沿湖北、湖西边缘，正好绕湖半圈到神策门为止，全长三千六百六十五步。

经过这么一番折腾，后湖的自然风光算是完蛋了。本来玄武景致最值得称道的，是其湖光石色、山水连绵之势。如今东边、南边的山势被墙、堤阻隔，北边又修了一溜界石。更惨的是，秦淮河本来是后湖与长江贯通的通道，施工方干脆装了两个闸门，把水也给断了。

文人墨客，大概会感慨此举暴殄天物。但朱元璋最不喜欢虚头巴脑，好看又不能当饭吃，好用才是硬道理。

后湖被这么喊里咔嚓一通整顿，从一个皇家园林变成了军事禁区。

除了大规模的改造工程之外，官府还搞了一次拆迁。其时在后湖内外，还住着许多居民，多以打鱼、采菱、湿地种植为生。现在这里要划为禁区，居民们自然也得迁走。

说到拆迁，引出一个当地的民间故事，值得说一说。

话说后湖居民听说洪武爷要拆迁，都非常惊恐，集体推举了一位姓毛的老人上书劝阻。毛老人知道硬顶不行，就找了个理由，说湖岛上的老鼠特别多，在这里存放黄册，很快就会被啃光。朱元璋听了以后，说请你来当黄册库的总管吧，你姓毛，与猫谐音，一定镇得住老鼠。

毛老人拒绝了。朱元璋大怒，把他关在牢里。没想到毛老人颇有气节，居然绝食而死。朱元璋内心觉得愧疚，就在梁洲修了一座毛老人庙，封他为湖神。

清代有个叫陈作霖的人，在《炳烛里谈》里记了一个更惊悚的版本："后湖在明时为黄册库，黄册每苦鼠啮。一日，太祖至湖，见一乡老，问之曰：'鼠患何以除？'对曰：'惟猫可以制之。'问其姓，则'毛'也。太祖以'毛''猫'同音，遂生埋之，而为立庙于湖中，谓之毛老人庙。相传之说，似非无据，今乃祀之为湖神矣。"

好家伙，为了镇住老鼠，居然把毛老人给直接活埋了。

当然，民间传说最喜欢玩谐音梗，谐音越多，离真实越远。这些故事，附会居多，不过毛老人庙倒是真的存在，至今仍立在梁洲之上。清代有人在庙前挖出一副铜钩，据说是毛老人的用具，便特意挖了一口铜钩井以为纪念，至今仍在。

关于毛老人的故事，还有第三个版本，出自明代《后湖志》的《神祠记》。

朱元璋之所以把黄册库修在后湖之上，是因为这里四周环水，可以避火避人。但这样就有另外一个麻烦，就是水面潮气太重，长期高温高湿，这些黄册特别容易腐烂蛀蚀。

当时在京城里住着一个老头，姓茅。茅老头给朱元璋出了一个主意，说你把黄册库修成东西向的，这样朝阳一出，先晒东边，夕阳一落，再晒西边。每天这么曝晒一遍，就能保证纸张干燥无虫了。

朱元璋听了大喜，然后"作窖筑其人于中"。

怎么又给活埋了？

活埋就算了，还在地窖之上堆起一座方台以为墓丘附祠，旁边修起神庙，尊其为湖神。

洪武爷是性格急躁不假，但也不至于这么神经病吧！

别说后世之人不信，就连《神祠记》作者本人赵官都不信。他是正德、嘉靖年间负责黄册库管理的官员，很有探索精神，决定亲自勘察一番。正好毛老人庙的附祠年久失修，几乎坍塌，赵官趁修葺的机会，把下面的方台扒开一看——别说茅老人的骸骨了，连毛都没一根。

赵官经过一番考证，得出结论：洪武朝凡是修建神庙，都要用五方土聚成方台，以祭五方神明。这个土台子，不过是当年的祭神遗址罢了。后人无知，当成墓台，又附会出奇怪的传说。

那么这个毛老人，到底从哪里来的呢？

嘉靖年间有个叫李默的吏部尚书，他曾经写过一本《孤树裒谈》，里面谈到了毛老人的第四个版本，也是最可信的一个版本。

大家是否还记得，朱元璋为了制衡里甲，规定每一里要设一位老人，有权裁决里内争端。老人有一个特权，可以越级上访，直抵京城。

其实这些老人，还有一项福利。

当时朱元璋规定所有的官员，每三年就要来京城朝觐一次。而那些老人，也可以蹭官员的车马一并上京面圣。

洪武十四年那次觐见，朱元璋正在为后湖潮湿的事情发愁，就随口问道："朕将命工部筑室于后湖之中，以为藏天下黄册之所，然当作何向宜乎？"一位老人回答："此堂当东西向，庶朝夕皆为日色所晒，而黄册无浥烂之虞也。"

这个建议很好，朱元璋欣然接纳。没有活埋，也没有建庙，甚至没说姓毛。

所以这件事的真相很可能是：当初确实有一位老人提出建筑分东西向的建议，但和湖神庙一点关系也没有。后人不懂庙祠礼制，把方台当成坟包，湖神与老人合二为一，结果演变成了一个暴君活埋老头的故事。

至于姓毛，不过是因为岛上鼠患太厉害，需要猫神镇之。久而久之，"猫""毛"谐音，湖神老人也就传成毛老人了。

传说真伪如何，且不去管它。至少历史上真正的黄册库，出于防潮防虫的考虑，确实是大多按东西朝向修建，前后有大窗通风。这样可以保证足够的光照时间来除湿、除虫。偶尔也有朝南北，这取决于库房修在什么方位。

为了能最大限度采光，黄册也不是简单粗暴地堆放在库房里就完了，设计者为它们打造了特别的设施。

黄册库里一排一排摆放黄册的木架子，叫作架阁。架阁是一种四面敞开的架子，分层分格，文件分门别类地搁在上头，一目了然，便于查找。

后湖的黄册库里，每库里有四个大架阁。每个架阁分成三层，分为数格，用来收贮档案。架阁特有的敞开结构，可以让所有藏册都有机会接触阳光。在架阁上头，还有一个斜板盖，万一屋顶漏雨，就能顺着这个板盖引至地下，避免弄湿文件。

黄册库的设计者很细心，要求这些架阁必须使用木头，不能用竹子。竹竿太窄，要打成一个大横板，得数竿竹片拼在一起。而竹片有弧度，拼接时必然凹凸不平，造成空隙，无法承重。

要知道，黄册是长一尺三寸、宽一尺二寸的大方本，页数又特别多，算下来平均每册得四五斤。十几册甚至几十册摞在一起，松松垮垮的竹架根本撑不住，只有木材可堪使用。

当然，这些黄册不能光靠这点窗户的阳光。管理人员还要定期在每年四月到十月之间把书拿出来放在太阳底下晾晒。三月不能晾晒，因为天气太潮；十一月到一月天寒风大，对纸张也有伤害。

在晾晒期间，只要天气足够好，一次要晒足五天，才能重新入库。

本来这种晾晒工作，要打造专门的木制晒架。后来官府觉得木制太容易坏，损耗惊人，便改变了做法。他们在每间库房门口，都用砖头砌了十个高二尺五寸的小墩，长三砖，宽两砖，彼此相隔七尺。然后在砖墩之间，架起四根长七尺的铁棍，黄册就挂在这些晾衣竿上晾晒。

从现代科学的角度来看，阳光对纸张保存的伤害也够大的。不过以当时的条件，能做到这么细致已经算是尽力了。

除了防潮，黄册库对于防火也下了一番功夫。

黄册库内，严禁动火，即使到了晚上也不许点灯，冬季亦不许生炉取暖。库房里的地面都要铺设沙子，上覆木板。这样既可防火，又可防鼠患。

就连管理人员的厨房，都要隔开库房一里开外。

这是洪武、永乐年间的格局。后来到了正德年间，梁洲增设的库房越来越多了，距离厨房越来越近，主官索性把厨房给移到环洲上去了。每次人员吃饭，都必须从梁洲跑到环洲。这样做很不方便，但上头对此绝不通融，甚至还特意立了一块牌子："敢有将火过桥者，治以重罪。"

黄册库的防火工作，算得上一个不大不小的奇迹。这么多纸堆在一处，整整两百六十多年，居然一次火灾都没有。

硬件的问题解决了，还有一个软件问题。

这些档案实在太多了，又来自五湖四海，必须有一套科学的排列方式，方便日后检索。

后湖黄册库的库房，是以东、西、南、北、前、后为名。具体到库房内的架阁，则以"千文架阁法"做编号。

这是宋仁宗时发明的检索编号法。简单来说，就是以《千字文》为批，岁月为次，依序排列。《千字文》里的一千个字绝无重复，特别适合编码。咱们现在常说的天字第一号、天字第二号，其实就是这种检索法的产物。

不过具体到黄册本身，动辄几万册，千字文系统显然就不堪敷用了。

黄册库的办法是，先把同一期攒造的黄册放在一起，然后再按直隶布政司、府、州、县、里坊厢、都、图等一路细分。还要用一长条白纸写明所属，夹在黄册之间。

这种分类，是为了方便地方查询。后湖库存的黄册大部分是里册，属于最权威的原始资料，一旦地方上有什么纠纷，就会来这里调阅旧卷，平息诉讼。这是后湖黄册库最重要的职能之一。

如果有人——比如说前文曾经提及的那位休宁县的平民王叙——想要查自己家在洪武二十四年的档案，他该怎么做呢？

第一期攒造黄册是洪武十四年，第二期攒造在洪武二十四年。《千字文》有云："天地玄黄。"所以王叙要先找"地"字号架阁。

他拿着一张对照表，发现"地"字号架阁是在梁洲前五号库里。他打开库房，走到"地"字号架阁，会看到一摞摞黄册整齐地排列在木架格子里，外头贴着索引条。王叙找了一圈，看到"直隶徽州府"字样，赶紧走过去，从这一摞黄册里翻出标明"休宁县"的几本册子，再找到里仁乡呈递的分册，翻开里面的二十七都、第五图，就能知道自家祖上的户籍情况了。

后湖黄册库的落成年代不详，但肯定是在洪武十四年到洪武二十四年之间。也就是说，朱元璋忙完第一期攒造黄册，就开始责令工部筹备库房建设了。到了洪武二十四年，朝廷已有明文要求各地黄册并鱼鳞图册要"俱送户部，转送后湖收架"，可见其已正式投入运营。

黄册库最初的规模并不算大，只在梁洲之上修起了三十六间库房。其中九间库房存放洪武十四年档案，一共用了三十五座架阁；洪武二十四年则用了库房二十五间、架阁一百座。

从此，随着每十年大造黄册，后湖黄册库一直在扩建。

到了永乐帝，大明把都城迁到了北京。本来永乐应该把后湖档案也迁过去，可是北京周边找不出像玄武湖这么天造地设的湖泊——有也没用，冬天湖面一上冻，任何人都能闯进去。后湖黄册库遂留在了南京，由南京户部代管。

这么决定的另外一层考虑是，江南是天下税赋重地，干系重大，黄册库设在这里，能更好地为其服务。

于是从永乐开始，每期黄册造完，除了总册需要进呈北京之外，其他里册仍旧存放在这里，一直持续到明末。

从洪武十四年到崇祯十五年（1642年），这里的库房数量扩张到了七百八十七间，架阁三千零八十六座，其中收藏的黄册数量，接近两百万册。无怪乎时人评价："天下黄册，该载户籍、事产，实国家重务，亿万载无疆之根本也。"

如此规模的档案库房，光是堆放不管是不成的，还得配备管理团队。

在洪武年间，黄册库的最高长官是由户部侍郎代理。那会儿官员人手不够，个个身兼数职。后来到了宣德年间，才专门增设了一个户科给事中的岗位，专管后湖册籍事。

这个安排，其中颇有奥妙。

明代的官职里，有一个"六科给事中"，分别负责监察礼、吏、户、工、刑、兵六部，相当于现在中央各部委的纪委。这个纪委是独立运作，不归部委管辖，直接向皇帝负责。他们和都察院御史一样，同属言官序列。

"六科给事中"的最高长官是都给事中，正七品，其他给事中都是从七品。品位不高，可权柄与威慑力却不低。像是廷推、廷议之类的高级官员会议，这些七品小官，同样有权参加。

区区一个档案库，长官居然是户科给事中，可以说是高配了。

不过再细一琢磨，这并不算啥高配。

因为这个户科给事中，前头还有俩字：南京。

靖难之后，永乐帝把首都从南京迁到北京，从此大明拥有两套中枢班子。北京一套，南京也有一套，官职配置完全一样。不过可以想象，南京的这套班子，除了户部有点权力，可以统筹江南赋税之外，其他多半是有衔无差的闲职。一个南京户科给事中，来负责后湖黄册库，只能算是名义上给足了面子。

除了给事中之外，管理后湖的还有一位户部广西清吏司主事。

这个配置，就更有意思了。

户部一共有十三个清吏司，负责各个地区的具体事务。这些分司的名字很正常，比如浙江清吏司、广西清吏司、福建清吏司等等——但千万不要被名字迷惑，误导性太大。

其实这些分司除了掌管本区事务之外，还有一个重要工作叫"带管"。比如浙江清吏司负责京城七卫和神机营的俸禄、粮饷；福建清吏司，要带管顺天府、北直隶等地事务；广西清吏司，要带管太常寺、光禄寺、太仓银库、马房仓、各象房、牛房仓、京府各草场等官衙的俸禄发放。

可以看到，广西清吏司的带管业务，和仓储密切相关。从该司调派主事一人来监管黄册库，也算专业对口。虽然清吏司主事是正六品，级别比户科给事中高，地位却不如彼。

他们两位，一位是监督户部办事的，一位是户部办事的，职务上彼此牵制。一个品低地位高，一个品高地位低，位阶上互为制衡。

除去这两人之外，黄册库管理层的第三顺位，叫守备太监，司掌关钥津卡之事，直接向南京守备太监负责——也算是大明独有的特色吧。

这套不分轩轾的配置阵容，倒也符合档案库这种特别重要的冷衙门定位。

除却这几位大员之外，还有五十名监生、三十名小吏和一百多名匠役负责日常晾晒黄册。匠役从应天府所属的两个县里征招，要求还不低。这些人得粗通文字，否则晾晒完黄册之后，都没法正确放回去。

除此之外，还有京城东、北二城兵马指挥司和沈阳左卫牧马千户所，三个军事单位各出一批歇操卫兵，昼夜沿湖巡视，驱赶闲杂人等。每五十步就要设一哨，严加防范。

户部十三司还轮流调拨小吏四名，在湖面定期巡逻。可谓是戒备森严。

后湖与四面陆地隔绝，没有桥梁通行，因此黄册库还配属了三十七个船夫和十二条官船，负责与岸上的往来联络。但这些船可不是随叫随走的，平时都停泊在太平门外，用铁索串锁在码头石柱上，每旬只有逢一、六才能通行，谓之"过湖"。

过湖之日，所有需要上岛之人要集中在太平门外的湖口检阅厅，主事官员仔细查验其身份、凭信文书。无误后，由掌握钥匙的内监打开铁索，带队上船。当日济渡任务结束后，内监还得把船重新锁上，加上封条。

就算过湖上了洲陆，黄册库也不能轻开。负责人得先从主事官员那儿领取文书，再到守备太监那儿领取钥匙，结束之后，要把钥匙原样交回。

当时有两句诗："四面环巡照大禁，中洲守护绝通衢。"诗一般，但描述的禁绝情景半点不假。

明代关于"过湖开库"的故事很多。比如在洪武年间，曾经有一位监生，从守备太监那儿拿了钥匙去开门，然后有事回家，就把钥匙也带回去了。他媳妇一看钥匙上缀着的黄色绒绳太旧，给换了一根新绳。等监生把钥匙交还守备太监，太监一看大惊，说这钥匙绳是马娘娘亲自搓的，你擅自换走，要倒大霉。吓得监生连滚带爬回家，还好媳妇没来得及把旧绳子扔掉，赶紧重新穿回去，免去一场大祸。

这故事有点传奇色彩，尤其是马娘娘亲自搓绳这个细节，很有民间想象的风格。不过它至少证明，后湖管束之严，连老百姓们都很清楚。

接下来这个故事，可就是不折不扣的过湖斗争了。

弘治元年（1488年）的十一月二十日，有个叫郭镛的太监，奉命去两广公干。他路过南京时，突发奇想，硬是逼着内监把船锁打开，带着二十多个随从登上梁洲，在黄册库逛了足足半天，过午才走。

这事惊动了南京的御史们，他们以监察御史孙纮为首，在十二月二十五日上书天子弹劾郭镛"擅游禁地"，强调说黄册库是国家机密所在，虽然这人并未造成什么损害，但万一开了这个先例，以后人人都可以进入，贻害无穷，所谓"其源一开，末流无所不至"。

册籍之重，兹事体大。皇帝很不高兴，把郭镛申斥了一通，顺手夺了他的两广差使。

这起纠纷，引起了宦官们很大的不满，认为南京御史小题大做，故意让他们难堪，暗搓搓地伺机报复。到了弘治三年，司礼监有个叫何穆的太监，前往后湖巡视。这次他奉了圣旨，黄册库官员乖乖地请他过湖勘验。

何穆巡视了一圈，眼皮也不抬，开口批评说后湖的关防太过松懈。官员赶紧请教说怎么改进，何穆也不客气，提了四点要求。

第一点，太平门旁边的石闸，要标定一个刻度。平日湖内水量控制，看水位刻度决定，过则开，不过则不开。

第二点，湖边每百步设置石碑一通，写明"不许官民人等占种湖田"。

第三点，于神策门外东城脚下湖边，修起一道界墙并栅栏，切断人畜往来，防止百姓窥伺册库。

第四点，过湖船只，要严加管理，铁锁连串，铺门封锁。

何穆这四点要求，看似是很合理的建议，并无不妥，可黄册库官员一听，就知道里面暗藏杀机。

先看第一条。

后湖的体量很小，水位多寡不稳定，所以洪武年间在太平门和太平堤设置了石闸、石洞，涝时开闸泄洪，旱时闭闸蓄水，以保证黄册库的安全。

这个石闸年久失修，不怎么好用，导致后湖的水量时高时低，湖域时大时小。周围的老百姓们要么在附近偷偷引水种田，要么偷偷捕鱼、樵采、放牧，让官府很是头疼。

何穆提出重修石闸，确实是个好建议。

问题是，这件事，南京的御史们早已经在张罗了。

此前有一位南京监察御史，叫缪樗——正好是孙纮的同事兼好友，他重新勘察湖界，圈定范围，着手准备修理石闸，并上书天子建议整顿后湖保卫工作。

这封奏章，在司礼监的何穆自然也看得到。

何穆虽在官中，眼光却很毒辣，一眼就发现了缪樗的疏漏。缪樗只勘察了后湖的现状边界，却忘了考虑湖水有升有降，湖域也会变化。

万一湖水涨多了，水面扑过原定边界，老百姓蹭过去占便宜，你罚还是不罚？

何穆建议把石闸设置刻度，实际上就是将水位量化，以刻度为准来控制后湖的边界。再配合界碑、界墙、栅栏、船锁等设置，可以更好地把闲杂人等排斥在外。

建议很好。可建议越好，就越打监察御史的脸。亏你们还在南京本地，提出的整改方案有这么大疏漏，还不如一个从北京过去的太监。

何穆在给弘治的奏章里，直接点了缪樗的名，说他勘察不力，还特意加了一句："犹恐日后军民人等，仍前偷引水利，占种湖田，嘱托势逼该管人员，将前闸不时启闭，走泄湖水，复有前弊。"

这么前后一关联，用心太深了，显得好像这些弊端手段，全是缪樗等御史纵容出来的。

何穆的报复还没完。

仔细看他建议的第二条："不许官民人等占种湖田。"

除了"民"，还有个"官"。

这个"官"字，有极强的针对性。

当时有个南京守备太监叫蒋琮，因为长江芦场的利益问题，跟南京御史们打得不可开交。蒋琮为了寻求突破口，指使手下陈祖生控诉户部主事卢锦、给事中方向侵占湖田。

黄册库是个冷衙门，没什么钱，管理人员经常趁职务之便偷偷打点柴薪、捞点鲜鱼。卢锦、方向作为黄册库的上级主管，派佃户在裸露的湖滩上种了几块地，从中占点小便宜。没想到这事被蒋琮给掀出来了，导致两人都被下狱。

郭镛路过南京时，之所以想去后湖，就是想起了这件案子，想亲眼见识一下。没想到，同仇敌忾的御史们立刻抓住这个痛脚，狠狠地报复了回去。

何穆这次到南京来，也是因为郭镛回去哭诉了一通。皇帝耳根子软，这才派他来查实。

现在御史们已经被何穆撑得灰头土脸，黄册库那些小角色，也不能让他们好过。

何穆上奏疏表示，后湖每年冬天，南京司礼监都派专门的渔船来湖内捕鱼，好供给官员用度。但是原来打鱼的日期不定，很多人趁着官船捕鱼的当儿混进来，存在隐患。从今以后，要限定捕鱼的日子，对船只严格检查，渔网只允许用五天，其余时间全部收走。

存在隐患只是托词，其实是为了整黄册库的人。他们平时没什么好处，只有每年趁这机会网几船鱼，改善一下生活。这一下，全没了。

还有，何穆指出，现在湖内五洲之上的芦苇太多，是个火灾隐患。可这里是禁地，外人不得入内，因此责令管库官员并杂役、匠役等人，把这些芦苇都砍去充当柴薪。他还好心地提醒了一句："柴薪若积聚过多……就行会官估价，变卖银两，送应天府官库收贮，以备修理本库等项支销。"

听起来冠冕堂皇，毫无破绽。但仔细一琢磨，后湖黄册库管人员额外多了一大堆工作量，赚到的钱却只能充公用。这根本就是变相把一部分办公支出，转嫁到库管人员个人身上。

偏偏皇上最喜欢的，就是这种不用额外付费的先进管理手段，让底下人有苦也说不出来。

何穆把这些"合理化"建议，整理成奏疏上报天子，很快就得到批准，令南京御史们士气大挫。经此一役，蒋琮那边的案子也取得了突破。先后有十名御史下狱，而蒋琮本人毫发无伤，宦官一方在两个战场均大获全胜。

至于躺着也中枪的后湖黄册库，只能哭着进行整改，让后湖禁制变得更加严苛。有人写了首诗讽喻此事："瀛洲咫尺与去齐，岛屿凌空望欲迷。为贮版图人罕到，只余楼阁夕阳低。"

"人罕到"三字，用得一点不错。到了万历年间，有位吏部左侍郎顾起元路过南京，不得其门而入，不由得感叹说："白下（南京）山川之美，亡过于钟山与后湖，今为皇陵册库，游趾不得一错其间，但有延颈送目而已。"

连吏部左侍郎都不让靠近，可想而知黄册库平时人迹罕至到什么程度了。

只有在一种情况之下，后湖这里才会变得特别热闹。

那就是每十年一次的大造之年。在这一年，全国各地都会重新攒造黄册，集中送至南京。新造黄册入库是一件隆重的大事，现场得由给事中一人、御史两人外加主事四人亲自坐镇查验，还有一千两百名来自国子监的学生严阵以待。

国子监一般的编制是一千五百人。这一下子去了一千两百人，几乎是倾巢而出了。

等一等，怎么要这么多人？这是要打仗吗？

还真差不多。

这些国子监的天之骄子，将要跟全国的地方官吏百姓，展开一场看不见硝烟的恶战。

要讲明白这个问题，咱们还得从黄册的攒造过程说起。

第四章　黄册攻防战

前面说了,黄册脱胎于户帖。两者内容接近,但在很多细节上颇有不同。这些不同,不光体现在两者的格式细节中,也体现在两者的攒造流程上。

那么一册黄册,是怎么出炉的呢?

首先,造册之年,户部会提前半年备好标准黄册的格式,得到皇上批准后,分别下发地方。

其次,地方官府会按照黄册样式进行翻刻。不过他们需要刻造的不是黄册,而是"清册供单"。

"清册供单"和黄册不太一样,它是一种针对单户的调查表格,用来搜集一户人丁、事产等信息,和户帖差不多。咱们可以把它理解成黄册的预填草稿。

接下来,官府会把印好的"清册供单"下发到里、坊、厢这一级,让现年里长亲自送到甲首手里,甲首再分别送到本甲的十户人家,一一填写清楚,一户一单,签上自己的名字作保,以确保真实性。

工作完成之后,里长会把本里的一百一十张"清册供单"合成一册,递交给当地衙门。

当地衙门收到辖区内所有里、坊、厢的"清册供单"之后,并不忙着合册攒造,先让户房官吏并算手、书手进行磨算复核,尤其还要调阅上一期数据来比较,看是否存在问题。

【注释】

算手、书手：在明代县衙中，除知县、佐贰、首领官等数量很少的朝廷命官之外，大量的日常行政事务是由各房、科中的吏书来完成的。吏书为吏员与书算的合称。吏员是由国家任用、在吏部注册、地位低于官的公职人员。书算，包括书手和算手，从百姓中佥雇，辅助吏员的工作。书手专司抄写事宜，关注文书之往来，如依稿誊写刑名文书、赋役黄册等；算手则专司会计事务，如计算名目繁多的赋役折银等。

    如果审验无误，衙门会重新排定下一期的里长、甲首和徭役排序，填成"编次格眼"，与确认的"清册供单"一起送回到相关的里。里长要把这些资料誊写成正式文稿，造出两本里册，一册黄封上缴，一册青封留底。

    你没想错，每一里的黄册，由本里一百一十户自己掏钱攒造，朝廷没这笔费用。一直到州一级，才有专门的政府预算来造册。

    朝廷虽然不掏钱，要求还挺多。

    黄册的尺寸和户帖一样，宽一尺二寸，长一尺三寸。对于册内文字，书手必须以范本格式来抄录，字体尺寸都不许出错。字要抄在原册纸上，不许涂抹或额外浮贴，以避免篡改情形。弘治三年，为了增加作弊的难度，还把原来的小字楷书改成了大字楷书。

    黄册的制造材质，得统一用厚实的绵纸，不得经过粉饰或漂白，因为那样容易让纸张变脆发黄。甚至连订册，都必须用绵索来穿起，不许使用糨糊。就算万不得已要用到一点，糨糊里也得掺入花椒、明矾等原料，以避免虫蛀。

    不过黄册制造毕竟是个专业活，普通人干不了。在大部分情况下，里长们都是到官府指定的纸铺去攒造装订。

    顺便提一句，其实我们现在能看到的黄册实物，属于真正意义的黄册并不多，大部分都是"清册供单"草稿。这些供单在用完之后，会送回个人家里，这才让极少部分文件逃过战火，幸运地残存到今日。

    所有的里册，都要汇总到州、县衙门。衙门要把这些数据汇总，单独造一个总册，里面没有每户细节，只记录各里的总数——户部特别指出要"本管正官、首领官吏，躬亲磨算"，同样一册黄封上缴，一册青封留底。

接下来，州、县衙门要把所有的里册以及总册送到府一级衙门。府衙也要单造一个分册，记录各州县总数，一并送到布政司。布政司亦要单造分册，记录各府的汇总数据，再与府册、州册、县册以及记录到每一户的原始里册一起呈递给户部。

一级一级汇总上去，户部最终拿到手里的，是几万本里册、几千本州县册、几百本府册和十几本司册。中枢决策者既可以看到任意一个地区的宏观数据，亦可以深入查到任意一户的状况。宏微两便，天下透明。与此同时，各级官府也都会层层留底，用青册来办理日常民政之需。

不过黄册呈递到户部之后，并不是直接运进后湖黄册库，它还有一道关要过。

朱元璋在推行户帖制的时候，曾经放出过狠话："我这大军如今不出征了，都教去各州县里下着，绕地里去点户比勘合。"他把军队作为独立会计师，对地方数据进行驳查，以避免各级官员在普查过程中舞弊。

他来自民间，深知弊情，必须核查这些黄册真伪。国初诸事未备，只好动员军队进行驳查。现在一切都走上正轨了，再找军队当审计就有点不合适了。

可不找军队，找谁好呢？

驳查是个专业活，不是什么人都能干的。检查人员必须识文断字、精通算学，且具备一定的政务经验。更关键的是，黄册的数量太大了，这些检查员还得有足够的时间来干活。

大明哪个部委也没有余裕抽调一批精干官吏扑在这上面，正事还干不干了？

想了一圈，最适合干这个的，就是国子监。那些大学生都是被当成官僚预备队培养的，文化水平高，又闲得紧，正好拽过来当免费劳动力。

他们要做的"驳查"，从户部总册的数字往下查，层层验算，从司册至府册、州册、县册乃至里册，验算其旧管、开除、新收、实在的四柱增减。如果民间有飞走、洒派、埋没、诡寄、影射、团局造册等弊情，就靠这些名侦探来查出真相。

【注释】

飞走：即飞走税粮。据明人赵官所著《后湖志》载，奸户豪民伙同里长、书手作弊，使用开多收少、有收无除、洒派各户、产去税存等手段，不知不觉间将税粮挪走，还让人无法查证。如有人将新开耕的地亩少报一些，以减少上交的税粮。田地买卖中，买主本应依例报税，把田地上的税粮从卖主名下开除出户，入到自己名下，有人便勾结书手作弊，拖延税粮入户的时间。有的富户勾结书手，在编造黄册之时，将自家应纳税粮拆分成合、勺，分洒于百户，待征收税粮之时，再积合、勺成升，积升成斗，积斗成石，而被洒者被蒙在鼓里，年年为之赔纳。也有的富人买了别人的土地，却逼迫卖家不能移税，使得卖家没有了田产却要继续交税，最终只能逃亡以避税。

影射：即影射差役。《大明律》列有"欺隐田粮"一罪，"诡寄田粮，影射差役，罪亦如之"。明人雷梦麟《读律琐言》解为，"诡寄田粮，影射差役，二句亦一串说。诡寄田粮，即所以为影射也。或诡寄于役过年分，或诡寄于应免人户，各图免差役，是犹纳粮而不当差者也"，即奸户豪民伙同里长、书手作假，将田地挪到已经过了服役年份的人家，或者有优免徭役特权的人家，借此免除自家的差役。

一旦查出错讹之处——这简直是一定的，监生会把问题汇总成册，做成"驳语黄册"，里面开列某府某县某里的某项数据有问题，封面改一个"驳"字，并提交户部。户部会以尚书名义，把这个册子下发给相关衙门，责成半年内查实重修。这个重新改正的黄册，叫作"奏缴册"，经二次查验无误，才会进入黄册库内。

大明平均每期攒造黄册的数量是六万，一千两百名监生人均负责驳查五十本，也就是五千五百户的量。一天算一本，两个月即可完成，再加上查实、撰写驳语的过程，三个月可以大体完成，工作量不算大。

再说了，后湖一圈严密封锁，无人能近，办公环境非常幽静。监生们干累了，还能出去欣赏一下湖景风光，多美好啊。只见眼前烟波浩渺，水色潋滟，湖面似镜澄澈，半条船也看不到，想跑都跑不了……

等等，干吗要跑呢？

因为实在太苦了。

后湖驳查黄册，绝非想象中那样度假式办公。对可怜的监生来说，不啻噩梦。

弘治十七年（1504年），国子监祭酒章懋这样描述监生们的工作状态："缘彼处冬月苦寒，夜不灯火。夏月盛暑，又多蚊蚋。兼以土地卑湿，水泉污浊。监生到彼，多致疾病而死者。"

再看十几年后的正德十二年（1517年），南京户科给事中易瓒在一份奏疏里说得更详细：

"白昼，严锁各号，不容出入；黄昏，黑聚一室，不见灯火。酷热苦寒，并无休息。加以湖瘴袭人，湿气侵体，致疾者十常八九，幸免者百无一二。近日，监生邬凤病故湖上，虽暴染之于平日，实出感发于一时。暴露数日，直待开湖，方得装回，罔不伤心。诸生过湖，如蹈汤火。劳苦万状，不能尽述。"

瞧瞧，白天只能蹲在一个小号里干活，晚上为了防火，还不能点蜡烛。夏天热冬天冷，蚊虫叮咬、湿瘴之气密布。而且湖禁森严，你别说病了，就是病死了，也只能暴尸岛上，等每旬开湖之日才能把尸体运走。

这不是正德年才有的规矩。早在永乐十一年（1413年），监察御史张翼就上书皇帝，说岛上负责驳查的监生多有生病，能不能破例离岛送医？永乐的批复是："但有病的，不要他过来，着太医院带药，就那里医治。"

可见湖禁犹如天条，谁都不得违反，病人都不能通融。

在这么恶劣的环境之下，监生们还得认真干活。一旦出现驳查欠详、扣算欠精的失误，轻则责罚，重则拿问。

能请假喘口气吗？也行。

《南雍志》里记了两件事。一件是在洪武年间，临到驳查日子了，监生张振上书皇上，说今年轮到他们家当里长了，可家里除了他没有壮年丁口，请求归乡应役，朱元璋批准了；然后到了永乐年间，监生饶观也碰到和张振一样的情况，上书向皇太子请假，归乡应役，很快也得到了批准。

国子监的学生非要请假，没问题，您得自个儿去跟皇上或者太子说去——皇上日理万机，脾气还不好，你的请假理由是否充足，自己掂量吧。

环境差，工作多，假难请，按道理薪酬应该少不了吧？

对不起，没有，纯属义务劳动。你们这些大学生在国子监里求学，已经享受国家补贴了，每个月有廪米养活，凭什么还要钱？

那没有酬劳，总有功劳吧？

对不起，功劳也没有。

当年朱元璋为了锻炼监生，定下规矩，要求他们在各衙门实习历事，"实历"至少要做满一年。监生历事考核里明确规定，一年期满，考官要根据监生的实习表现，分成上、中、下三等。上等可以委以重任，补授实缺；中等可以随材任用；下等要回校重学。

对监生来说，这一年的实习履历非常重要，决定了他未来在官场的位置。

这个"实历一年"的时间，绝不是你随便混混日子就能攒满的。首先，你得在朝廷指定的部门干活，比如六部、通政司、都察院、大理寺、五军都督府，甚至锦衣卫；其次你得负责具体实务，比如抄录文书、查核仓储、清丈土地、监修工程、随御史出巡观风等等。你只有满足这两个条件，工作时间才能折算进"实历"。

可惜的是，驳查黄册这项任务，却不能折算"实历"。

这事可以理解。你想，驳查黄册十年才一次，一次才三个月，而且每次活动要动员一千两百个监生。如果这也能折算实历的话，一次驳查，差不多整个国子监的学生都涨了三个月"实历"，考核制度还有什么意义？

但对监生个人来说，可就惨了。你忙活的这三个月，是没法写入实历履历的，还得去别的地方干满一年，才能授官。

因此后湖驳查这件差事，对监生们来说，只有苦劳——事实上，官府正是把驳查归为一种特殊的徭役。徭役，不就是白干嘛。

好在从洪武到永乐这段时间，皇帝对国子监很重视，很多官员从这里直接选拔。监生们有上升渠道，朝气蓬勃、前程远大，驳查这点辛苦活，忍忍也就过去了。

可随着时间推移,形势越发不妙起来,因为大明迁都了。

永乐帝把首都迁到了北京以后,国子监本部也随之北上,称北雍,南京国子监沦落为陪都分校,称南雍,影响力大幅降低。而后湖的驳查工作,总不能让北京学生千里迢迢南下吧?还得南京国子监出人,这就有点入不敷出了。

更麻烦的是,在永乐之后,明代科举制度日渐成熟,成为官员来源的主要渠道,从国子监选走的官员越来越少,监生地位一落千丈。监生们别说得不到好的官职,甚至连"历事"都很难获得机会,只能年复一年地滞留在国子监里,看不到未来。

宣德年间,国子监淹滞人数将近五千人,年纪最大的甚至超过五十岁——距离永乐北迁这才多少年?

驳查条件恶劣一如既往,大环境和政治待遇却每况愈下。最直接的结果,就是监生参与的积极性大幅下降。

洪武、永乐以及后面的洪、宣两代,驳查监生基本能保持一千两百名。在此之后,监生数量一路骤减。正统七年(1442年),降到八百名。景泰二年(1451年),降至六百零八名。到了成化十一年(1475年),南京户部上书抱怨,说他们征招八百名监生查理黄册,过湖的居然只有两百余名,其他的全跑光了。

这可奇怪了。国子监的管束那么严格,上课迟到都得挨板子,监生们怎么逃呢?

千万不要低估人类逃避劳动的主观能动性。

南京国子监为了节约成本,少发点廪米,曾经想出一个奇葩政策,叫"依亲读书",让学生们回自己家去读书,学业时间照算——可以理解为函授课程。

监生们脑子转得快,算算快到驳查之年了,纷纷提出申请,主动回乡依亲读书。等到国子监要调人过湖驳查的时候,傻眼了,兔崽子们全回去"依亲"了,还得一个一个往回拽。

放出去容易,拽回来就难了。监生们赖在家里,什么理由皆有,什么生病啊、奉亲啊、迁葬啊、送幼子啊,这里面最好的借口,就是至亲病故。大明以孝治天下,赶上父母亡故,以首辅之尊都得丁忧归乡,守制三年,我们这些穷学生更得遵从礼法对不对？

就算父母健在，祖父母万一有亡故的，我也得一体孝顺不是？七大姑八大姨有一个没了，考虑小时候人家还给过我糖吃，我伤心过甚，自愿守制，弘扬大明孝治精神文明，国子监你好意思学圣上夺情吗？

就算是在国子监上学的学生，也可以装病，装病不行的就花钱请人冒名顶替，没钱的就干脆逃跑。最终留下来等着应役的，都是必须靠每月发放廪米过活的赤贫书生。

国子监能说什么？只能含泪去想别的办法。

可也没别的什么办法。

弘治七年（1494 年），南京国子监请求北京国子监支援，调一些南方籍贯的学生到南京。北京国子监的反应很冷淡，你倒霉关我屁事啊？最后好说歹说，北雍挑了几个歪瓜裂枣送了过去，虚应一下而已。

南雍一看北雍靠不住，又想了一个辙，动员举监生。

明代国子监的学生分成官、民两种。官生是官员子弟，叫荫生；民生则分成贡监生、例监生、举监生几种。贡生是各地选送来的优秀学生，例生是自费入校的学生，举监生则指那些通过乡试获得举人身份，却在会试失败的人。有些落第举人会选择暂时在国子监内读书，在里面自成一派。

过湖的监生，一般都是从贡生里选。人家例生、荫生要么出了钱，要么家里有官身，用不着干驳查这种辛苦活。举监生好歹是举人出身，也不用干活。到了成化年间，贡生人数实在凑不够，国子监决定把举监生也算进驳查队伍。举人们闻言大怒，我们是何等身份，岂能跟那群贡生为伍，太辱斯文了，便开始大闹。

官司一直打到了户部，最后户部判说："举人与岁贡所入之途虽异，及其到监，均为监生……况查无举人监生优免事例。"于是举监生们也只能老大不情愿地去了后湖，但是……人还是凑不够。

人不够，黄册却不会少，结果必然是工作时间无限拖长。

从宣德年开始，驳查黄册的时间越来越长，从三个月拖至半年，半年拖至一年，乃至两年三年。到了正德五年（1510 年），驳查工作已经拖延到了无以复加的地步。

那一年，南京户科给事中向皇上这样诉苦道："正德七年攒造在迩，今改驳之册未完，攒造之册复至。新旧相仍，事务冗促。册本浩繁，遽难查对。"

这封奏疏的意思是，上一期的黄册还没驳查完毕，眼看下一期新册就要来了，咋办？

上一期黄册是弘治十四年造，十五年送审；下一期是正德六年（1511年）攒造，七年送审。也就是说，从弘治十五年到正德五年，前后足足驳查了八年时间……

但也不能怪国子监。这一期参与驳查的监生一共是三百五十人，大半是老弱病残，能干活的不过半数，还时不时会跑散一大片。这种士气，叫人家怎么提高效率？

到了正德十二年，终于有一个叫唐鹏的监生勇敢地站出来，上书朝廷说了实话，明确指出黄册效率低下的原因是监生待遇太惨，请求改善。

他的诉求是，恳求朝廷把驳查的工作时间算入"实历"。

在正德年间，就连国子监授官都已名存实亡，这些监生孜孜以求的，居然还只是"折算实历"这么点待遇，实在是太可怜了。

唐鹏的请求，得到了当时南京户部的支持，相关官员也纷纷上书，表示再不改善，这活真干不下去了。这次朝廷终于也意识到问题的严重性了，开会议了几日，最终拿出了一个办法：

"过湖查理黄册监生三个月满日，准作实历事三个月……比例准历，以均劳逸。"

看着从善如流，可仔细一琢磨，实在太过分了。

按照这个规定，监生在后湖的工作时长，确实可以折算成等长实历，但三个月封顶。如今一次驳查动辄数年，监生干得再多，也只算三个月工分，其他时间还是白干。

可想而知，一线驳查人员的士气，会变成什么鬼样子。

又要马儿跑，又要马儿不吃草，这大明朝廷的衮衮诸公，难道都是白痴吗？

读史有一个很重要的原则，就是不要轻易把古人当白痴。我们今天可以看到的历史，和当时人的视角不同，获得的信息亦不同。如果设身处地去想，就能明白，很多看似愚蠢的举动，自有其逻辑和动机。

比如"过湖监生"的待遇问题，是从宣德之后开始凸显。这一段时间，正是大明士绅集团开始发展壮大的阶段。根据《大明律》，这些士绅可以减免税赋徭役，比起自耕农经济上天然具有优势。他们又可以通过科举等渠道，在政权里取得话语权。

最终这个利益共同体在中枢则为高官，在乡里则为缙绅，以士林为纲网，以族亲为身基，形成一个能与皇帝抗衡的集团。

这个共同体的天性，是利用经济和政治上的优势去兼并土地，攫取利益。正如海瑞说的那样："以故富者辄籍其产于士大夫，宁以身为佣佃而输之租，用避大役，名曰投献。故士一登乡举，辄皆受投献为富人。而士大夫既谢失势，又往往折入于暴贵者，以兼并为固然。乃豪强大有力之人，视田宅所便，收之莫敢不与。"

驳查黄册的根本目的，是查清人口、田亩，与这个集团的利益天然背道而驰。他们即使没有刻意去阻挠，也肯定不会主动去改善。

更妙的是，让国子监驳查黄册，是洪武爷定下的规矩。虽然国子监的地位今不如昔，但他们大可以用"祖制难违"的借口，拒绝改革，任谁也说不出个"不"字。

当然，这并不是说真有那么一两个幕后黑手，在斗室里算计着如何破坏黄册制度的阴谋。具体到个人，不乏明智的官员上书要求变革，但作为一个利益集团或阶层，大多数成员都会下意识地在方方面面做有利于自身利益的举动。这些力量汇聚到一起，形成所谓的"潮流"或"时势"，谁逆了潮流，谁阻碍了时势，就会遭到反噬。

驳查监生的遭遇，不过是这股政治力量在水面上造成的一点点微澜罢了。

黄册驳查就像是一个战场。一群苦不堪言的士兵身处低矮简陋的战壕，长官漠不关心，后方补给时断时续——偏偏他们的责任又特别重大。

因为驳查工作要面对的，是一大群无比顽强而又无比狡黠的劲敌。

中国自古有两股力量始终在纠缠对抗。一股力量来自中央，千方百计想要搞清楚基层情况；另外一股力量则来自基层，千方百计不让中央知道实际情况。

尤其是一涉及钱粮徭役之事，人类的想象力和智慧是无穷的。上头有多少条政策，下面就有多少条对策。汉代搞"案户比民"，民间就敢"舍匿虚田"；隋唐有"大索貌阅"，民间士子就敢"冒籍取解"；宋代搞"衙前差役"，老百姓就会"析居避役、鬻田减户"。

【注释】

案户比民：汉代法律规定，百姓年十五至五十六之间，每年缴纳一百二十钱，叫作算赋；七岁至十四岁的儿童，每年缴纳二十钱，叫作口赋税。通常每户农家，应服徭役的男丁约为两口，为了不耽误耕作，就要以每人一月三百钱的代价雇人代役，叫作更赋。若想做好这项工作，不仅要有完备的户口登记册，还必须进行户口调查，掌握人口年龄的变化。户口调查即案比。每年的八月中秋之际，将一县居民集中到县城，观其面貌、形体以查验其年龄是否属实，登记在人口簿册上，即为"案户比民"。

舍匿虚田：舍匿，窝藏、隐藏之意；虚田，即土地的实际亩数多于名义亩数的部分。百姓有意将多出的田亩数隐藏不报，以免多交税粮。

大索貌阅：大索，即清点户口，登记姓名、出生年月与相貌；貌阅，即将百姓与户籍上描述的外貌加以核对。貌阅的制度渊源可追溯到汉代的案户比民。隋文帝年间，为改变户口隐漏严重、国家赋税减少、劳动力缺乏的情况，中央下令在全国各州县大索貌阅，凡出现户口不匹配的情况，地方官吏都要被处以刑罚。此次貌阅，还要求堂兄弟以下亲属同族而居者必须分立户口。此制度为后来的唐朝所沿袭。

冒籍取解：唐代科举制度规定，士子应在本地参加府试，获得解送资格。若要离开本籍，到其他府州参加府试以取得解送资格，再到京师参加全国性考试，即为冒籍。类似于现在的高考移民。科举制度初设之时，此类现象很少见。但随着制度的进一步发展，省试登第人物与发解诸州的比例出现失衡，士子为了增加登第的机会，冒籍取解的现象逐渐多了起来。如我们很熟悉的大诗人王维，就没有参加本籍贯蒲州府的解试，而因其善弹琵琶曲，博得某位公主的欢心，获得了京兆府的解头。

衙前差役：衙前，产生于唐末、五代藩镇割据时期的一种重难差役，由武人充任，负责看管和运送官物。到了北宋时期，衙前役主要由乡村上户轮流承担，服役范围很广，职任繁杂，包括押送漕粮、搬运盐席、送纳钱物、主典库务、采购货物等等，给乡村上户造成很大的负担。后来，因难以承役而逃亡非命者，比比皆是。

析居避役、鬻田减户：析居，即分居、分家之意。政府征发差役，以丁口即资产而定户等，不同的户等承担不同难度的差役。往往愈重愈难的徭役都会归上等户轮流负担，面临倾家荡产的危险，故高户成为人们的大忌，于是想方设法减少人口和家资，或父子、兄弟分居，或寡母改嫁，或弃田与人，以降低户等，避免重役。鬻田减户，卖掉田产以降低户等，避免承担重难差役，是析居避役的一种手段。

不说别人，那位"凿壁偷光"的鸡汤代表人物匡衡，他在朝堂上直言进谏、刚正不阿，一退休回家，就利用地方土地档案的疏漏，偷偷侵吞了四百多顷地。可见人类的天性是很诚实的。

明代的情况也并没什么不同。当年周铸前往浙西清丈田地，地方上的富户就纷纷把自家土地转到仆人、佃户以及亲戚家名下，以此减少赋役——还有个名目，叫作"铁脚诡寄"。地方上对抗中央的花招，可多着呢。

朱元璋搞出的这个黄册、里甲与鱼鳞三位一体之法，别看纸面上的设计颇为完美，落实到执行层面，仍有无数漏洞可钻。驳查驳查，驳的是舞弊隐匿之情，查的是版籍疏漏之处，正是为了减少民间干扰，尽量让中央掌握最翔实的数据。

洪武二十四年，朱元璋在下达编造黄册的命令同时，特意警告说："所在有司官吏里甲，敢有团局造册、利敛害民，或将各写到如式无差文册故行改抹刁蹬不收者，许老人指实，连册绑缚。害民吏典，赴京具奏，犯人处斩。"

反着一读，就知道民间舞弊的情况从国初就非常严重，非得皇帝亲自提醒不可。

那么，下面的人是怎么作弊的呢？

咱们还是拿之前出现那个休宁县人王叙，虚构几个例子来讲讲。

先从最简单、最常见的情况说起。

比如在洪武十四年，王叙家的黄册记录是一家四口，父亲、儿子两个丁口，外加一个老婆、一个女儿。当年年底，他老婆一口气生了仨儿子，人口增至七人。到了洪武二十四年，又要造黄册，王叙可犯愁了。丁口多了，负累也多，得想办法藏匿人口。

他提着四斤猪肉，买通了甲首。在造册时，甲首帮他报了一个假数字，只说是新增男丁两口，全家六口人，瞒报了一口。

这样在洪武二十四年黄册上，他家人口的四柱是：旧管四，开除零，新收二，实在六。这个数据被汇总到休宁县，一路上报国家。

又过了十年，到了永乐元年（1403年）。靖难之役虽然惨烈，但各地黄册该造还得造。这次王叙没钱贿赂甲首，家里孩子也已长大成丁，没法瞒过别人耳目，只好老老实实把所有人口都报上去了。

数字送到后湖进行驳查，某位监生负责徽州档案，他磨算了一下，觉得休宁县的人口数字不对，个位数有偏差，前后差了一个人。他一路再往下细查，发现其他乡的数字都对得上，只有里仁乡差一人，这么顺藤摸瓜，直到翻开了二十七都第五图的黄册。

他调出洪武十四年、二十四年的第五图黄册，与永乐元年的黄册四柱做对照，立刻发现了症结所在。

洪武十四年王叙家户口"实在"四人，洪武二十四年"实在"六人，永乐元年变成了"实在"七人。从这个记录看出，王家添丁的节奏应该是：洪武二十四年"新收"了两人，永乐元年"新收"了一人。

可实际黄册里的"新收"这一项，只有洪武二十四年记录了"新收"两人，永乐元年"新收"为零。

数字对不上。

不用问，肯定当地有瞒报情节。于是这位监生提笔，把这一条写在另外的驳语册子上，注明理由和数据来源。户部拿到驳语，一路下发到休宁县，要求查实第五图王叙家在洪武二十四年的勾当。结果，王叙和洪武二十四年那个现年甲首，都因此而面临惩罚。

四柱之法的作用就体现在这里了。你作弊作得了一时，却很难每次都作弊。四柱之间，数字增减彼此关联，前一期黄册与后一期黄册，数字增减亦有关联，只要有一次数字对不齐，就会被驳查发现。就算你手眼通天，能把县里的青册都涂改了也没用，因为上面还有州里和府里的青册备份。你就算真能把这一串青册都改了，后湖还存有最权威的黄册。

你要是能把后湖黄册也改了……这么神通广大，你干脆直接造反好不好？

这是一个最简单，也最容易被查出的案例。比这隐蔽巧妙的舞弊手段，还多得很呢。

正德年间有一位江西巡按御史唐龙，曾详细描述过地方上的作弊手法："江西有等巨室，平时置买田产，遇造册时，贿行里书，有飞洒见在人户者，名为活洒；有暗藏逃绝户内者，名为死寄；有花分子户，不落户限者，名为畸零带管；有留在卖户，全不过割者；有过割一二，名为包纳者；有全过割者，不归本户，有推无收，有总无撒，名为悬挂掏回者；有暗袭京官方面，进士、举人脚（角）色，捏作寄庄者。"

为了便于理解，咱们接着拿王叙家举个例子吧。

假设他们家在正德年突然发财了，一口气买了两百亩地，成了大地主。王叙不是官身，又没考中举人，没法减免税赋。等到要攒造黄册了，王家赶紧找到甲首、里长，请他们设法遮掩。

等到县衙把清册供单送下来，里长开始一一填写诸家情况。他故意把王家的两百亩地，分出去五十亩，分别写在五十户贫困人家名下。

这五十户穷人不识字，平日里都是甲首、里长代填，就算拿清册供单给他们检查，也是睁眼瞎。只有到了交税时，这些穷人会奇怪，怎么交得比往年多一点？里长瞪着眼睛说上头官差要求的，我有什么办法？反正平均每户只多交一亩，不算太要命，没人敢深究。于是，这五十户人家就稀里糊涂地替王家扛了五十亩的税赋。

这种把自家田地偷偷分在诸人名下的行为，叫活洒，又叫飞洒、洒派等等。

可王家觉得还是不满足，希望能进一步减免。里长说了，也没问题。

本管里一年前发生过一次疫病，结果张三、李四、赵五三家死光光了。按照规矩，里长要把这三户人家列入"开除"，意思是这三户已经绝了，其名下田地荒废，自然也没法交税。里长把王家的三十亩地，偷偷挪到这三户人家名下，自然也省下赋税之苦——此谓"死寄"。

那三家旁边是朱六一家，也感染了疫病，家里死得只剩下一个老头。甲首充满同情地把这一户划为畸零带管，从此不在一百一十户正管之列。里长看准时机，把王家的一个小儿子，列在这老头的户下，打着分家的旗号带过去十亩地——此谓"花分子户"。

可王叙仍旧觉得不满足，他说能不能再减免？里长说这就不是我能做主的了，得往上找人。然后里长带着他，找到县衙户房负责黄册和鱼鳞图册的主事，看有什么办法没有。

主事收了贿赂，一拍脑袋，有主意了。

明代土地交易，如果是两人私下买卖，签的地契叫白契。这个交易上报给衙门，由官府验证后盖印，才算具备法律效力，叫红契。

主事告诉王叙，你不是从杨七那儿买了五亩地吗？你们俩先签个白契，别着急上衙门办手续，先留在他名下。这样衙门里没记录，黄册和鱼鳞图册自然也不必改了——此谓"全不过割"。

王叙还从郑八那儿买了十亩地，刚给其中的一半地办了红契。主事说另外一半先别办了，你跟郑八说一声，让他还接着耕种，定期给你交租子就成——此谓"包纳"。

王叙说："我还有几十亩地，没买卖过，这咋办？"主事说这也好办，你假装把一部分田地卖给刘九，或者从高十那儿买田的时候收田不收粮，补个假手续，把零头一抹，叫"有总无撒"——这个"撒"，是撒数，在明代财政术语里是小数的意思——这种手段，叫"悬挂掏回"，也叫"虚悬"。

户房一般会有专门的书手和算手。书手负责誊写档案记录，算手负责计算，把账簿调整做平。这些人都是当地人，家里世袭做这桩勾当，彼此之间关系密切。由这些亲自接触账目与档案的人配合，天衣无缝。

后湖驳查的时候，监生不可能去询问每一户的具体情况，他只看里册数字有无出入，只要比对无误，就直接核验通过。王叙这么操作，可以安全过关。

有人可能要问了，这明显对卖家来说不合算，怎么会答应？再说如果卖家反悔怎么办，王家和他们之间都是白契，并不受法律保护啊？

很简单啊，打到他们服软为止。

王叙家有两百亩地，钱一定不少，他们随便找十来个护院闲汉，往杨七、郑八、刘九、高十家边上一站。四户人纵然不愿意，也只能忍气吞声，否则在本乡无法立足。白契这种东西，虽然法律上没效力，可被拳头大的人拿在手里，一样管用。

这就是血淋淋的地方生态。

尽管利用了种种手段，王叙家的田地还是不能全部避税。他继续贿赂主事，把自家二十亩上好的水田，在档案里全改成盐碱地，直接篡改了土地等级，原本是重则，这下子变轻则了——此谓"埋没"。

王叙觉得不放心，又托人在京城找了一个本乡籍贯的进士。那位虽未释褐授官，但已有资格享有减免赋役的特权。他把自家五亩田地托献到人家名下，就不必交税了——此谓"诡寄"。

王叙想了想，光是避税赋还不成，徭役也挺讨厌的，得想办法避免。

按照大明规矩，每一户人家，都要按照丁口数量分等，多者上户、中户，寡者下户。上户派出的应役丁口，要比中户多，中户又比下户多。

在各方有力人士的帮助下，王叙先把自己的两个儿子分出去，分列在不同甲里。一个大家分裂成三个小家，户口等级立刻就从上户变成中户了——此谓"挪移"。

可王叙仍旧不死心，又缠着里长，在黄册上硬把自家的"中户"改成"下户"，让服徭役人数字进一步变少。里长说改好办，但每一里每年应役人数是固定的，你改成下户逃过去了，我怎么办，总不能拿自己家人填吧？

两人琢磨了一下，里长大笔一挥，把本来丁口极少的高十家，从下户改为上户了。

高十一听不干了，我家里一共就俩壮丁，本来一个应役一个耕种，勉强度日。现在您给我改上户了，两个都得去应役，那家里不就完蛋了吗？

要知道，官府的徭役可不光是十年一轮的正役，每年各种杂泛之役和临时之役十分繁重，基本上应满一年得脱一层皮。

里长压根儿不搭理他。高十要去县里上告，可县里直接驳回了——想告状，先跟你们里的乡老商量去。可乡老和里长是穿一条裤子的，高十站在原地，陷入了无边的绝望。

这时王叙笑嘻嘻地过来，说你家田地反正也没人种了，不如卖给我。高十哪里肯卖，可不卖家里就要饿死了，只能忍痛交割，自己别无选择，只得沦为佃户。

王叙不光逃了徭役，还得了良田，贪心更炽，连下户的徭役都干脆不想服了。他又一次找到户房主事，把本里黄册涂抹一番，把应役次序给改了。

咱们前面说了，里甲应役是十年一轮，每一年都有一甲轮到徭役。王叙家本该是乙年服役，被主事一改，和丁年服役的刘九对换了一下。刘九想也没差别，就同意了，乙年去应役。结果到了丁年，主事又改了一次黄册次序，把王叙家改回乙年，刘九赫然还得服一次役。

刘九大惊，想要抗辩，可想到高十的遭遇，只能忍了。王叙家就这么舒舒服服地埋没土地、避开了税赋徭役，把负担飞洒给了其他贫困人户。

这个故事虽然是虚构的，可在大明时时刻刻都在发生。万历二十五年，宜兴知县秦尚明愤怒地说："十五之中，上户诡为中户，中户诡为下户，甚者上户竟等下户，而下户更过之。以贫民而代富民之役，奈何能均。"

"奈何能均"四字，当真是触目惊心。张萱在《西园闻见录》里感叹道："田连阡陌者诸科不与，室如悬磬者无差不至。"正是这么一番景象。

王叙的故事还没完。

他家坐拥大批良田，又不必有负担，财富迅速积累起来。他主动修桥梁、铺民道、立祠堂、开私塾，偶尔周济一下穷人、资助一下读书人，很快就在乡里树起权威。他把家里多余的银钱，放给别人做高利贷，破产的郑八、刘九、高十都不得不来找他，收益比田租还高。

靠着殷实家底，王叙的儿子再不必操心农稼，专心读书，很快考中了状元，在朝为官。王叙家的社会地位再拔高一层，可以光明正大地免除赋税徭役了。而且王家所有的佃户、奴仆，都算作王家私产，不入黄册。郑八、刘九、高十的孩子们，不得不过来依附。

等到王叙的儿子告老还乡，已成显赫乡宦，且与其他官场中人联络紧密。一代一代下来，遂成势力。

在王叙的发家历程中，我们看到：从甲首、里长、乡老这些自治体成员到衙门胥吏，沆瀣一气，和地方富户勾结在一起，把黄册、鱼鳞图册当成私有之物包办，不断把负担转移到贫户身上，形成一整个链条上的腐败，分摊风险和利益。

这在大明有个专门的名目，叫"团局造册"，现在也有个类似的词，叫"窝案"。在大明历代朝廷文书里，几乎都反复提及这个词，饬令各地严查，可见"团局造册"之猖獗。

严格来说，"团局造册"不算一种作弊手段，而是一切作弊手段的前提。大部分手法，都得靠"团局造册"才能实现。

朝廷对此并没有什么好办法，因为基层不是直管，他们所拿到的数据都是间接的。

比如，你是个现代人，民政局想搞清楚你的户籍情况，一家几口，是否结婚，不用找任何人求证，电脑里随时调得出来；但如果回到古代，你有几个娃、几亩地，县里老爷不可能亲自下乡一户户去数，只能靠里长、甲首、乡老、粮长这些地方自治团体代理人来收集、具保和上报。

换句话说，只要你搞定这些代理人，上头很难查证真伪虚实。

不过这种"搞定"本身很昂贵，底层百姓无法负担贿赂成本，只有王叙这样的乡绅、豪强以及富户有能力做。有钱人越哭越富，穷人却根本没有哭诉的渠道。于是贫者愈贫，富者愈富。诚如顾炎武所言："富户操赢以市于吏，有富之实，无富之名。贫者无资以求于吏，有贫之实，无贫之名。州、县皆然。"

除了之前讲的那些，这些人还有很多手段，比如虚报死亡、隐漏资产、改换户籍、虚报灾荒、捏甲做乙、浮收税粮。总之，只有你想不到的，没有他们干不出来的。每一个手段背后，都是大量利益输送。

甚至连黄册本身，都有大利可图。

黄册的攒造，朝廷是不出钱的，由各地官府筹措资金，这笔钱自然也会摊派到基层百姓头上。很多明代县志里都有记载，一县黄册攒造的总费用，正常来讲多则百两，少则五十两——注意这"正常"二字。

百姓并没有议价权，官府说收多少，就只能交多少。官府大可以找他们收取两百两，一百两造册，一百两落入自己囊中，又成了一条生财之路。

我说的这个假设，价格其实还保守了。

万历二十年有一位黄册库官员途经河南，出于职业习惯，打听了一下当地的黄册业务，吓了一跳："闻民间有言，军、黄二册加派纸价，至千两之外……大县不过二三百里，小县仅数十里。一里造册一本，每本不过一二百叶（页），纸价几何，而动派千金耶？此非积猾之冒破，则为有司之垂涎耳！"

一千两造价的黄册！

贫穷和善良，生生限制了我的想象力。

有如此花样繁多的作弊手段，接下来的发展，不难想象。豪强乡绅勾结里甲胥吏，肆意涂抹黄册，欺瞒中枢，在中间环节榨取利益，并大肆侵占自耕农土地。

如果社会有足够的流动性，情况还不算糟糕。比如宋代不抑兼并，但商品经济发达，户籍宽松，老百姓尚且有别的出路。可大明的治政原则，是把民众在原地死死钉住。这时候你再搞土地兼并，那真是要人命了。

其结果就是，下层百姓负担越来越重，限于户籍逃无可逃，而朝廷所获得的税赋却越来越少。反而是盘踞中间的这个利益集团，吸血吸得大大肿胀，形成血管里的一个梗阻。

当这些梗阻遍布全身时，大明也就差不多了。

海瑞海刚峰做过知县，对底下这些弊情一清二楚。他有篇文章，专论里长之弊："（里长）凭势作威，当大役而有壮丁之重派，应卯酉而有连累之诛求。或混扶甲首，以显售其奸诡之谋；或妄开甲干，以阴行其贿赂之术。有钱者遍为回护，善柔者不行扶持。事兼利己，则同甲首作弊以欺府县；事止利己，则假府县名色而剥甲首。百计取钱，无心抚恤……"

除了民户的种种作弊之外，其他户籍同样问题多多。

前面说了，大明户籍除了民籍，还有军户、匠户、灶户等职业户口，他们的黄册是单独册立，并由各自主管部门管理。比如军户就有专门的军黄册，归兵部负责。

理论上军户可以免掉一部分徭役，可还有大量临时性的杂泛差役，无法免除。更惨的是，他们是军户，还必须去应军差，这负担就更重了。

比如说吧，每一户军户，都要出两个壮丁去卫所服役，一个作为正军战兵，一个作为辅兵余丁，后者在军营里劳动来养活前者。除此之外，家里还得留一个继丁，平时从事生产养家。一旦军中的壮丁跑了或者死了，这个继丁就得进入军营勾补。

勾补的规矩特别狠，如果你家里没有成年壮丁，就得把孩子登记入册，还有个专门的名目叫"幼丁"。

更有甚者，大明要求军人不得本地服役，入卫补伍都得去外地。这一路上的盘缠给养，也得军户来承担，更不用说还要受清军官和各级长官的盘剥勒索之类了。

负担如此之重，军户所享受的福利却十分微薄。按照洪武年的规定，民户有两丁人口，就能担任小吏，而军户要五丁，而且最多只能让一人为生员，上升通道颇为狭窄。

其实军户也算良籍，可以参加科举。历代军户出身的内阁大佬不少，比如张居正、李东阳、高拱、赵志皋、王家屏等等。而且在整个明代科举中，军户在庶吉士的比例也颇高。不过这些都是军户中的官员阶层或富户，一来家族扩大，有足够人手；二来有钱，供养得起读书人。

对绝大部分底层小家小户来说，光是应付勾军就已经竭尽全力，哪里还顾得上其他。

上头大概也明白军户的状况，所以严令禁止离籍转户，军户子弟不得过继、不得入赘。没办法，真放开了，估计人早跑光了。洪武年间，就有数万军户逃亡；正统三年（1438年）有一个统计，当下在逃军士的总数已高达一百二十万人——天下卫所才多少人？可见军户生活之苦。

这些军户最大的心愿，就是转成民户，洗脱这些限制。虽然《大明律》严禁如此行事，但法律归法律，架不住地方上的花样百出。

咱们再虚构一户人家举例，姑且叫张大吧。

张大家是军籍，籍在休宁县附近的新安卫，家里五口人。他实在受不了军户之苦，就偷偷联络了当地第五图的里长，央求入民籍。

里长带着他找到休宁县户房的书手，送了二两银子。户房这位书手大笔一挥，给第五图的里册里多加了一个户口，将张大家的四口人都移到这个户口之下。

然后张家到卫所那边，报了个全家死光，只剩一个张大的老母亲。于是在军黄册里，这家人只能挂去畸零户，没法应役了。等到张大的老母亲一病故，这家人在军黄册里彻底绝了，直接列入开除。张大一家，则洗脱成了民户，幸福地在当地生活着。

罗二也是军户，很羡慕张大的境遇。可他家里没钱，找不到落地的民里。他一咬牙，带着全家连夜跑了，一路从徽州跑到江西南昌府，谎称是流民，置买田地，就地落成民籍。因为古代通讯不发达，没有全国数据库，原来的卫所纵然知道他跑了，也无可奈何。

军户毕三也动了心思，可他不想离开原籍，只好另外想办法。他眼看要去远卫所充役了，就把自己大儿子入赘给近卫所的朋友，这样至少有一人不用被勾补入卫。他临走之前，恰好老婆又生了个小儿子，赶紧过继给附近的民户家——这些都是违法的，可黄册总是人写的嘛，使钱下去，总能解决。

等把这两个孩子都安顿好了，毕三就在充役的半路上失踪了，据说是被盗匪杀死，死无全尸。军中一查，他家里没有任何壮丁勾补，也只好作罢。毕三偷偷跑去一处寺庙出家，法号"三无"，混了个度牒返回家乡，堂而皇之地还俗，以佃户身份附籍在先前过继了小儿子的民户家里。

经过这么一番眼花缭乱的操作，他们全家终于洗成民籍，再不必受勾军之苦了。

还有一种绝妙的办法，叫"挪移"，对，乾坤大挪移的挪移。

比如说吧，张二一家，本来属于饶州千户所的军户，生活很痛苦。张二纠集了同甲的几户人家，贿赂也罢，胁迫也罢，硬是把这一甲的所属，改到了建阳卫。

饶州离建阳不远，但是两者分属江西都司和福建都司。这么一改，饶州千户所便不能从张二家抓人充役，人家是建阳卫的。而建阳卫呢？可能压根儿不知道有这么回事，就算知道，也不可能派人跑到江西地面上来执法。

两边都管不着，张二这一甲十户，就可以高高兴兴地在夹缝中生活下去了。

类似的逃亡方法还有很多，充分展示了军户的无边智慧和怨念。

朝廷深知其弊，可也没好办法，只能反复要求"都司、卫所、将应勾军人逃亡年月逐一造册呈报兵部，转发其各司、府、县清军官。凡遇册到，将所清军黄册籍磨对相同，行拘原逃正身，或应继人丁"。

更可笑的是，为了怕军户做手脚，还特别要求，军户子弟不得参与军黄册的编造。就连驳查，都不得用军户出身的国子监生。

我们可以看到，无论军民，想要在户籍上做手脚，无论手段如何，最终都指向同一条路——篡改黄册；而无论改什么内容，最后都会落实到一个最现实、最技术的问题——如何篡改黄册而不被人发现。

一般的手法，在黄册上直接填入假数据即可，手段无外乎挖改洗补。

反正黄册都是手填出来的，在上头直接走墨改字即可。实在改不过来，索性挖下一块，重新把别纸补缀上去。还改不过来，拆下绵索，抽走旧页，补入改页。只要大家提前说好，上头无从追究。

用墨改字的情况，在民间极为猖獗。以至于弘治三年的时候，有官员专门上书，建议以后编造黄册，不光要给地方一个标准字体，还得规定字号。把字写得大一点，容易检阅，就没办法洗改了。

修改原册的麻烦在于，得经得起层层检查。上级有可能没查出来，也可能查出来，你为策万全，不得不一级一级往上贿赂。

顾炎武专门谈过这个作弊技术："填于红图不可改矣，则改于黄册；印于黄册不可易矣，则公为洗补。不得于小里，则货都总妄坐于小里；不得于都总，则货县总妄坐于都总。"

因此，有聪明的不去贿赂主官，直接去找具体经办小吏下手。甚至有人胆大包天，连小吏都不用找，去找运输队。

黄册攒造完成之后，会一步一步转送至县、州、府、司以及中央后湖，中间要经历数次转运。你只要事先买通解送人员，在半路开箱子直接改册，连给官员的贿赂都省了。真是胆大包天。

不过别忘了，黄册里有四柱之法，可以查到过往一切数据。你光是伪造了一期之数，前后对不上，终究是个隐患。哪天碰到个认真的驳查人员，可能就会东窗事发。

解决这个问题的办法很简单，修改旧档。把历史改掉，大家便不会知道你现在的猫腻了。

虽然黄册库戒备森严，难以混入，可不是有句话嘛："只要思想一滑坡，办法总比困难多。"大利当前，胥吏们也是绞尽脑汁，奇技百出。

咱们试举几个比较奇葩的例子。

按照后湖驳查的流程，监生会把发现的问题做成驳语黄册——后来改成浮贴在原黄册内，户部会将其打回原籍，勒令修改。修改完成之后，再呈递上来，监生根据驳语检查，发现切实修改无误，再入黄册库。

很快有聪明人发现了其中的漏洞：监生在二次驳查的时候，只会复查驳语相关的条目，其他内容不会再看。

于是他们就发明了一招极巧妙的"声东击西"。

还是举例说明。

王叙家新得了两亩田地和一头黄牛，这两项事产需要列入新一期的黄册。王叙想把它们瞒下来，可急切间只贿赂了里长，没买通县里的算手和书手。

里长宽慰他说，别着急，有办法。

等到开始攒造里册，里长老老实实地把这两项写进去，丝毫没有作弊。不过他把另外一项数据，王家的丁口，故意少写了一人。

里册递了上去，层层呈递到后湖，很快这个疏漏被驳查监生发现。监生在原册上贴了一条驳语："查某里某甲王叙人户本期丁口虚减一人，查理与旧册实在不符，驳回本管实核重造，不得迁延云云。"

这本里册被层层掷回到第五图。里长拿着旧册，重新造了一本新的，诚实地把丁口数补回一人，然后偷偷抹去了王叙家的两亩地和一头牛。

册子被再次送到后湖，监生拿着驳语记录一看，嗯，不错，丁口数确实改正了，至于其他内容，上次已经审核过一次，不必复查了。

就这样利用流程上的漏洞，王叙家篡改的记录得以顺利进入库房。以后一旦田地起了什么纷争，去查旧档，则再也看不出什么痕迹了。

此非笔者妄编，且看两个真实案例：

成化十八年，在南直隶常州府宜兴县的五贤乡，出了这么一个案子。当地二十九都的里册交上去，驳查人员发现，该都的第一里第一甲有一户，叫谢得安，户籍似有涂抹痕迹。比照之前的黄册发现，这家伙本是军籍，却改成了民籍。

驳查大笔一挥，责成原籍重造。等到二十九都把重新改好的黄册再提交上来，驳查监生一看，谢得安已经删掉了，便准备批准入库。可这人恰好很细心，觉得这本黄册页数似乎变多了，随手翻了一下，不由得大惊：这本新黄册里，居然多了谢亚兴等十一户人家。

再一看，这十一户人家，也是和谢得安一样的军户籍。

很明显，这是一起大规模"军户逃户入籍"事件。他们先推出一个军户谢得安吸引敌人火力，然后在新册里偷偷把其他逃户做进去。若不是这些人太过贪心，一次篡改了太多户籍，说不定驳查根本无从发现。

同期还有个案子，这次的发生地是山东济南府章丘县明秀乡。

明秀乡位于官道之上，乡里设有一连串驿站。根据交通工具的分类，这些驿站可以细分为船站、马站、牛站、驴站等等。每一处驿站，都有专门的站户，他们世世代代都要在驿站服务，也属于职业户的一种。站户的生活状况很惨，负担奇重。他们也无时不思念着改换户籍。

在这一次的驳查中，监生发现明秀乡的第九里第五甲有疑点，有王九住等三户人家，本来是驴站户，却赫然改成了民户。

这本册子，立刻被监生驳回重造。等到新造黄册再次送回后湖，监生发现王九住等三人被抹去，可又加了阙长等十二户驴站户偷偷摸摸进了民籍。

这个声东击西的手法，和宜兴县的办法几乎一样。

当然，大明朝廷也不傻。这两件案子让他们意识到规则上的漏洞，及时加以补救。

从弘治十二年（1499年）开始，有疑点的黄册不再驳回重造，只把问题项单独开列成总册下发。地方只需将问题项进行改正，单造一页送至后湖。驳查人员审核无误以后，将改正后的单页补进原先的黄册中，并附页说明改正缘由，用印标记。

如此这般，才算是堵住了这条路。

于是劳动人民又发明了一个更叹为观止的办法。

不是说旧档难改吗？那么只要设法让旧档彻底消失，就没问题了。虽然后湖戒备森严，人很难进去，但不代表别的东西进不去。

这个手段，得从黄册的制作工艺讲起。

大明朝廷有规定，黄册的封皮册壳硬纸，必须使用黄色或青色。这个黄纸，是用黄檗汁浸染而成。

黄檗树是一种芸香科的落叶乔木，可以入药，也可以用于染色。将黄檗第二层树皮进行熬煮，只要把纸浸入液体之中，便能染成黄色。更绝妙的是，黄檗树皮里富含小檗碱，对于杀虫防蠹有奇效，印出的书可以经久不坏。

早在晋代，著名道士葛洪便已用黄檗制造黄麻纸来印制道经。他也因此被尊为染坊业的祖师。

不过这种染色方式成本很高，古人往往不会把每一页书都染黄，而是将黄麻纸制成护书，夹在书本里，也有驱虫效果。

朝廷要求黄册封面染黄使用黄檗汁，是出于保护纸张的考虑。可是这些册子的制造费用不归朝廷管，每一个里得自己掏钱去造。

很多人舍不得用黄檗这么昂贵的染料，偷偷改用石黄。

石黄属于矿物染料，价格低廉。先将石料打碎，再研磨成细小颗粒，最后碾成粉末状。在制作黄册的时候，把这些粉末和水调好，直接抹在纸面上，就像是涂上一层胭脂似的。不光是黄色，其他矿物颜色也可以如此上纸。这种上色方式被称为粉饰。

乍一看，石黄粉饰和黄檗染黄并无区别，但驱虫效果天差地远。

除了染料质地，朝廷对于黄册的装订方式也规定得特别细致。

最初黄册是用糨糊，每一页的右侧刷一条浆子，逐页压实，形成一册。明代的糨糊多用鱼鳔或树胶熬制，可民间嫌麻烦，大多是用米、麦、菱藕磨碎成粉，加酸酒进去加热而成。这种淀粉质地的糨糊，加固效果还行，但特别容易招虫子。

所以朝廷在弘治年间下了一道命令，要求装订方式改成线装，即在纸上钻孔，用细棉线穿扎起来。如果一定要用糨糊，就必须掺入明矾、花椒末等物，以防虫蠹。

这些要求很科学，可惜却不实用。每一期送来的全国黄册有数万册，你让管库的人怎么检查？就算有精力检查，也没有技术手段来分析每一本的染料和糨糊成分。

这个破绽，很快也被地方给利用起来了。比如说哪位胥吏想要作弊篡改，就先攒造一册黄册，数据完全真实，绝无作弊，但在装订时，会在石黄粉末和糨糊里掺入蔗汁、蜜水等物。

这样一来，封面和书脊会变得颇有甜味。而纸张的天敌衣食虫——古称蠹鱼——最喜欢吃糖类及淀粉等碳水化合物，看到这盘大餐端上来，焉有不分而食之的道理？

这种册子的蛀蚀速度远胜别本，不出数年，好端端的一本黄册便会化为一堆粉末，原始记录荡然无存。这时地方上再施展些手段，便不用怕驳查来打脸了。

嘉靖二十八年（1549年），黄册库官员上书诉苦，说："先年法例严明，人知畏惧，纸张无粉，俱堪经久收贮。近年……吏胥、里书人等玩法欺公，故将粉饰纸张攒造，面糊壳面装订。尚未及数年之间，虫蠹易生，蛀蚀腐烂，以致无凭查考，希图日后作弊，狡猾百端。"

瞧瞧，洪武年、永乐年的老册子，至今已经一百六十多年，尚算完整；反而是近年来的新造黄册，蛀蚀速度极快。尤其是南昌府的分册，经常一县黄册全数蛀蚀无存："纸张如粉，灰末成堆，都图丁缠（产），蛀蚀腐烂，难以辨认。但经一揭，纷纷而碎。"

这一招能杀书于千里之外，无声无形，可谓是黄册中的刺客。

朝廷也知道这些弊端，每一次攒造黄册，都反复强调不得粉饰、要用绳编，可是无法从根本上杜绝。

当然，也有人嫌这个周期太长，急不可待。怎么办？还有个简单粗暴的办法：直接买通管册小吏下手。

正德五年，后湖爆出了一起大案。

在江西南昌府的丰城县，有一个当地人叫陈季三。他爹叫陈质，曾经谋夺了邻居熊思明上好的塘田，为此贿赂户房，偷偷篡改了地方上的青册。到了陈季三当家的时候，熊思明家里闹将起来，嚷嚷着要查个明白，要去开后湖黄册库查验。

陈季三自然不肯吐出到手的肥肉。他一打听，得知从洪武年间开始，每十年就会有一份档案留在南京后湖。他爹陈质能改地方档案，可改不了中枢黄册库。如果苦主要调后湖黄册比对，肯定会露馅。陈季三冥思苦想，被他想到一个绝妙的办法。

他先买通了押解黄册去南京的负责人，请求队伍多耽搁几天，然后自己先一步跑到南京城。陈季三在南京城溜达了几圈，很快就和一个叫高景清的后湖黄册库匠搭上了线。

高景清的日常工作是晒册，即定期把库房内的黄册拿出去在太阳下晾晒，以防潮防虫。这份工作在洪武年间还算轻松，可到了正德年间，黄册累积数量已经到了一个惊人的数字，即使每天轮番晾晒，一年到头也不得休息。

更惨的是，后湖环境太差。每十年来一次的驳查监生都叫苦连天，更别说这些常年居住岛上的杂役。他们"不谙调摄，致生寒虐等病……抱卧日久不痊"，一旦生了病，只能坚持到过湖之日才能去看医生。

晾晒工作繁重，银钱少，工作环境又特别恶劣，这让高景清很是郁闷。当陈季三提出请他帮忙，还捧出一大把白花花的银两时，他立刻就动心了。

这个忙，其实特别简单。

由于高景清的工作性质，他可以轻而易举地接触到贮藏的黄册。陈季三希望他进入洪武二十四年和永乐元年这两期库房里，把南昌府丰城县载着自家先祖情况的里册摘出来，毁掉塘产部分。

高景清收下陈季三的贿赂，将这两期黄册的相关页数扯下烧毁。这样一来，熊思明再想打官司，便查无可据了。这份塘产，从此便舒舒服服地坐实在陈家名下。

这件案件怎么被揭发的，史书上并没有说。从只言片语的线索推断，应该是高景清扯下这几页纸，本欲烧毁，奈何后湖不得动明火，他只能趁休假时带出去。结果在过湖时，巡检例行搜身，在他身上搜出这些黄册纸页。

后湖给事中何亮、主事毛骙得知这件事，不敢隐瞒，急忙上报。朝廷对这件弊案实在是怒惊交加。怒的是，这些升斗小民居然敢对中枢黄册库动心思；

惊的是，后湖管理如此松懈，此前到底发生过多少类似事件？

如果一个普通百姓都有胆量、有能力对中枢黄册动手脚，只怕这大明要完。

天子雷霆震怒——不对，正德皇帝对这个应该不关心，雷霆震怒的估计是首辅李东阳。于是陈季三、高景清各自枭首，一个脑袋挂在了江西布政司的黄册库前，一个脑袋挂在了后湖黄册库前，公开示众，以儆效尤。

江西布政司黄册库的主官和属员，因此也被提问惩戒。而后湖黄册库的两个主官，本也该受罚，但这件案子是他们自己举发，侥幸免罪。朝廷还责成江西巡按御史王士昭重审田产案，把塘田断回给熊思明。

朝廷痛定思痛，考虑到后湖杂役确实生活艰苦，决定稍微改善一下。每次开湖特许应天府派遣医师两人，登岛巡诊。用何亮的话说："庶恩泽普及，而生命赖以全活；晒晾不误，而册籍得以保护。"

类似的翻墙案子，在黄册库的历史上屡见不鲜。陈季三过于倒霉，摊上被抓。没被抓的，不知还有多少呢。

前文所说的种种作弊手段，还只是大略分类，往细了说还有更多手段。总之，无论朝廷想出多少条防弊之术，民间总能迅速想到与之对抗的办法。上头三令五申，寄希望于严办严查，下面却总能利用人性的漏洞。

大明近三百年的时间，黄册对抗始终是道高一尺，魔高一丈。

正德年有一位经历过数次驳查的官员史鲁，他曾经哀叹说："承平日久，弊伪渐滋。中间埋没、诡寄、不明违例等项，一次多于一次，一年甚于一年。牛毛茧丝，不足以喻其繁；条分缕析，不足以语其劳。"

"牛毛茧丝"四个字，当真是这场黄册攻防战的最好比喻。那一道道作弊手段，正是缠绕在堑壕之前的铁丝网，密不透风，滋生孳长，一处被摧毁，立刻就有好几重围堵上来。这些铁丝网把大明的阵地逐渐切割成一块块零碎的孤岛，截断流向，使之无法互相支援交通。

而负责驳查的士兵们坐困愁城之中，既无支援，又无补给，面对着层层密布的铁丝网束手无措。他们该怎么办才好呢？

一个最人性的回答是：要不……咱们投降吧。

于是，后湖黄册库最荒诞的一幕，就这么徐徐出现了。

第五章　帝国一角的繁荣性崩塌

曾经有人满怀感情地如此赞颂后湖黄册库:"天下黄册,该载户籍、事产,实国家重务,亿万载无疆之根本也。"

大明的治政国策,乃是以贮存其中的版籍档案为基础,说这里是"国家重务",不算夸张;而历代皇帝对于这个库房的重视程度,亦当得起其"万载根本"的地位。

可如此重要的一处机构,从初建之时起,便面临着一个离奇的窘境、一个多少仁人志士为之困扰的千古难题:

没钱。

更准确地说,是户部从来没有编列过相关预算。在朝廷的账本上,从来没有这么一笔"后湖黄册库开销"的支出。

这可真是离奇了。朝廷这么重视后湖黄册库,怎么会不拨款呢?

藏书的花费没有养兵那么夸张,可是库阁册架的日常修葺、管库人役的吃喝拉撒、器具船舶的购买整治、官吏监生的薪俸廪米,这都是要花钱的。更别说每十年一次的驳查,几百人在岛上起居消耗,开销更是巨大。

后湖黄册库自己不是生产部门,朝廷不给钱,日常工作怎么展开?

这事,得怪大明的总设计师朱元璋。

农民出身的朱元璋有他务实的一面,也有一拍脑袋异想天开的时候。在户籍制度的设计上,他深谙基层弊端,手段施展得极有节奏,不出二十年便完成了前朝所未能完成的版籍大业。可到黄册库建立之后,一涉及钱,他却变得很天真。

朱元璋觉得，如果单独为黄册库编一笔预算，会导致开支总数上升，这笔负担最终会落到底层农民身上。他一拍脑袋，想到了个好主意。

在黄册库投入运营之后，朱元璋是这么安排的：所有的官员和监生相关支出，由国子监负责，如果不够，则由都税司以及江宁、上元二县补足；纸墨之类的文具支出，由刑部、都察院负责，不够的话，再由应天府补足；房屋、册架、过湖船只、桌椅板凳之类，由工部负责添造修理；至于其他琐碎支出，则由户部负责。

一处花费，居然要七八个中央和地方各个衙门来养活。

朱元璋是这么想的：每个衙门的经费，肯定会有结余。把七八个衙门的结余汇总起来，便可以在不增加支出的情况下养活黄册库。一不至于浪费各衙门的余钱，二不至于再从百姓身上征敛，多完美。

可稍有财务经验的人都知道，这个看似完美的结构，运转起来有多么可怕。

任何一个部门，在不涉切身利益的事情上都会消极怠工，所以KPI必须和他们的职责相对应。户部和国子监负责的部分还好，毕竟是本管业务。像刑部、都察院、都税司之类的机构，跟黄册库关系不大，凭什么每年给你钱啊？

朱元璋在世之时，这套"吃百家饭"的制度尚能有效运转。等到他一去世，各部门便互相推诿起来。

当初洪武爷制定的财务政策里，有这么一个"不敷"——意思是不够花——的规定：国子监的钱不敷，就从都税司和江宁、上元二县调拨；如果刑部、都察院的钱不敷，就从应天府调拨。这么设计，是因为每个部门每年的结余款是不固定的，万一不够用，还有下家可以支应，总归有人托底。

朱元璋想得挺好，可他没预料到，这个却成了官僚们的一个完美借口。

官老爷别的不擅长，最擅长踢皮球。你想要经费？对不起，本部囊中羞涩，不敷开销。按洪武爷的规矩，您还是去别的部门问问看吧。

尤其是到了永乐迁都之后，这种情况变得更加严重。

正管衙门都去了北京，偏偏后湖黄册库没有搬迁，还留在原地。于是负责供养它的那些部门，便从户部、刑部、工部、都察院变成了南京户部、南京刑部、南京工部、南京都察院……

这套政府班子徒具中枢虚名，除了户部还管着南直隶钱粮之外，其他部委的权势连地方衙门还不如，对待黄册库这个拖油瓶的态度，自然更差。

连南京国子监，都忍不住跳出来，给黄册库移了一道公文："本监惟供给监生。"意思是，监生的费用我们承担，其他的可不管，你们自己想辙吧。国子监还来回扯皮，一会儿直接给米，一会儿折成银钱，总之给得极其不痛快。

南京部委足球队高举着"不敷"这面大旗，开始了精妙的传球。国子监推给都税司，都税司推给江宁、上元二县；户部推刑部，刑部推都察院，都察院推应天府，应天府呢，自然也往下甩锅，又推给下辖的江宁、上元二县。

供养黄册库的费用，被一层层挪移转嫁，最终尽数落到了江宁、上元两县头上。这两个县就在南京城外，离后湖最近。两县实在是推无可推了，只能含泪把负累扛下来，向基层征派。

这下子可苦了这两县的老百姓。

册籍有纸张笔墨支出，看守有匠工支出，修缮维护建筑有砖石支出，驳查有书算支出，还有炭食药等闲杂支出。而且，岛上干活的匠役民夫，由两县抽调充任，笔墨茶菜炭纸等诸项支出，由两县办税承担，连祭祀湖神所用祭品，都需要两县官府购买三牲。

甚至监生所用肉食，都是由都税司派遣专人在两县路上巡检，看到赶猪进货的屠户就上前强行抽税，赶走几头——你还别小看这个税，后湖三天就得用二百三十斤肉，可想而知这税有多重。

如果只是日常开销，两县咬咬牙也能熬过去。但每十年还有一次大规模的驳查，这期间产生的费用，比日常支出要翻几番，同样也得两县扛大头。

这比天塌下来还可怕。

咱们前文讲过，从宣德年开始，驳查时间越来越长，从起初三个月到六个月、一年乃至数年不完，成本也是直线上升。每次驳查一开始，江宁和上元两县真是连想死的心都有。

拿正德九年（1514年）的驳查举个例子。

当期黄册自正德八年十一月开始驳查，至九年五月，一共查出十四万户黄册有问题。

在这一年里,从上元、江宁两县雇用了书手四十人,每个月工食银一两五钱;册夫四十人,每月工食银九钱;纸四万八千张,笔两千支,墨十斤,以及官员七人、监生两百人的各项茶菜炭药的日常开销……总计是一千四百两的开支。

听着是不是还好?虽然超期,但毕竟在半年之内完工了嘛。

但你得知道,这半年查完的,仅仅是整个南直隶十八府州的黄册。它们分布在南京周边,最先运抵。至于北直隶和十三布政司的黄册,在路上还没到呢。

光一个南直隶,就要半年时间、一千四百两的驳查成本。全国得花多少时间?用多少银子?成本妥妥超过一万两。

上元县有一百九十五个里,江宁县有一百零五里,两县合计三万三千户税基,哪里扛得下这么重的负担?更过分的是,黄册库的费用属于杂泛徭役和杂税,两县的正役正税并不因此而减免,负担更上一层楼。

这个坐落于后湖的黄册库,赫然成了盘踞在南京附近的一只吸血鬼、骆驼背上最后一根稻草,致使"上元、江宁两县,民穷财尽,流移逃亡,不忍其荼毒矣……一应里甲,物业荡然"。有看不过眼的当地官员警告说:"若不通融议处,照旧独累偏造,则上元、江宁二县之民,靡有孑遗矣!"

朱元璋的初衷是想要减少基层负担,可实在没想到最后却起了相反效果。

其实大明一朝的正税并不算重,真正可怕的都是这些临时加派的杂税杂役。没有节制,没有计划,名目众多。上头无论有什么开支,最终一定会传递到基层,让百姓应接不暇,筋疲力尽。

黄册库之于上元、江宁两县,算是明代税赋弊端的一个典型案例。

两县的民力终究有限,凭你怎么敲骨吸髓,也只能榨取那么多。黄册库为了应对日益高涨的开销,想过各种主意,甚至还把主意打到了湖产上去。

比如黄册库会偷偷把湖产租给附近农民,自己收取田租。他们还曾正式向朝廷提出过申请,征集附近渔民进入后湖打鱼,将所得鱼鲜、莲菱等物的收入,用来修理黄册库。

可打鱼才能赚多少钱?碰到开支巨大的时候,还是只能靠顶头上司——南京户部——去四处"化缘"。

比如说弘治三年吧，黄册库做了一次清查，发现在库黄册七十九万二千九百本，其中六十四万七千两百本的册壳都烂了，需要重新装订。

这个是贮藏损耗，费用没法摊派到各地，只能黄册库自己出。

管事官员算了一笔细账。每本黄册，得用染黄厚纸两张，留出富余，一共要采购一百二十九万五千两百张，每张用银三厘；还有装订用的绵索条数，也要同等数量，每条用银一厘。再算上人工杂费，一共是四千五百余两。

黄册库出不起这笔钱，去找南京户部要。户部习惯性地踢了皮球，行文给南京吏、礼、刑、工四部，并南京国子监、应天府、都税司、上元、江宁两县，让他们"照例斟酌取用"。可是谁都没理睬，都以本部不敷为由，踢回给户部。

就连最软的两个柿子——上元和江宁两县，都摆出一副死猪不怕开水烫的强硬态度。两县在上一年刚遭了灾，若接了这个差事，老百姓非造反不可。

南京户部头可大了，黄册库是本管业务，万一被御史风闻，参上一本"放任黄册损毁不理"，罪名可不小。他们只好硬着头皮，挖地三尺，看哪里还有银子可以挪用。

最终还真让他们找到一条路。

南京户部的下辖衙门里，有个"龙江盐仓检校批验所"，收储着大批专卖盐货，以供整个南直隶地区用度。户部查阅了一下，发现此时仓库里还有五十四万八千六百斤余盐，不由得大喜过望。

按照规矩，这批余盐会变卖成银钱，给南京诸位官员发放俸禄，本不得挪借。可这时候户部也顾不上这些了，皇上您不给钱养活，须怪不得我们自谋生路。他们打了一个硬气的报告给上头，说实在没钱，不借支的话，黄册库的档案可就全完蛋了。

话都说到这份上了，上头还能怎么办？很快皇帝批文下来，准许其变卖余盐，所得银钱挪用于纸张、绵索的购买。但皇帝还特意叮嘱了一句："以后续收余盐，照旧折给官员俸粮，难准再用。"就这一次啊，下不为例。

瞧这小气劲。

要说朝廷里没高人看出黄册库财务的症结所在，我是不信的，但偏偏就是没人愿意从根本上解决。没办法，祖宗成法，不好轻动，能糊弄就糊弄一阵吧。再说了，大明皇帝们普遍没有财务常识，他们只认准一点，省钱的就是好事，要钱的就是无能，谁会愿意为一个冷衙门去触霉头？

这种东支西绌的财务状态，一直持续到正德年间，终于到达极限。正德九年，黄册库又一次面临驳查之年。他们提前做了一个估算，发现整个驳查的支出，没有两万两打不住，不禁面色大变。

再不想点什么新办法，只怕黄册库就要破产了。

穷则思变，终于有一个叫史鲁的刑科给事中站出来，给中央献了一条妙计。

这条妙计其实只有两个字："罚款。"

每次新黄册入库，不是要监生驳查吗？从前驳查出问题，会打回原籍勒令重造，现在咱们不妨多加一条规矩：凡是驳查出了问题的黄册，当地主管部门就要被罚款，叫作"赃罚纸价"，又称"驳费"。这些罚款，都要交给南京户部转寄应天府，以后黄册库有什么开销，就从这笔钱里支取。

这条计策太好了，一来解决了黄册库的收入问题，把两县负担分摊给了全国；二来震慑了各地作弊官吏，让他们有所顾虑，不敢再篡改黄册，简直是一箭双雕。

按照史鲁的说法，从此"不扰一人，不科一夫"，让两县卸下一个巨大的负担，同赞天子圣明。至于被罚款的那些官员，也是活该。你要认真干活，又怎么会被罚款呢？所以这笔钱的来路堂堂正正，叫作"必取之于本分之中，求之于见成之内"。

朝廷一看，好啊，不用国库动用一分银子，就能缓解两县负担，又可解决黄册库经费，三全其美的事，自然无有不准。

这个制度听起来没什么破绽，可只要仔细一想大明官场禀性，便会知道问题多多。

黄册库穷得都快当裤子了，驳费是唯一的救命稻草。那么从他们的立场来看，黄册的问题是越多越好，还是越少越好？

再者说，虽然史鲁强调，这笔驳银罚款须由经手官吏出，可地方官吏一定会想尽办法，摊派转嫁给基层百姓，这还算是清官所为。如果是贪官的话，一看又有名目找百姓征派银钱，肯定会层层加码，从中渔利。从他们的立场来看，黄册的问题是越多越好，还是越少越好？

一边是盼望罚得越多越好；另外一边呢，罚得越多，他们可以借机征敛的就越多。两者碰在一起，表面看是震慑监督，其实深层次的利益点是一致的。

这两个本来敌对的集团，到底是如何苟合到一起，又是如何牟利的呢？咱们还是拿王叙家举例好了。

假设王叙家又败落了，沦为一亩地两头牛的自耕农。这一年大造黄册，造册费用须由本里负担。里长一指王叙，说你家负责出钱吧。王叙说好，里长一拨算，说你出一两银子吧。

王叙一听，手一哆嗦："一本册子才多厚？怎么这么贵？"里长回答："装订册子的赵记纸铺是官家指定的，价格就这样。你要换一家铺子或者自己装，被户房驳回来，你自己掂量着办。"王叙又问："赵四家比我有钱，为啥不他家出？"里长一乐："他家儿子就是本县户房的主事，侄子是书手，你自己去说吧。"

王叙只得咬着牙，乖乖把明年换种子的钱先交了。造好的里册送到县里，赵主事翻了一圈，把书手叫过来，在册子里故意改错几个数字，交上去了。

这本册子一层一层送至后湖黄册库。驳查监生已经得了机宜，要严查错漏，以便多赚经费。他拿到这本里册，随便一看，里面就有一个大错。他兴高采烈地把驳语写好，打回原籍，连带着还有一份罚款单，说你们册子错了一条，罚一两银子。

罚款单送到县里，赵主事把文件收了，另外写了一份罚款单。然后他把里正和王叙叫过来，板着脸亮出罚单，说你们里造的册子不合格，人家给打回来了，要罚款二两银子。

王叙一听就急了，说这是你们指定店铺造的，怎么会错？主事一抬眼皮，说这是中央发回来的，又不是我们有意刁难，有本事你去找朝廷说去。王叙说我连青苗钱都垫出去了，明年家里吃喝都没着落，上哪儿去交这二两银子？

里正给他出了个主意："赵四在放印子钱，你去借不就得了，七进十三出，便宜得很。"王叙百般不情愿，可架不住赵主事吓唬、里正胁迫，不得不去借了赵老太爷的高利贷，把二两银子交了。

里正很快又找上门来，说重新修改过的里册也要收攒造费，五钱银子。王叙眼前一黑，说："怎么还要收？"里正冷笑道："这算不错了，只让你把驳查的那一页重造。搁到几十年前，整本都要你重造，那可贵了。"王叙穷途末路，只得卖了家中耕牛，换来银钱给里正。

里正转头留下二钱，把剩下三钱送进赵记纸铺，重造了驳查那一页，连同二两罚款交给赵主事。

赵主事收下二两银子，留下一两在囊中，还有一两上交应天府。后湖黄册库的人一查账，好，钱到账了，新页也审核无误，交割入库。

转年到了夏税之日，失去买种钱和耕牛的王叙，钱连交赵家的利息都不够。他只有两个办法，就是把田地卖与赵家，卖身为仆或佃农，或者举家自尽。

在驳费链条里，几乎每一个环节上的人都有所获利。里正抽了二钱，后湖赚了一两，尤以赵家赚得最多——县里做官的赵主事留下一两；自家开的官府指定纸铺，赚了一两三钱；放高利贷，又是一笔利益；最后还成功地收购了王叙的田地。

唯一的输家，只有王叙一家。

这个例子是杜撰的，但类似的真实故事一直在民间发生着。海瑞曾记录下淳安县的常例收入，其中赫然写有"造黄册每里银二两"的字样，可见负担之重。

黄册库和地方官吏不需要面对面勾结，他们只需要在自己的位置稍做发挥，就会产生一层一层的涟漪，让利益顺着最有利的方向流动。上头得了中利，中间得了大利，底层赚点小利，大家皆大欢喜。至于倒霉的王叙一家，并没人关心。

那么说回到本题，这个驳费，对于后湖黄册库改善经济状况有帮助吗？

有，简直太有了。

每一条驳查罚银多少，史无明载。不过在正德九年，只是南直隶地区就有十四万户记录被驳回，全国怕不是要接近百万条？

即使每条罚银只有一毫，总收入也不得了。有一项记载显示，从正德十一年（1516年）到嘉靖二十四年（1545年），后湖黄册库在这二十九年里收了足足十六万八千五百四十六两九钱八分八厘七毫七丝，账目精确到了小数点后四位。

平均下来，一年收入五千六百余两。

这个收入水平，足堪应付后湖日常与驳查开支。黄册库终于摆脱了以往穷苦的形象，跻身新贵行列，扬眉吐气。

现存《常州府志》里载有一位常州籍的明代官员，叫徐常吉。在万历时，他担任南京户科给事中，负责后湖黄册库。府志里称赞他："故摄后湖黄册，所入不赀，常吉皭然不染，惟用吏人录书数百卷而已。"

"皭"字念"叫"，意为洁白。也就是说，徐常吉洁身自好，为官清正，从来不受贿赂。由此反推之，其他后湖官员，显然都是"不皭而染"，一个个在"所入不赀"的后湖主官任上都捞得脑满肠肥。正德之前的后湖官员若见到此景，只怕是要哭晕在坟墓里了。

黄册库一向穷惯了，陡然暴富，一下子没法控制自己。从正德九年尝到甜头以后，他们疯了一样想要更多的驳费，就让驳查监生往死了查，要求"一字错讹，片纸瑕疵"。那段时间，被驳回原籍的黄册如雪一般飞舞。别说民间，就连各地官吏都忍不住抱怨，给这种行为起了个专有名词，叫"滥驳"，说这简直就是"以一衙门公费而骚扰遍天下"。

俗话说，钱忌露白。后湖黄册库如今突然发达，必然引起同僚嫉恨乃至贪欲大发。这么一个没有实权的冷衙门，突然成了香饽饽，凭什么我们不能分一杯羹？

正所谓衙门无罪，怀银其罪。各地官府看到这么一头无力反抗的肥羊，还不好好大快朵颐一番？

于是各地官府，纷纷想方设法截留这笔解向黄册库的罚款，或者巧立名目，或者假借挪移，或者申诉说民贫不堪承受云云。甚至还有地方官府说银子我们已经送出去了，可惜中途被盗匪给劫光。黄册库想申诉补送？没问题，先去找劫案发生地的官府吧，那是他们的责任；等黄册库找到当地官府，官府说等破案再说吧——这么一来二去，这笔驳银也就不了了之了。

面对蜂拥而来的秃鹫，黄册库十分愤怒，屡屡上疏，要求严惩这种"肆行侵渔"的行为。他们还异想天开地帮皇上出谋划策,建议把负责里册的书手、算手按照上、中、下三级人户出身,分成有力、稍有力、无力三类,有力者罚没多,无力者罚没少;并设立督册道,监督从县一级到布政司的驳费解送工作。

当然,这事后来没下文了。这种监控设计,除非朱元璋那种绝对权威的君主亲自推行,否则在大明体制下根本不可能执行下去。再者说,驳费实际上都是转嫁到了基层百姓身上,去给里册书算分类收钱,等于缘木求鱼。

但黄册库也没办法,他们无权无势,只能一遍一遍地申诉抗议。这种秃鹫争食的局面一直持续到万历年间,已经从敛财的小手段变成了官场潜规则。

在一份万历十年(1582年)的奏疏中,黄册库主官王蔚满腔愤怒地向朝廷举报,说江西解送每一期驳费时,"明例银六钱四,兼收除钱四,并钞价存留外,止将银六解报"。也就是说,截留驳费这事,江西已可以堂而皇之地跟黄册库提出要求,四六分账。

王蔚大概是真气坏了,他不吝笔墨,洋洋洒洒算了一笔大账。

比如南昌府丰城县应缴纳驳费四百三十七两九钱五分,但只送到了二百六十二两七钱七分,截留了一百七十五两一钱八分;再比如吉安府龙泉县,应缴纳一百九十二两九钱,只送来一百一十五两七钱四分,截留了七十七两一钱六分;袁州府宜春县,应缴纳一百三十四两,只送来八十两四钱,截留了五十三两六钱。

限于篇幅,这里只是举三个县为例。其实王蔚把江西十三府七十七县每一县——注意,是每一个县——的驳费截留情况,都写进去了。那篇奏疏里面,一大半是各种数字的罗列,看起来格外触目惊心。

王蔚自己每次见到这个账目,都"不胜惊骇,拊膺热中,切恨该省当事臣工,有何所见,乃敢故违擅留,不行尽解如此耶?"。

可这种举报有用吗?

完全没用。

十年之后的万历二十年,又有人上疏称:"已派而攘夺于吏胥,已解而隐匿于奸猾,郡县挪移以抵别支,司道积留以为公费,任意转取,不可悉陈。"可见局势非但没有好转,反而变本加厉,每一个环节都参与到这场大联欢里来。

咱们回想一下，黄册库从正德十一年到嘉靖二十四年，收了将近十七万两银子的驳费。这仅是黄册库收到的，是经过县州府司一层层克扣完的数字。那么各地府县实际征敛的银子，得有多少？基层民众为此被迫缴纳的真正罚款，又是多少？

天启年有一位南京户科给事中叫欧阳调律，他把这条驳费利益链描述得更加清晰："奸胥不唯不关痛痒，反以罪名为奇货；罚锾不唯不足以惩怠玩，反足以滋弊丛。尝试揣天下赎锾，归湖内者十一，润官橐者十三，而骚扰在民间者已不啻百千万亿，莫可究诘矣！"

后湖一两驳费，延伸至民间近乎百倍，这个放大比例，真是叫人瞠目结舌。虽然天启年的大明已病入膏肓，吏治败坏到了极点，才有如此夸张的比例，但可以想象，在正德、嘉靖、隆庆、万历四代，驳费是如何一步一步沦落成地方敛财工具，这期间又有多少"王叙"因此破产，然后投身造反事业的。

其实觊觎后湖黄册库这点驳银的，又岂止地方衙门，就连中央部委都看着眼热。

嘉靖二十四年，对黄册库是特别有意义的一年。年初，工部尚书甘为霖要在琉璃河上修一座大桥，造价估算十万两。以嘉靖那个吝啬性子，这笔钱是断然不肯出的。甘为霖没辙，听说黄册库手里还有十几万两结余，跑过去一张嘴就要借三万。后湖黄册库有心不给吧，这事皇上已经御批了，只好咬着牙把钱给垫上。从头到尾，工部甚至都没提还钱的事。

工部走了以后，黄册库一算账，扣掉各种开销，库房里的银子只剩下五万六千一百两八钱四厘三毫四丝一忽——小数点后都称得这么精准，可见黄册库得有多不甘心。

没过两天，兵部又来了，说边务紧急，你们黄册库先借点钱来花花吧。黄册库没法回绝，只好又哭着调拨走了几万两银子。此时库房所余银子只有一万七千八百七十八两二钱八分九厘三毫四丝一忽。

工部、兵部心满意足地走了，户部又来了，说今年南直隶大旱，得出钱赈济，你们的银子拿出来调度一下吧。按说户部是本管上级，它的要求黄册库是最不应该回绝的，何况这笔钱本来就是"存留备赈"之用。

可是黄册库的主官一脸苦笑，指指旁边："要不您先跟这位公公商量一下？"

户部官员一看，哎哟，这位是提督南京织造太监……等等，南京织造是专供皇室织物的机构，跟黄册库八竿子打不着啊。

可再仔细一问，明白了。

原来嘉靖皇帝最近想要一批纻丝纱罗、织金彩妆、曳撒膝襕、胸背暗花五爪龙，订单数量不大，一共是一千一百二十五匹。所有丝料、金条、红花等原料费再加人工费，造价总共是一万七千八百七十八两。南京织造恰好账上没钱，特来借黄册库的银子周转。

这可真是太"巧"了。黄册库账上的余额是一万七千八百七十八两多一点，而皇帝下的这个订单，恰好是一万七千八百七十八两。

不用问，肯定是嘉靖皇帝眼红黄册库的收入，算着库房的底，故意下了这么一笔订单，公然把这近两万两银子从国库挪入内帑。

黄册库快气哭了，就剩这么点结余，还被两家盯着。关键这两位一个是主管上级，一个背后是皇帝，谁都得罪不起。管库官员左右为难，索性上了一个条陈，请示天子该怎么办才好：这笔钱是给您做衣服呢，还是赈济灾民呢？

如果是明君，这个选择题并不难做；如果是昏君，估计选择起来也不会犹豫。而嘉靖皇帝作为皇帝中的奇葩，思维回路和常人迥异，他给出的解决方案，可谓精妙：

衣服的事不能耽误，这一万七千两银子，黄册库先转给南京织造。这笔钱我回头让芜湖抽分厂补给黄册库，你再拿去赈济灾民，可不能耽误民生哦。

抽分厂是明代的一个商税机构，隶属于工部，专门对漕运的竹木收税。按说它跟这事一点关系也没有，但嘉靖皇帝这么妙手一拨，成功地把内帑欠账，转化成了户部和工部的矛盾。你们两家去厮打欠款的事吧，我继续炼我的丹，俗事别来烦我。

户部哪里会看不明白，可又不敢说，只好吐着血称颂天子圣明："一则不误上供，一则备恤民瘼，区画得宜，两无所妨。"

还好嘉靖皇帝做事颇为节制，说抽调黄册库一万七千八百七十八两银子，就抽调一万七千八百七十八两银子，小数点后一忽不取，给库房剩下了二钱八分九厘三毫四丝一忽，可谓天恩浩荡。

官中花团锦簇，南直隶的灾民却还等着银子赈灾。黄册库只能移文芜湖抽分厂，催促赶紧把银子补过来。芜湖抽分厂觉得这纯属无妄之灾，反正皇上没说什么时候还，就拖着吧。

黄册库一封接一封地催促，抽分厂一天连一天地哼哼唧唧，找各种借口说没钱。一直到下一期黄册攒造之前，抽分厂才勉强解送一万五千两，剩下的两千两便坚决不肯还了，硬是拖成了一笔死账。

黄册库怎么办？只能在下一次驳查时往死了罚，罚出更多，才能恢复元气供各位大佬挥霍。

好在他们的苦日子并没持续多久，黄册驳查的当年，账上便恢复到了两万七千九百七十四两，可见这项政策的利润之丰。

翻开正德之后的诸代实录，荒唐与不荒唐的后湖借款事例比比皆是。黄册驳费就像是一根长长的牛尾巴，从头到尾都攀附着密密麻麻的虻虫，上至皇帝、诸部尚书，下到里长、算手，上上下下都参与到这一场盛会中来，尽情地从中吸血，无限畅饮。长此以往，虻虫们固然越来越肥硕，老牛可是日渐消瘦起来。

这就是所谓的"繁荣性坍塌"。表面看欣欣向荣，大家都有好处拿，一派繁荣景象，实际上这正是整个体系开始坍塌的表征之一。

偶然会有几个有识之士，发觉其中的危险。万历二十一年（1593年），就有御史指出这么持续罚下去，惨的是基层民众，国家也没什么好处，利润全让中间环节抽走了——所谓"大查之费甚夥，而府库之贮无几"。他建议放宽驳查力度，揪住大头，放过小错，以避免引发民愤骚动。

朝廷本拟批准，可很快无疾而终。到了万历四十年，又有人旧事重提，建议取消驳费，很快黄册库上书抗议，拿着账本一条一条地哭："库匠晒晾者，一百八十三名，此辈能枵腹为我晒乎？……驳查书手三百余名……此辈能枵腹为我查乎？……无工食，则无书匠。无书匠，则谁守册籍，谁守房舍？"

看这一连串激烈的排比反问，就知道黄册库是真急眼了。朝廷您不给经费也就算了，我们自筹资金，您现在竟要停掉，这还让我们怎么干活？

从黄册库的角度来看，实在是万分委屈。官员动情地表示："谁肯安然坐污泥涂炭之内，而不洒然处冰壶秋月之中？"翻译过来就是，但凡我有点办法，还用得着靠罚款活着吗？

其实要解决这个问题特别容易，停办驳费，拨出专门经费即可。可皇上宁可看下面乱成一锅粥，也抵死不出钱。真不知道这种倔强从何而来。

争吵到最后，驳费之举还得照办，不照办哪儿来的钱去管黄册库？听到这个消息，各个链条上的既得利益者拊掌而笑，从此天下太平无事。

围绕着"驳费"这一政策，下有官吏肆无忌惮地舞弊征敛，上有天子诸臣贪婪地虎视眈眈，后湖本身又不甘心回到旧日穷时。诸多原因交织一处，让黄册库及其相关制度成了一部铸银机器，源源不断地为各处输送利益。至于黄册库本身该发挥的职能，反而不重要了。

从黄册驳费这么一个政策的产生、演变以及争议过程，多少能窥到大明灭亡的原因。

不过想要搞清楚大明为啥灭亡，不用考察驳费这么费劲，只要打开库房看一看黄册库里的情况，立刻便明白了。

一直以来，黄册就是大明政治的一个晴雨表。黄册本身的质量和数量，足以反映政治是否清明、国力是否上升、对基层的控制是否有效。

洪武和永乐两位皇帝威权深重，又比较有追求，地方上不敢疏忽作弊，进呈的黄册质量都特别好，尺寸整齐，字迹清楚，用料上乘。这一时期的黄册，被称为"铜版册"，可见其过硬的质量。再加上后湖有一整套防火、防虫、防潮的保存体制，保存百年几无问题。

此后到了宣德一代，也都能够大体凛遵祖制，小心攒造。从这一时期的后湖奏疏也能看到，地方上作弊的苗头已经初步显露，但不是很严重，驳回的黄册很快能得到纠正。

但从宣德后期起，黄册管理水准开始出现大幅滑坡。

正统皇帝登基当年的九月，有黄册库的官员上奏，表示库房所存四十余万本黄册，多有虫蛀浥烂，而且晾晒工匠多是老弱病残，连识字的都很少，结果导致很多黄册摆放错了位置，找都找不到。

更麻烦的是，此时后湖之上的黄册库已经多达三百多间，一些洪武、永乐时期的老库房开始朽烂，册架也纷纷坍塌，必须修理了。

按照规矩，那些库房由应天府的匠户负责。他们干这个算差役，义务劳动，没有酬劳。但是在黄册库的柱子上，会刻上所有参与的工匠姓名。十年之内，如果库房出现坍塌、漏雨、倾斜、柱梁蛀蚀等情况，工匠必须来免费修补。

不给钱，还得担责任，可想而知其质量如何。

从正统之后，整个黄册制度开始紊乱起来。地方上作弊的手段日益成熟，胡乱填写，故意涂抹，造册尺寸也不怎么讲究；后湖黄册库存管理更是乱七八糟，晾晒不利，搬运不谨，还任由鼠咬虫蚀，黄册损毁严重。

尤其是黄册第一页和最后一页，要注明里册所在地址和编次格眼，匠夫在晾晒搬运时不怎么当心，导致这两页最容易坏。一损坏，这本黄册就等于废了，因为根本不知道是哪县哪乡几图几里的，无法检索。

到了弘治年间，这种情况越演越烈。弘治三年，朝廷做了一次清查，发现在库黄册七十九万两千九百本，有虫蛀浥烂以及人为损坏痕迹的，竟高达六十四万七千三百本，也就是说，八成黄册都出问题了。更讽刺的是，洪武年间和永乐年间的黄册，反而保存完好的比例最高，接下来的一代不如一代。

这麻烦可大了。

黄册库最重要的功能之一，是保存原始记录，给地方诉讼做参考，杜绝胥吏造假。现在原档几乎被糟蹋完了，万一地方上有争议，想要来调档查阅，该怎么办？

果不其然，两年之后，滦州知府潘龄上书朝廷，提了一个小小的要求，一下子在朝中掀起了轩然大波。

潘龄说滦州正在重新核查当地军户，因此申请进入后湖黄册库，抄录所存直隶永平府滦州的历届黄册做对比。

按说这要求并不为过，可是当时的黄册库主官——户科给事中杨廉，坚决反对抄册，不仅反对潘龄进去抄，而且要求以后所有人都不得入湖抄册，态度极其强硬。

难道是各个地方的胥吏众筹了一笔钱，让杨廉阻挠官员办事？

难道是潘龄的贿赂没给够？

难道杨廉是国外敌对势力派来的间谍,要搅黄这么一件利国利民的大好事?

都不是。

杨廉给出的理由令人哭笑不得,却又无法反驳。

他是这么说的:"各处远年之册多无,而军民户籍大势不敢(致)紊乱者,诚惧籍册之独全于后湖也。今者,一旦令人抄誊,使人测知后湖之虚实,则户籍之紊乱,将有不可胜言者矣!何者?使后湖之册全,则抄之乎犹可。惟是见今如洪武年间黄册不全十之四五,永乐年间不全十之一二。如此而暴之天下,使人知某乡某里之无册,则向之所惧者,至是有不足惧矣……百年之籍,由此纷然而不定矣。"

翻译成大白话:地方舞弊官吏之所以不敢肆意妄为,那是因为朝廷在后湖还掌握着原始资料。但如今咱们后湖的黄册库存早就一塌糊涂,一旦把潘龄和其他人放进来抄录,民间很快会知道虚实。到时候后湖没了威慑,那些刁民便会无所畏惧,户籍和土地想怎么改就怎么改,咱们一点办法都没有。

杨廉这一席话,令朝堂衮衮诸公和皇上都出了一身冷汗。原来后湖黄册库唱的是一出空城计,弹弹琴,吓唬吓唬城外的司马懿还可以,一旦把司马懿放进城,就没戏可唱了。

为了不让民间知道我们有多烂,我们必须保持神秘。这逻辑说来实在黑色幽默,可仔细一想,却也无他法可施。

户部立刻下发文件,宣布从此各地衙门凡申请去后湖黄册库抄册的人,只许调阅里册立的单户信息,不得抄录府、州、县的全档。

虽然这么做还是无法解决黄册管理问题,但至少成功地将其掩盖住了。按照大明官场的标准,没暴露的问题,就不是问题。

从此,后湖黄册库的管理更加严格了,等闲官员无法进入,抄册更是困难重重。万历年间徽州曾经爆发过一次丝绢案,涉及几个县之间的税赋比例。他们争吵许久分不出输赢,不得不组团前往南京,申请打开后湖黄册库查阅洪武年的原始资料。这些人费尽千辛万苦,才得以入库查询,可进去一看,洪武年的黄册早就湮灭无迹,只好空手而归。(详情请见《徽州丝绢案始末》)

此后黄册库的管理每况愈下,地方上的攒造也越来越潦草。正德十五年,有官员清查库房时赫然发现，正德七年送来的江西黄册一万一百四十本，被虫子蛀坏了六千零三十五本，还不是简单地咬几个洞，而是整本册子一翻页就碎成灰末。

检查官员为之惊叹："未有虫蛀如此之易者，亦未有如江西一省如此之蛀多者。"这才存了八年啊，你们敷衍了事也有个限度好不好？

有人怀疑，这么娴熟的手段，应该不是初犯。他们再往前一查，发现弘治十五年的江西黄册也已经毁得差不多了。好嘛，原来劣造黄册在该省已成为传统。

这事做得实在太过分。朝廷震怒，勒令所有江西坏册打回去重造，还要巡察御史予以严查。可惜这次黄册覆盖面太广了，江西一半县府都有参与。本着法不责众的原则，最终只抓了吉安县一个典型，将该县经办官吏、里书等拿问惩处，以儆效尤。

这个典型抓得不冤。即使在江西省内，吉安县也属于做得比较过分的。他们县的黄册，无一例外，全是用劣质纸张粉饰而成，面糊壳面装订。到了覆查之年，一县之册全数化为飞灰，一本都没剩下。看过前章《黄册攻防战》的读者应该可以推想，当地的税役弊情已经泛滥到了什么程度。

杀完了鸡，朝廷决定勒令各地的猴子们重新攒造黄册，解湖收贮。可是再一查，不得了。江西黄册虽然造得糙，好歹已经上交了。而湖广、四川、福建、广东、山西、云南六个司一共五百一十七个缴册衙门，居然一本都没送到。

别忘了，这是正德七年的黄册，八年前的任务。也就是说，发通知造黄册时，正德皇帝还在豹房里活蹦乱跳。如今先皇都凉了，嘉靖皇帝已经登基好几个月，这几个地方的作业还没交。

朝廷发文下去询问怎么回事，地方官员严肃地回复说，我们遵照朝廷精神，严查严纠，务必不出错漏，所以这速度嘛，真快不了。朝廷能怎么办？只能要求"严立限期，务在日下造完……候批回获日，各官俸粮方须关支"。

我给你们停发工资，等活干完了再结。

这点威慑力，其实毫无用处。对京官来说，俸禄可能是一家老小的支撑，但对地方长官来说，缓交黄册能捞到的好处，比那点俸禄可多多了。朝廷后来也反应过来了，又出了一招更狠的："仍将解人家属监并，候批回获日，方须疏放。"

我把你家里人都给抓起来，等你交了作业再放还。

这招挺狠，可惜就是口头说说。转年到了嘉靖元年（1522年），朝廷又一次严抓黄册攒造事项，只提了"停俸"这么一个惩罚措施。可见地方阻力太大，绑架亲属这事无疾而终了。

好在此时新君登基不久，地方上摸不清皇上路数，不敢太过造次，陆陆续续把黄册在嘉靖元年送抵后湖黄册库。六年之后，再开黄册库复查，江西、湖广、四川、广东、广西等地一共九千六百九十二本新造黄册，虫蛀坏了六千二百八十九本。

简直毫无改善。

不，准确地说，还是有点改善的。

在诸位臣工的努力之下，朝廷宣布对这一事故的经手造册官员予以严惩，罚俸一个月。

嘉靖之后，这种拖延症也没好转。万历皇帝登基那年，后湖黄册库的官员做工作报告，说各地还有许多县拖欠着嘉靖三十一年（1552年）、嘉靖四十一年的黄册没交。至于隆庆六年（1572年）那一期新造的黄册，对不起，皇上，到现在才交上来三分之一不到。

这种积欠情况，已经演变成了一种恶性循环。前期拖延未解，后期又要攒造，这么一期延一期地滚动起来，累欠越来越多，以至于积重难返，造成沉误。沉误是说当期黄册未能如期完工，算得上重大事故了。而万历皇帝一登基就赶上两次沉误，幸亏那时候他年纪小，操心的不是他。

当时已经有人意识到这里面蕴藏的重大危机，出言提醒："上界之驳语黄册不到，嘉靖四十一年里书之奸弊已泯没而不可究；今次之赋役黄册不到，隆庆六年见在之丁产又散失而无所统。日复一日，年复一年，时愈久而册愈湮，册愈湮而造愈难。"

这话已经说得非常明白了，说明朝中有明白人。可是光明白没什么用，想整顿地方黄册的纪律，可不是朝廷几道语气严厉的诏书就能搞定的。

万历十一年（1583年），黄册库主官余懋学决心好好做一番整改。他开库查验，愕然发现这些黄册的格式、内容错谬极多，不胜枚举。余懋学举了一个特别浑蛋的例子：

扬州府兴化县递交的黄册，里面有三千七百余户，户主年龄个个逾百岁。

若非扬州的水土能养人瑞，就是当地暗用诡册，用这些僵尸户予以寄财。而这不过是余懋学随手一翻就看到的，其他没检查出来的弊病，还不知有多少。

余懋学上书痛陈，朝廷亦是从善如流，下令整改。没过几年，下一任主官徐常吉又上了一次内容几乎相同的奏疏，说了几乎相同的问题。朝廷的态度也特别坚决，文书唰唰地往下发。问题呢，还是依然故我。

类似的故事、流程，每几年就会轮回一次。先是管事官员上书痛陈册籍损毁严重、解送迟滞、驳查拖延，局面十分严峻，然后是朝廷下令严查，最后各地纷纷响应中央号召，回炉重造。至于何时解送，只有天晓得。

事实上，到了这个时候，黄册的问题就像大明的其他问题一样，已经不是任何人能解决的了。

第六章　一从世变陵谷新

到了万历年间，曾经一度辉煌的黄册制度已是病入膏肓。

地方上豪强官吏肆虐，根本收不上来册籍；就算收上来，也来不及解送；就算解送到了，内容也不合格；就算内容合格，也会因为驳查想敛财而被强行退回；就算不退回，顺利入库，几年以后不是被水泡烂就是被老鼠虫子咬完。

就算一切都很幸运，侥幸逃过天灾，也没什么用。如前情所述，那种风气下攒造出来的黄册，通篇充斥着埋没、飞走、诡寄、影射、挪移等奸弊，早已无法反应基层的真实情况。万历三大贤之一的吕坤，直言不讳地指出："十年册籍，半不相同，沿旧稽新，漫无可考。"

比如隆庆年间，福建省福宁州的户口数比起洪武年减少了三分之二，人口减少了五分之三。江南重镇应天府更夸张，嘉靖末年的户口数只有正德年间的一半，到了万历一朝，则只有正德年间的五分之一。

注意，这只是黄册账面上的数据。

实际上这些地区一无战乱、二无天灾，人口一直在增长，只不过当地大户通过包荫、冒合、逃户、隐匿、篡改等手段，把增长数给藏起来了。再加上大明对民众的禁锢太严，极度追求稳定，物极必反，导致了逃户的盛行。

正所谓"民不胜弊，破资鬻产，逃亡相踵"。这些放弃户籍的老百姓成群结队地离开原籍，四处游荡，形成明中后期蔚为壮观的流民大潮。

比如在江南有一种令人称奇的生活，叫作"船居浮荡"。老百姓从原籍逃出之后，全家就住在船上，常年在江南纵横交错的河流上漂荡。地方官府根本没法管理，更谈不上造册交税了。

其实地方官衙早就不把黄册当回事了，他们自己搞了一套户籍，叫作实征文册，也叫白册，里面记录了当地人口、土地的真实——相对真实——情况，以方便管理，但是从不上报。《户口总论》里谈及此事："所谓黄册，只取应虚文，非其实矣。有司征税编徭，自为一册，曰白册。"

朝廷反复索要过许多次白册，甚至动过以白替黄的心思，可地方阳奉阴违，抵死不从，这事一直没成。

白册交不上来，黄册又紊乱疏漏到了如此夸张的地步，朝廷指望用它做决策，怎么可能准确？以至于时人嘲讽"有司专租庸于下，朝廷握虚数于上"，说黄册是废纸一堆，亦不为过。

随着黄册的失效，在中枢朝廷眼里，整个天下不再透明，慢慢变得模糊而扭曲。接下来，会变得怎样？

万历十八年（1590年），南京户科给事中徐常吉如此警告道："如册籍之造弗慎，则赋役之派弗均，豪强得计，良弱受害。生民之凋疲，国计之亏缩，恒必由之，诚非细故。"

换句话说，黄册失灵，里甲制也会随之无效，当初朱元璋设计的十甲轮值、均摊徭役，也沦为空谈。税赋徭役非但不会减轻，反而会加剧失衡。权贵、豪强、乡绅和贪官污吏运用各种手段，拼命把负担转嫁给普通百姓，甚至还要从中渔利。

长此以往，国将不国。

这种恶果，其实早就有了苗头。成化二年（1466年）八月，给事中丘弘就已经在奏疏里指出了这种状况：

"官吏、里书乘造册而取民财，富豪奸滑通贿赂以避重役。以下作上，以亡为存。殊不思民之贫富何常，丁之消长不一。只凭籍册，漫定科差。孤寡老幼皆不免差，空闲人户亦令出银。故一里之中，甲无一户之闲，十年之内，人无一岁之息。"

这个"十年之内，人无一岁之息"，就是赋役不公平的直接恶果。虽然此份奏疏是成化年的，但随着时间推移，每况愈下。

杨芳在《赋役》里无限怀念洪武皇帝的时代，说当年老百姓"一年在官，九年在家，故其赋易供，而其民常逸"。可现在呢？各地官衙不时征派，今天正编，明天加编，巧立各种名目。他掰着指头数了数，有纲银、办银、库字、夫甲、廪保、夫役、驿传、兵役、饷费等等，随随便便就举出了十几种名目。

在这种疯狂的掠夺转嫁之下，老百姓只剩下疲于奔命的绝望，大明的流民问题愈演愈烈，根源正在这里。

所以说，后湖黄册库的混乱状况，并不仅仅意味着黄册制度出了问题。它只是一座冰山露出水面的一角，是大明身染重疾的标志之一。

黄册制度濒临崩溃，意味着病灶已遍布整个社会的腠理。

偏偏在这些病灶上，还攀附着无数吸血的肥大虫子。病灶越大，它们吸纳得越多，形成一张从上到下、错综复杂的利益网，阻碍血液循环，干扰营养吸收，并让各个器官缓慢衰竭。大明到了中晚期，频频出现半身不遂的迹象，资源调动不顺，对地方基层的控制力空前虚弱，都是拜其所赐。

乃至当时有歌谣流传："权门之利害如响，富室之贿赂通神，钝口夺于佞词，人民轻于酷吏。"

到了这会儿，大明已经隐然有亡国之相了。

更有甚者，任何摘除病灶的企图，都会无疾而终，甚至被反噬。

比如在嘉靖十年，鄞县县令黄仁山和奉化县令陈镐，都曾经下决心在治下整顿黄册，严惩县中舞弊书手、算手等，结果"二令竟不能终黄册之事以去，而民之奸且复故矣"。

甚至连海瑞这样的人，面对这道坚壁都无可奈何。

他在出任应天巡抚的时候，深知黄册已经破败不堪了，决心另起炉灶，以田亩数来决定赋役比例。闲居松江的徐阶赶紧写了一封《与抚按论均粮书》，义正词严地质问海瑞："圣祖疆理宇内，第其赋税，以为黄册，藏诸天府，有司十岁一修而上之，成宪旧章，灿然有也。而忽焉，而灭焉，可乎？"

徐阁老在朝那么多年，不可能不知道黄册弊情有多严重。不过为了松江家里几万亩良田，甘草相公也只好抬出祖制来挡挡面皮了。

反倒是徐阁老的好学生张居正，有心拨乱反正，要给大明好好地动一次手术。

他所倡导的一条鞭法，有一个特别重要的变化：将徭役的分摊方式，从按户改成了按丁数和按田亩数。

咱们再把王叙家拎出来说说。

比如王叙家里有三个壮丁，五亩地；隔壁赵二家有九个壮丁，一百亩地。按照原来的规矩，每一户得出两个壮丁去应徭役。赵二家势力大，买通了小吏篡改黄册，硬是让王叙家出了三个壮丁自家只出一个。最后王叙家破人亡，赵二家优哉游哉。

但现在张阁老说了，以后徭役不按户数算，按丁数算。每三个壮丁，出一个人应役。如果家里田地超过五十亩，每二十亩还得多出一个壮丁。

按照这个算法，王叙家只需要派一人应役，赵二家却必须出五个人（三个按丁数＋两个按田亩）。这样赵二无从逃避，王叙也可免于负担过重而破产，达到公平。

而且一条鞭法把"力役"改成了"雇役"。民众不用真的派人去应役，可以折成现银上缴，官府会拿这笔银子去另外雇人。这样一来，王叙家不必担心耕作缺少人手，大不了多卖点粮食换银子。

至于这笔徭役银的征缴解送，也不必经过里长、粮长之手去催促。由官府出面，官收官解，杜绝了这个环节上的舞弊行为。

这还只是张居正改革的第一步，他的终极目标是彻底摊丁入亩，把所有税赋徭役都按照田亩结算。这样一来，田多的人缴税应役多，田少的缴税应役少，从此彻底均平——当然，他没有完成这个目标，得等到大清雍正皇帝那会儿才算搞定。

黄册的全名叫作赋役黄册，主要记录户数丁口，朝廷可以拿着黄册按人头征派徭役。如果现在徭役不用数人头了，全都要并入田亩结算，那么朝廷只要整饬鱼鳞图册就够了，还要黄册干吗？

张居正执政多年，知道黄册已经糟烂成什么鬼样子。他明白这玩意儿已经没法治了，索性抛开它另起炉灶，建起了新的"条鞭赋役册"，又叫"赋役全书"。这是一套以田亩为基础的赋役分配制度，用来配合一条鞭法的推行，重新整地清田。

不过以张阁老的能耐，也只能绕开黄册制度，不能公然废除。因为这条线上沾染了太多利益，是政治上的雷区。何况黄册虽然失去了赋役之用，尚还有锢民的功效，对越发汹涌的流民大潮来说，多少有点缓冲作用。

于是从万历初年开始，后湖黄册库的地位变得微妙起来。理论上朝廷已经不需要它了，但碍于祖宗成法和背后的利益，还必须每十年攒造一次，算是一种制度上的惯性。偶尔会有御史站出来，絮叨两句要不废了黄册算了，然后就没下文了。

大明官场有一个特点：上头重视什么，下面未必会重视，往往得三令五申；但上头如果不重视什么，下头立刻心领神会，迅速废弛，堕落速度之快，令人咋舌。

说个万历十年四川酉阳宣抚司的故事吧。

酉阳宣抚司就是如今的酉阳土家族苗族自治县，在重庆东南方向。

宣抚司这个建制，是大明在边远少数民族地区采取的一种特殊统治方式。朝廷封当地土司一个官衔，允许世袭，承认其对宣抚司领土的管辖。土司则必须向朝廷纳税，以彰显大明的统治权。比如万历三大征里的播州之乱，就是播州当地土司杨应龙搞起来的。

洪武年造黄册的时候，朱元璋考虑到这些土司地区的特殊性，没有急于在这些地方推行。到了永乐国势稳定了，朝廷才慢慢把黄册和配套的里甲制引入土司辖区。

从这个时期开始，酉阳也每十年攒造黄册一次。宣抚司的控制权，慢慢从土司手里转到汉人流官手中，即改土归流。不过酉阳地区地形复杂，土民散聚，在宣抚司之下仍有大大小小的土司，分别把持着各处村落。

万历十年，酉阳宣抚司又接到旨意，要攒造黄册。该司迅速把任务下发，没想到其中一个叫石耶洞的地方出事了。

石耶洞的主事人叫杨正魁，算是当地一个小土司。他主持攒造黄册时，偷偷篡改了本洞的户籍，不再归属酉阳宣抚司，而是改隶重庆卫。

之前咱们介绍过，这是民间常用的一种作弊手段。石耶洞擅自改隶重庆卫之后，从此不受酉阳宣抚司管辖，这边再催缴什么钱粮，可以置之不理。至于重庆卫那边，人家压根儿不知道有这么回事，自然也不可能来酉阳要钱。

石耶洞的黄册送出去之后，没到后湖，在四川布政司这一关就被拦下来了。布政司不傻，一看就知道是作弊，立刻驳回要求重做。

酉阳宣抚司派了一个叫杨秀忠的人，去石耶洞传达省里的指示。不料杨正魁胆大妄为，把杨秀忠痛打了一顿，扯碎文书，并将其撵回来了。宣抚司大怒，又先后派了几拨人去。杨正魁坚决不从，来一个打一个，来两个打一对。

这种地头蛇横起来，宣抚司一时间也没什么办法，只好向上级巡抚、巡按求援。很快上面派了两个官员，一个是负责黄册督造的参议，姓王；还有一个是南川县的典史，叫龚仪。

省里的态度很明确，这件事必须严查。不过酉阳地区太敏感，不好大张旗鼓派大人物下来，请王参议和龚典史来，官职不大不小，双方转圜余地也大。

不料杨正魁是个混不吝，居然在当地拉起了一支军队，冲着两个人痛骂起来："有你这吏员出身典吏，岂足挂齿。就是巡抚来，也不过如此。怎磨得我甘结黄册，怎肯输造？"嚣张之情，溢于言表。

注意，这话可不是笔者原创或刻意渲染，而是杨正魁的原话，真真切切记录在了黄册库给万历皇帝的奏疏里。

那两个官哪里见过这阵仗，吓得连滚带爬回去了。布政司一看，麻烦了，酉阳土人动辄闹事，若激起民变，如之奈何？几位布政司大员商量了一通，想出一个踢皮球的方案：把这本黄册送到后湖，请黄册库予以查实，石耶洞到底归属哪里。

乍一看，这一招纯属脱裤子放屁，石耶洞就在酉阳境内，怎么可能划归重庆卫？明摆着的事，还用得着查实吗？可仔细一想，四川布政司这手用意可深了。

若他们立刻派兵去征剿，这叫"衅自我开"，布政司得负领导责任。如果先把黄册送去后湖，让那边以"户籍可疑"的理由驳回来，布政司再去收拾杨正魁，便师出有名了。就算酿成民变，朝廷查问下来，布政司也可以解释，闹事的源头是黄册驳查。

黄册库并不清楚这些弯弯绕绕，真的去认真查了一下。发现石耶洞这个地方，从永乐十年开始，以酉阳宣抚司下辖长官司的身份，向中央交税。至今已经攒造了十七期黄册，记录清清楚楚，无可争辩。

布政司拿着这个回复，又去找杨正魁谈，"谈"的结果自然不尽如人意。布政司不敢擅专，把这事上报中央，询问该怎么处置才好。

这次上报，正赶上张居正去世不久。万历忙着搞清算，内阁无暇顾及别的，遂给了一个敷衍了事的批复："石耶土司，照旧例酉阳宣抚。如再抗违，重治不饶。"

这种软绵绵的批复，对下面简直毫无威慑。石耶洞就这么赖在重庆卫的名册上，谁也拿杨正魁没办法。

一直到三年之后，朝局稳定了，朝廷才想起来秋后算账。这次出马的是重庆卫的两名指挥，他们带着兵，强行把石耶洞的黄册改回去。

到了这地步，杨正魁仍不肯服软。他拒绝在黄册上签字，反而派了弟弟杨正敷去重庆，贿赂了另外一个指挥刘光先，让刘光先出具证明，证明石耶洞实属重庆卫。这份证明送到后湖黄册库，主官都疯了，见过造假的，没见过这么嚣张的造假。

后来杨正魁这事怎么样了，史书上没提，但八成不了了之。朝廷对这些敏感地区的态度，一向是多一事不如少一事，安抚比讲理重要，当地土司也心知肚明。数年之后，同样是土司出身的杨应龙看透了朝廷虚实，便在酉阳更南边的播州掀起了一场叛乱，规模之大，和西北哱拜叛乱、日本入侵朝鲜并列为万历三大征。

杨正魁一案，是掀在明面上的黄册弊端，充分暴露出了各级官衙互相推诿的禀性。

有人对这种现象做了一个很形象的描述："或任凭里书人役假公科敛，迁延作弊；或系差人领解在外，将罪赎银两挪移侵欺。州、县正官既不暇亲理其事，而委之佐二首领。该道监司又不肯时行比较，而视为故事虚文。一遇升迁，则云原无瓜代之期，公然而去；问之接管，则云此系前官之事，与我无干。彼此推诿，上下因循。"

可见黄册的执行机构，基本上已经瘫痪了。没人把它当回事，除了会用驳费创收之外，已经没有任何用处。

张居正虽然倒台，可他留下的政治遗产，让大明结结实实地续了几十年命。在万历后期、天启和崇祯三朝，后湖黄册库一如既往，时时上疏，呼吁严查黄册弊端，朝廷也煞有介事地下文训诫。不过无论皇上还是满朝臣工，包括黄册库自己，都明白这只是刷刷存在感，并没有什么人当真。

黄册地位跌落至此，地方上攒造时的态度自然更加虚应故事，胡乱敷衍。

明清鼎革，到了顺治十三年（1656年），户部尚书孙廷铨向顺治皇帝汇报天下户籍情况。顺治问他，是否搜集到了前明黄册户籍文件？孙廷铨苦笑着回答说，他搜罗到一些府县在崇祯十五年攒造的黄册，里面的户口和数字，居然是原样照抄洪武年的册籍，一模一样。

这些官员连基本的户籍调查都不做了，随便复印了几份老档去应付差事。敷衍至此，可以想见崇祯后期，地方管理混乱已到了什么地步。

更有趣的是，孙廷铨还找到一本黄册，上面赫然写着"崇祯二十四年"字样。这说明地方官府已经懒得每十年造一次了，索性一次把未来几期的都造完搁着，到了时间再交。

孙将这种做法幽默地称为"遥度"。可惜那些官员"遥度"得还不够长远，大明到了崇祯十七年（1644年）就亡了，这本崇祯二十四年造黄册，变成了一件充满讽刺意味的死亡物证。

大明就好像是一个动脉硬化的病人，因为长期贪婪地吃油腻食物加酗酒，身体各处血管已变得狭窄无比。血液壅积于中途，无法送至中枢。张居正的改革，是在血管里做了一连串支架，暂时保证心脏获得足够供血。可是他没办法改变大明暴饮暴食的习惯，也无法逆转血管劣化的趋势。

时间一长，血液越发油腻，血管越发脆弱，梗塞点越来越多。到最后，就连支架也没什么效果了，只能靠"三饷"之类的举措像打吗啡一样疯狂透支残存的生命力。

到了这个时候，无论阉党还是东林党，谁当权都无关大局。祸因早种，积重难返，大明的覆亡实际上是一次系统性的崩塌。

崇祯十七年三月十九日，久病的大明王朝突发心肌梗死，死于煤山之上。这是一个意料之中的悲剧。

北方的天子已经自缢而死，而后湖黄册库的命运还没彻底终结。

在崇祯缢死的这一年，后湖黄册库的规模已经达到了册库七百间，遍布于后湖诸岛之上。从洪武十四年至崇祯十五年，一共攒造了二十七期，历代累积黄册一百七十九万七千册，达到了历史巅峰。

可惜的是，它与大明命运纠葛太过深切，注定要和王朝一起承受毁灭的宿命。

崇祯十七年五月十五日，福王朱由崧在南京即位，次年改元弘光。清兵汹汹南下，旦夕可至，弘光小朝廷手忙脚乱地开始了备战工作。

位于北城墙之外的后湖黄册库，在此时已经毫无用处。有人提议，不如把那些黄册拿出来废物利用一下。于是禁绝了二百多年的后湖黄册库，终于撤去了封锁，向世人露出真容。

大批士兵跳上湖中五岛，踹开库房大门。他们顾不上感叹卷帙浩繁，把那些曾经悉心晾晒的黄册一摞一摞地搬了出去，粗暴地扔上小船运走。

中国古代有造纸甲之法，把软纸一层层相叠捶实，剪裁成甲，防御效果不错。黄册都是上好绵纸所制，正是做纸甲的好材料。另外明军装备了大量火器、火箭，将绵纸搓成细条蘸上火药，即是上好的药捻和引火折。

这是一幕极具象征意味的画面。曾令大明江山永固的黄册，在风雨飘摇中被一一扯碎。漫天的纸屑飞舞于后湖之上，万亿大明子民的户籍化为甲胄和火器，以毁灭自己的方式，试图成为挽救这个王朝的最后希望。

可惜这一切努力，终究只是徒劳。弘光元年（1645年）——恰好是弘光登基一周年——五月十五日，南京城落入清军之手。在弥漫的硝烟里，黄册库和它所忠心侍奉的政权一起灭亡了。

从洪武十四年至弘光元年，后湖黄册库一共存在了二百六十四年，几与大明二百七十六年国祚等同。

这是大明保留下来的最后记忆。在这个王朝治下的每一个人——你能想象吗，几乎每一个人——后湖黄册库都记得，大明都记得。

洪武初年在浙西耕作的农夫、永乐时迁至北京附近的军户、正统朝远在云南深山打猎的土司、正德朝在淮西烧盐的灶户、嘉靖朝山东进学的士子、万历朝建阳的书商子弟……几乎所有曾在这片土地生活过的大明子民，都在这座库房里有自己的一席之地。他们的身躯早已化为一抔黄土，名字却永远凝固在了这里，并和他们所效忠的朝廷再一次化为飞灰。

在这座黄册库里，记录着整整一个王朝的田土盈缩、民生消长。你可以拉远视角，注视大明王朝跌宕起伏的一生；你也可以拉近视角，看到任何一个地区任何一个家庭的生老病死。其存储之巨、信息之丰、分列之细，是全世界档案史上从未有过的一个奇迹。

其实严格来说，死去的只是黄册库这个功能，实体依然还在。弘光朝廷太过仓促，只来得及消耗掉库存黄册的一小部分，大部分册籍还好好地搁在库房里。

清军进入南京之后，第一时间控制住了黄册库。顺治皇帝还特意提醒主帅多铎："南京各衙门图书史册……地理户口版籍、应用典故文字……用心收掌，不许乘机抽毁，致难稽考。"

清军一时半会儿还不知道拿这地方干吗用，便暂时搁着。一直到天下安定之后，清廷才想起来还有这么一个后湖黄册库等着处理。

顺治皇帝原本指望能从中拿到一些有用的档案，用来重括天下户籍，就像朱元璋当年做的那样。可清点一番之后，顺治君臣失望地发现：天启、崇祯两朝的黄册形同废纸，毫无参考价值，至于再往前的册籍数据，更是朽烂不堪用了。

既然没什么用，这么多纸放在那里也是浪费，不如重新利用一下。很快工部先跑过来，从黄册库里取出五十五万五千五百三十斤册籍变卖了——你没看错，是论斤卖的，得银一万六千六百六十五两。

黄册每册约重四斤，也就是说，工部一次就处理掉了十三万八千册。平均下来，一本黄册能折不到一钱的银子。比起造价，这可真是贱卖了。

当然，工部是无所谓，反正这是前朝的存货，没成本的。

吃到甜头之后，大清臣工把黄册库当成了一座予取予求的宝山。很快靖南王耿继茂请求提供军备，朝廷大手一挥，给他送去了七十二万八千五百斤，折银二万一千八百五十五两。紧接着，江南总督马国柱申请要造火药、火箭，又讨走了五十四万五千四百九十五斤。操江巡抚陈锦看着眼红，也偷偷摸摸弄走了四千两百四十八斤黄册。户部闻之大怒，揪住陈锦要求赔偿，而且不许赔黄册，得赔折银一百二十七两四钱四分……

就这么东家要西家要的，偌大的后湖黄册库终于被搬了个精光。

这还只是大数。南京当地的居民也趁着兵荒马乱之际，偷偷潜入后湖，零零碎碎地盗取黄册出来。这些册子被公然堆放在大街上，被人随意叫卖。

当时南京城里有一位遗民文人叫方文，桐城人，他看到昔日国家重典竟沦为街头垃圾，心中沉痛，忍不住写下了一首《负版行》：

数年不到三山街，今春偶到多感怀。

不知是何大书册，路旁堆积如芦柴。
行人纷纷来买此，不论何书只秤纸。
官价每斤钱七十，多买少买随人耳。
借问此是何版图，答云出自玄武湖。
天下户口田亩籍，十年一造贡皇都。
玄武湖心绝炊爨，永无火患及鼠患。
洪武至今三百年，收藏不知几千万。
一从世变陵谷新，此图废阁空埃尘。
……

这首诗，可以算作后湖黄册库最后的挽歌吧。

清廷对南京没有兴趣，更不会把自家档案库建在这里。后湖对他们来说，只是一个普通的湖罢了，不需要去特别对待。黄册被搬空之后，往日鳞次栉比的册库架阁，也被逐一拆光烧尽，毛老人庙和诸多附属设施慢慢荒弃坍塌。就连后湖这个名字，也变成了玄武湖。后来为了避玄烨的讳，又改称元武湖。

就这样，在经历了二百六十四年与世隔绝的日子之后，玄武湖重新成为一处游人如织的风雅景点，仿佛做了一场漫长的奇梦。

黄册库就这样彻底消失在人们的视野里，可黄册的故事，还有那么一点点余绪。

绝大部分后湖库存黄册，在顺治初年便因为种种原因而湮灭，但也有极少数幸运的册籍逃过一劫，流散到了民间。

康熙登基之后，筹修明史，向民间征集前明的各种资料，很快搜罗到了一大批包括户口册籍、奏疏题本、邸报塘报在内的明代文书。据当时的记载，这批资料中包括了万历至崇祯期间攒造的一千本黄册，这是黄册库硕果仅存的孑遗了。

这些资料在修完明史之后，烧的烧，毁的毁，残存的被送入北京的内阁大库。这个大库坐落于紫禁城内，里面除了存放明末文献之外，还有清代的诸多诏令、奏章、朱谕、外国表章、历科殿试卷子、盛京老档等等。这个大库的收藏十分丰富，戒备也异常森严，王国维曾经评价说："三百年来，除舍人、省吏循例编目外，学士大夫，罕有窥其美富者。"

转眼到了宣统元年（1909年），大清国眼看要完。这个内阁大库年久失修，收藏急需清理。但主事人不知怎么想的，觉得最没用的就是那些年代久远的档案，把它们都挑出来要统一焚毁。幸亏在学者罗振玉的坚持下，这个计划没得到执行。罗振玉亲自下场，将这些价值千金的旧档装了八千个麻袋，转移到了国子监内。

及至民国，政府筹建历史博物馆，又把这八千麻袋文件迁到午门，然后就一直扔在那儿无人问津。著名藏书家傅增湘当上了教育总长之后，委托鲁迅进行整理。可惜篇卷浩大，以鲁迅先生的能力也不可能面面俱到，只勉强完成了二十麻袋的工作。剩下的就只能搁在原地，任由别人随意盗取。鲁迅先生曾专文介绍过这段经历，叫《谈所谓"大内档案"》，收在《而已集》中，有兴趣的人可以去看看。

1921年，教育部的资金入不敷出，便把主意打到了这八千麻袋上面。他们以四千零五十枚银洋的价格，卖了十五万斤档案给西单同懋增纸店。纸店把这些档案运去唐山，准备打成原浆。幸亏罗振玉得知此事，也幸亏他手里有钱，以三倍价格从纸店把这些档案抢了回来。

罗振玉深入挑拣，从里面搜拣到了颇多明清资料，出版了《史料从刊初编》，是研究明末清初的重要材料来源。

1924年，罗振玉以一万六千元的价格，把这批档案中的十二万斤卖给大收藏家李盛铎；1928年，李盛铎把其中六万件交还溥仪，剩下的卖给了中央研究院历史语言研究所。史语所从中抢救、整理出了四十册明清史料，尤其是明代史料最为珍贵。

几经周折，这八千麻袋内阁档案已经严重缩水。抗战开始之后，政府迁移了一部分到南京，还有一千七百麻袋的资料留在了北京。中华人民共和国成立以后，国家档案局于1958年对这一千七百麻袋展开了清理工作，最后挑出三百麻袋具有史学价值的资料，其中有三千件明代的文牍档案，收藏于中国第一历史档案馆至今。

往日的喧嚣，就这样逐渐远去了。

细小的尘埃缓缓落定在破旧的黄册封皮上，悄然累积，不再飘起。不知历经世事的它如有灵智，是否会回想起那些年在后湖黄册库的日子。

尾声

最后的最后，还有一个重要人物需要介绍。

弘治年间，四川合州有一位叫赵官的小孩。他听在中原做过官的长辈讲，金陵城边上有个后湖，后湖里藏着铜版册，不是公事的话没人能进去，普通人只能远远望着，俨然如仙山一般。年幼的赵官将信未信，但印象极深。

到了正德六年，赵官进京赶考，名列三甲。他被分配到了南京，担任户科给事中，主管后湖黄册库。童年的幻想，就这么突然出现在眼前，这奇妙的命运境遇，让赵官惊喜莫名。

大概是因为多了一层童年的情怀，赵官对后湖黄册库格外上心，一到任便做了几件大事：将厨房从中洲转移到荒洲，制定了严厉细致的防火条款。全靠他打下的基础，后湖黄册库二百余年运营，不曾发生过一次火灾。他还积极上书，要求改善驳查监生生活环境，严查黄册舞弊，等等，总之是个闲不住的人。

赵官太喜欢后湖了，他觉得这么历史悠久的一个册籍库，如果不为它写点什么，未免太可惜了。用赵官自己的话说就是："惜其历年既远，诸例散逸磨灭，而莫肯为之志者，使夫有事于湖者茫然无所执持，懵然无所遵守。"

赵官找到一位叫杨廉的学者，说他打算为后湖修一部志。杨廉是在《明史》里有传的大人物，也曾担任过一任后湖主官。他对赵官的这个想法大为赞赏，鼓励他说，你来写，我帮你校订。得了前辈背书，赵官士气大振，叫上他的副手——眉州人赵济宽，一起利用工作余暇搜罗一切相关资料。

这件没有酬劳的业余工作持续了两年，先后八次修改，最终在正德九年成稿，定名为《后湖志》，一共十卷。

此书名字虽然看起来像地理志，但其实里面主要收录了黄册库的沿革掌故、黄册典籍变化以及后湖主官与朝廷之间的奏疏公文往来，还附了与后湖有关的诗文二卷——与其说是后湖志，毋宁说是一部后湖黄册库史。

书成之后，赵官拿去请杨廉校对，不料却惊动了一位更厉害的人物，叫罗钦顺。罗钦顺是江右大儒，号"整庵"，曾与王阳明书信辩论良知之说。他看到《后湖志》后，颇为欣赏，称赞说："自今以往有事于湖上者，既得有所据，以适夫损益之宜，以谨厥藏，将永永无弊。"并欣然为之作序。

赵官此举，也得到了继任者们的认同。在他之后，嘉靖二十八年的后湖主官万文彩、李万实在其基础上，增补了正德、嘉靖两朝文件；此后嘉靖四十一年，又有陆凤仪再次修订。此后万历、天启两朝，也有人不断增补，遂形成了现存的《后湖志》规模。可惜崇祯一朝，黄册形同虚设，后湖主官也没什么心思继续增补，以致缺少了明末一部分。

《后湖志》是研究明代黄册最直接、最权威也最翔实的一手资料。其他史书论述至此，要么概略一说，语焉不详，要么高屋建瓴，深究其意义，不及其余。只有《后湖志》里提供了大量有趣的细节，细到黄册库工食如何分发，驳查监生吃饭如何解决，黄册纸里夹带了什么原料，朝廷挪用本库银两用的什么借口，等等。

本文写作所提及的大量事迹，几乎皆从《后湖志》中得来。我一直觉得，在历史的宏大叙事之外，我们也需要这些琐碎细节。只有从细节里，才能还原出一个生动、真实的黄册图景，进而从黄册库的变迁争吵中，管窥到大明兴衰起伏的规律成因。

一次意外的机会，我得到《后湖志》，一读之下，大为喜欢，遂有了动笔写写的念头。通读了《后湖志》数遍，查阅了大量前辈文献，又请教了一些专家学者，甚至特意跑到玄武湖逛了几圈。

玄武湖如今在梁洲上设有一栋二层小楼，里面是明代黄册库遗址文化展。虽然几乎没什么实物，但设计上颇有可观之处。当我踏入二楼时，看到册架旁立有赵官泥塑一尊。

可见不欲让黄册库被历史忘记的人，也终将被历史铭记。

另外要特别感谢南京的吴福林老先生。他以古稀之年，将深藏故纸堆中的《后湖志》整理点校出来，实在令人钦佩。《后湖志》版本稀少，存本质量差，里面还有大量俗字、错字、漏字，逐一校对是件极辛苦的工作。像这种冷门史料，即使校对出来，也鲜有人问津，做这件事几乎是没有任何回报的。吴老先生在序言里如此说道："我这个年龄的人已无意钱财，只想踏踏实实地做些什么，只要有益于世，便于愿足矣。"

这篇成文，也是希望能让吴先生的成果不致唐捐，能被人一直记住。

附部分参考论文如下：

何柄棣：《中国古今土地数字的考释和评价》《明初以降人口及其相关问题》

梁方仲：《明代赋役制度》《中国社会经济史论》《论明代里甲法和均徭法的关系》《明代粮长制度》

韦庆远：《明代黄册制度》

李新峰：《明初每里甲的数量与轮役方式》

栾成显：《明代里甲编制原则与图保划分》《明代黄册研究》

饶伟新：《明代军灶籍考论》

胡铁球等：《婺州鱼鳞图册的遗存与研究》

侯鹏：《明清浙江赋役里甲制度研究》

黄忠鑫：《在政区和社区之间》

赵金敏：《馆藏明代户帖、清册供单和黄册残稿》《明代黄册的发现与考略》

赵小强：《后湖黄册库藏册编号未用千文架阁法原因探析》

赵践：《记明代赋役档案——黄册的最后遭遇》

宋菲：《论明代后湖黄册库的档案保护与提供利用》《明代黄册库设置状况及管理制度研究》

王毓铨：《明朝田地赤契与赋役黄册》

张志斌：《明初赋役制度新探关士户帖均工夫和黄册》

秦新林：《明初鱼鳞图册再探讨》

孔繁敏:《明代赋役供单与黄册残件辑考》
贾振民:《鱼鳞图册与赋役黄册》
李源:《赵官与后湖黄册库》

胥吏的盛宴

彭县小吏舞弊案

大明嘉靖年间，成都府下辖的彭县发生了一桩普通的官场弊案。

说它普通，是因为这案子的规模很小，案情简单，罪行寻常，讲起来实在是乏善可陈。可正因为它太过平常，在大明一千多个州县里颇具普遍意义。于是这一桩普通小县的普通小案，俨然成了一个繁盛王朝的青蘋之末。

彭县紧邻成都府的北边，相距四十多里，乃是川西重镇。有诗人写过一首《彭州歌》："彭州昔号小成都，城市繁华锦不如。"评价殊高。

嘉靖二十年（1541年）二月，一个叫陶成的当地人走进彭县县衙，高高兴兴领了吏帖，成为吏房的一位书手。

先简单介绍一下大明县衙的构成。

明代县衙里，最大的自然是知县，叫作主官。他有两个副手，一个是县丞，一个是主簿，这两位叫作佐贰官。他们仨都是有品级的朝廷命官，县里的行政长官。在这三人之下，还有一位典史，叫作首领官，但没有品级，不入流。

再往下，衙门里最重要的行政机构，叫作三班六房：三班是指皂班、壮班、快班，负责仪仗、治安、缉捕之类，有时候还会多一个捕班，和快班合在一起，就是老百姓熟悉的"捕快"；而六房对应的是朝廷六部，分为礼、吏、户、工、兵、刑六个部门，各有主管业务。除此之外，还有承发房和架阁库等办公机构。

在这些机构里办事的人，统称为吏，也叫"胥吏"或"吏胥"。"胥"这个字，本意是有才干之人，十有二人，后来引申为基层公务员。

陶成加入的，是分管人事的吏房。他应该受过教育，会识文断字，在吏房里担任书手——顾名思义，就是负责各类公文档案的书写、抄录。

听起来好像是个琐碎活，可里面的门道实在不少。古代没有复印机和照相机，公文全靠书手一笔一画写就。他大笔一挥，偷偷篡改几个字，往往能决定一人乃至一户的命运。

举个例子。崇祯时广州府有一个粮道吏职出现空缺，一个叫刘俸的吏员垂涎已久，但是资历差一点。他遂买通了吏房书手，偷偷修改了自己的申报材料，把最关键的一个日期"五月二十八日"涂抹成了"九月二十八日"。幸亏当时的推官心细，查了官府里的原始档案，发现日期对不上，这才查获弊案。

书手落笔一字之差，甚至能左右官职的选拔。可以想象，他的寻租空间该有多大。陶成靠着手里的这点权力，没事收取一些常例贿赂，日子过得不亦乐乎。

四年之后，也就是嘉靖二十四年八月，一个叫陈佐的人也加入彭州县衙，在户房担任算手。

户房和吏房并称两大要害机关。户房管的是钱粮税赋之事，日常业务涉及大量繁复计算。陈佐脑子灵活，数学好，对于数字得心应手，很适合这个职位。

和吏房书手一样，户房的算手也有能力掌控着别人的命运。他只消在账簿上做一做手脚，一户农民便会生不如死。比如万历年间的济南府，曾有一户刘姓人家，得罪了当地算手。纳税之时，算手硬把他家六亩三等瘠田划成了一等上田，结果概算下来，要缴纳的田税翻了一倍，一家人只好上吊了事。想避免这事？很简单，拿银子来喂饱便是，可见这其中的寻租空间也不小。

书手和算手都是胥吏的一种，他们没有官身，不算体制内，薪俸也不纳入国家财政开支。可是这些人把持着具体政务，又是本地人，比上官更熟悉地方情形和法令文牍，很容易从中做手脚，有时候日子过得比主官还滋润。

尤其嘉靖年间，对胥吏来说正是个好时候。在这之前，胥吏都是有名额限制的，可到了嘉靖年间，突然掀起了一阵扩编热潮，胥吏人数陡增。有人曾抱怨说："衙门吏胥，原有定额。今郡邑吏想如故，胥较前增十倍不止。朝穿青衣而入，暮各持金而回。"可见其盛况。

陶成和陈佐的入职，即得益于这个大背景。

这两个人为了能放心舞弊，不约而同地拜了县衙里的屠主簿当靠山，就此相熟。吏房和户房本来联系就比较紧密，两个人很快勾结到了一起，沆瀣一气，其所作所为，用后来官府判决的话说就是："各结揽写法，讨钱使用。"

怎么个讨钱使用呢？

嘉靖二十五年（1546年）八月，彭县决定佥派一批老百姓来三班服役，指派吏房和户房执行。陶、陈两人一听，哈哈，钱来也。

这里要先说明一下，大明的县衙体制很有意思，大致可以分成三类：官、吏、役。

彭县的知县、县丞和屠主簿这样的人，在朝廷吏部挂着号，算是官员编制；像是典史以及六房的正副主官，无品级，算是吏员编制；至于像陶成、陈佐这样的书、算手，连编制都没有，差不多算是聘任的合同工——当然，胥吏往往世代相继，比合同工可稳定多了——无论如何，他们仍旧属于"吏"这一层级。

再往下，到了具体的执行团队，则只能称为"役"。

这个"役"，指的是徭役，更准确点说，是力役。说白了，就是给政府出力气白干活。一县的日常杂事，比如马夫、门子、库夫、禁子、防夫、纤夫、伞夫、吹手之类，都属于役。这些役职并没有常设员工，都是从当地老百姓里挑选出来的，维持机构运转。很多公共事务，比如修缮营造、解粮征粮之类，官府也会佥派老百姓来应役。

甚至连负有治安职能的三班，都不是专职。比如皂班，主要负责迎来送往、站堂呵道。青天大老爷在公堂上一拍惊堂木，他们拿着水火棍喊"威武"；青天大老爷出巡，他们负责在前头举着"肃静""回避"大牌子的仪仗。看着威风体面，其实这些皂隶也属于"力役"，可能今天站完堂，明天把皂服一脱就回家种地去了。为啥叫他们衙役而不是叫衙吏，原因即在于此。

在一个衙门里，几个"官"在金字塔尖负责决策，几十个"吏"在金字塔中间负责调度规划，几百个甚至上千个"役"在金字塔底吭哧吭哧干活。

事实上，县衙的大部分工作，都是靠这种佥派百姓来完成的。原因很简单，便宜啊。来充力役的老百姓是不拿工资的，还得自负伙食。徭役之害，大半来源于此。正如李乐批判的那样："居官者利其白役无工食，宴然差遣之，竟不知食民膏髓，为可痛惜，一大害也。"

当然，朝廷也深知这事对百姓负担重，虽然不能免除，但多少会做到公平一点。在具体的佥派规则上，要充分考虑百姓家庭情况，依次轮值，人口钱粮少的，去服一些相对轻松的徭役；人口钱粮多的，去服一些比较重的徭役，以示均平。

可惜，这只是理论上的设计，实践中有的是办法可以突破。

咱们回到嘉靖二十五年这一次佥派。

彭县三班这一轮的役期已满，很多衙役要返回家里，必须佥派一些新人来填补。这个动作，涉及户房和吏房两个部门：户房负责查询户籍轮值表，确定应役人选；吏房负责登记造册。这份工作，便交由陶成和陈佐两人来完成。

他们俩接到任务之后，第一件事，就是寻找合适的索贿人选。

可巧在佥派名单里，有一个叫刘选的平民。他被安排的役职是快手。这个快手，可不是做主播，而是在快班服役之人。快手的日常工作有两大块：一是递送官府公文，二是缉捕治安。常年要奔走于十里八乡，很是辛苦。

刘选不大乐意去做快手，可拒服徭役是很大的罪过，他只好找到陶成、陈佐二人，商量看有没有啥法子。陶、陈二人居中协调，很快就拿出一个办法。

他们找到一个叫刘本敫的闲汉，刘选每月出三斗米、三钱白银，让刘本敫替他应这个差事。反正审核的人是陈佐和陶成，只消在刘选户籍上勾一个应役，然后在三班名簿上补一个刘本敫，人数不缺就行了，没人会认真核对名单。

这个操作，在贪腐业内有个专业术语，叫作"买闲"。

刘选花了钱，但免得辛苦，自然心满意足。刘本敫也很高兴。快手虽然是个卑贱的职位，可若有本事，也能赚钱。刘本敫这种人，常年混迹衙门，熟悉各种门道。普通百姓避之不及的差役，对他来说，反而是好事。

比如衙门发现某户人家牵涉官司，发下牌票——一张纸，上用墨字写明事由与限定日期，朱字签押，盖有官印，作为差役执法的凭。刘本敫拿着这张牌票，便可以上门讹诈。《几亭全书》里对这种情况描述得特别生动："差人持粮票下乡……黑夜排闼，就床擒索，举家惊惶，设酒送饮；及去，衣服鸡犬一空。假如欠银五两，此番所费二三两。手头愈空，钱粮愈难完办。"

还有更绝的。刘本敫还可以勾结陶、陈这样的胥吏，开出一张不盖官印的白头牌票,下乡随意找人讹诈。反正老百姓不懂法,很容易就被唬住。《官箴书集成》里如此记录:"每一快手一二十两,贿买户书写就。……盖快手借票催粮,原非为催粮计,不过借印票在手,无端索害乡人。农民多不识字,又多良善之人,彼即有完票在家,快手欲无端害之,几十里外向谁分诉。……一张票,乃一快手几年生活也。"

一张票能榨出几年逍遥日子,可见区区一个快手,只要勾搭上胥吏,就能打开一片天地。

不消说,刘选、刘本敔事后还得拿出一点钱粮,孝敬陶、陈两位。

很快,一个叫王廷用的人也找上门来。他一直在皂班当差,这次应役期满,可以回家了。可王廷用不愿意走,因为皂隶的油水不少。比如打官司时内外递个东西、传个消息,打板子时轻重斟酌几下,也颇有几分银子可收,比种地轻省多了。

于是王廷用求到了陶、陈二人。在他们一番运作之下,王廷用成功买闲,顶替了另外一位叫严思安的徭役,继续待在衙门。严思安还得每月给王廷用提供三斗米、三钱银的工食。

王廷用觉得这两位太厉害了,便把自己的同族亲戚王廷美介绍过去。王廷美受过教育,能识文断字,他不想在役职里混日子,打算弄个胥吏干干。

这事陶、陈能办成吗?也能。

县衙里的胥吏,来源大多靠佥充,即从地方上选拔而来。只要你身家清白,年纪没过三十,而且通过了业务考核,就有机会充任。不过吏职少,申请的人多,因此朝廷立下个规矩,叫"行柱定参"。

简单来说,你取得了佥充资格,并不会马上授职,而是作为"候缺吏"写入"公格眼簿",排上队。什么时候吏职出缺了,按照公格眼簿的先后顺序,依次参充,这叫行柱。

行柱排序的门道很多,有超参行柱、陛纳行柱、农民行柱、截参行柱、东征行柱等等,算法各不相同,彼此之间还有优先级。但是,越复杂的规则,越容易被经手胥吏玩出花样来,什么恋参、压参、超参、指参、争参,让人眼花缭乱。

陶、陈为王廷美准备的花样，叫"越次争参"，就是通过涂抹、篡改公格眼簿，把他的候选排名挪到最前头，一有吏缺，立刻便能授职。

于是，王廷美就这样被运作进了户房，成为陈佐的同事。

可巧在这一次佥派结束之后，屠主簿病逝，新来了一位主簿叫王仲杰。陶、陈、王三人赶去巴结，很快成为其心腹。有这么一尊神上头镇着，他们行事便更加肆无忌惮了。

我们看到，这么一番操作下来，陶成、陈佐两人上结主簿，横勾六房，下联快手、皂隶，俨然在彭县衙门里形成了一个上下贯通官、吏、役，横跨诸多部门的小利益集团。

这个利益集团形成之后，都干了什么事呢？史无明载，不过后来官府在审判这个集团时，批语里用了四个字——生事害人。字里行间，可以想象是怎样一番寻租的热闹胜景。

转眼之间，到了嘉靖二十八年十月，又到了缴纳粮税的时节。

这是官府最重要的工作之一，一到这会儿，诸县上下都会忙得不可开交。老百姓们除了苦着脸纳完粮税之外，还得提防另外一种麻烦，叫"解户"。

要知道，粮食不会自己走路。各村各乡上缴的粮食，还得集中起来，运到指定的仓储地点入库，才算完。大宗粮食的运输调动，是一桩耗费浩大的工程。好在官府聪明得很，把解送粮食划为徭役的一种。也就是说，可以佥派老百姓来做这件工作，而且是白干。

这些负责运粮的老百姓，被称为"解户"。

彭县在嘉靖二十八年十月的总征收额，是六千六百石整，一共佥派了六十二个解户。每一个解户负责解送的粮食数量与地点，都不一样。

篇幅所限，咱们只介绍涉案人员的情况：杜山一户，解送本仓禄米二十五石；张冯刚、龚本舟、易本真、江淮四户，共运广丰仓火米四百三十石六斗。其他五十七户也各有任务，不过与这个故事没关系。

根据流程，解户要准备一份标准尺寸的空白文簿——连这个都要自己出钱——带去衙门。吏房会先与户籍比对，验明身份，在空白文簿上写下解户名字，证明到役；然后户房会根据事先的计划，在文簿上填好解户负责的解额以及运送地点，盖上官印。

这份文簿，即解户在解粮过程中的通行证、介绍信和回执。

彭县吏房与户房负责填写文簿的，不用说，又是陶成与陈佐两个人。如此好的勒索良机，他们两个是绝不肯放过的，遂公然向六十二个解户索贿。

解户们对此痛恨不已，却根本无计可施。因为陶成和陈佐身在两房，职秉亲书，想要整人，光是明面上的手段，就能把你玩得欲仙欲死。

比如说，你拒绝贿赂，陶成会查看你的家产，把你家快病死的老黄牛算作成年畜力一头，把你家两个半大小子算成丁壮两口。天哪，这么富裕的一家，必须多承担点责任才行。他大笔一画，把原来你负责解送的五十石涨到了一百石。

这还不算完。你带着文簿到了陈佐那里，陈佐在上头写了四个地名，让你去提粮食运入县库。你一看，好嘛，三界、庆兴、磁峰和龙门山，这四个乡分别位于彭州东边、北边、西边和西南，差不多可以围彭州跑一圈。而且其中三处都位于山区，推起小车运起粮食，感觉极度酸爽。

你就算上告，也只能去主簿王仲杰那儿告。他会支持谁不言而喻。你如果连主簿都不服，还想上告知县，那更得想清楚了——嘉靖二十九年，彭县知县和县丞职位一直空缺未补，由主簿代理县政……

好在陶、陈二人不算太贪心，每一个解户只索贿七成色银八分。六十二个解户，一共凑了四两九钱六分，交两人平分。

两人收完贿赂，便开始给这六十二个解户安排运输计划。由于大家都出了银子，陶、陈也不必特别偏袒谁，尽量公平地进行调配。说来讽刺，这本该是小吏分内之事，却要在集体行贿之后才能实现。陶、陈两人不用多做任何事，只是尽责地完成了本职工作，就能凭空造出一片寻租空间来。

计划分配完毕，六十二个解户领取文簿，各自散去忙活不提。

在杜山负责的区域，有一个叫方晓的农户，需要缴纳二斗七升粮食。他嫌有点多，便求到了王廷用那儿去。王廷用虽然只是一个小皂隶，可他跟陶、陈二人关系不错，深谙寻租之妙。王廷用先从方晓那里收取三升粮食，落进自己口袋，然后带着一斗七升粮食去上纳，强迫杜山按二斗七升足额收取，还顺手讹了对方五分银子。

杜山为此十分愤恨，要知道，解额如果不足，是要解户自家往里填。王廷用这么一截一收，等于自己要平白多负担两斗大米。若是陶、陈二人也就算了，你一个皂隶怎么也敢凑过来讹诈？

可他只是一个平头百姓，皂隶也是没法惹的。不提别的，王廷用若是说动刘本敖，拿着空白牌票到家里来不走，几天吃喝用度就足以让杜山破产。

皂隶已经算是衙门生态链的最底层，权力小到可怜，可即便如此，仍能从两头榨取些许好处。

时间来到了嘉靖二十九年三月。大部分解户都完成了自己的运输任务，放心归家。可是杜山只完成了二十二石五斗，还差二石五斗；张冯刚、龚本舟、易本真、江淮四户，完成了三百九十石二斗三升，还欠三十八石三斗七升。

这五个解户，一共拖欠了四十石八斗七升大米。

如果是别的时候，这点差额含糊一下就过去了。可不巧的是，从去年——嘉靖二十八年——开始，每年年底，朝廷要求各地官府要把一年出纳钱谷修成会计录，分列岁征、岁收、岁支、岁储四柱，以杜绝积弊。

更不巧的是，在嘉靖二十九年，贵州铜仁和云南沅江陆续爆发了规模不小的叛乱，朝廷调集四川、湖广、贵州三省大军会剿。这一应军费开支，都得仰仗四川布政司承担，其中成都府更是力扛大头。

成都府为了应付审计和军费，恨不得把仓廪里最后一点粮食都刮走，对于辖下诸县的税赋数字极度敏感。彭县的粮食一少，成都府立刻就有了反应。

最先觉察出问题的是一位姓鄢的巡按御史。他本来想责成彭县自查，又怕上下串通，于是调来了垫江县的胡知县，以第三方的身份去核查钱粮。

胡知县抵达彭县的时间是嘉靖二十九年的六月。署理县事的主簿王仲杰派了本衙户房的一个人配合工作，这人正是陈佐。

此事调查难度不大，很快胡知县便查明，短少的四十石八斗七升大米，是彭县金派的解户解粮不足额之故。胡知县认定是那些解户监守自盗、暗中侵吞了这部分粮食，决定判他们一个侵欺之罪。

注意，胡知县查明的，是彭县解户侵欺这个事实，但具体是哪一个解户干的，他一个外地人无从措手，得靠当地户房的胥吏去调查明白。于是胡知县把陈佐叫过来，让他去把相关人等拘来衙门听审。

陈佐嗅觉灵敏，胆大包天，一听胡知县的口风，立刻意识到这又是一个发财的良机。

他身为户房算手，一查账册就知道怎么回事。陈佐把杜山、张冯刚、龚本舟、易本真、江淮五个人叫到一起，说你们要倒霉了，胡老爷知道你们欠粮太多，要判重罪。你们几个如果凑二两银子给我，我就给你们想办法遮掩。

杜山本来就一肚子气，听到陈佐还敢要钱，坚决不肯给，转身走了。其他四个人琢磨了一下，纷纷表示，他们愿意出钱免灾。

陈佐收下二两银子，施展出了一招"李代桃僵"。

胡知县在垫江做官，并不熟悉彭县情由。钱粮短缺，他可以通过账册计算，但到底是谁侵欺，就没有什么人脉可以去查实了。

陈佐抓住这个破绽，找到吏房的陶成，凭空捏造出一个解户，名字特别有日本味道，叫作江张本舟——其实就是从四户人名各取了一个字，那四户所欠的三十八石三斗七升大米，都一股脑算到这个虚构人物头上。

接下来，陈佐上报胡知县，声称是杜山和江张本舟两个解户拖欠。胡知县只关心钱粮落实，哪里想得到其中一人是虚构的。他大笔一挥，判决两户侵欺之罪，徒五年，如数追缴前粮。不过《大明律》允许用谷物折抵刑期，胡知县给开了个价，如果犯人愿意上纳七十二石罪谷，便可以抵消徒罪。

这七十二石罚款，名义上由杜山与江张本舟分摊，一人三十六石。

江张本舟的三十六石，自然是那四户人家分摊负担。他们虽然肉疼，好歹不用被抓起来了。只是苦了杜山。本来五人均摊罚款，一人只需负担十四石四斗。现在那四个人合为一人，自己负担陡然增加了一倍不止。

判完案子，胡知县便按程序上报按院，抄送成都府通判，同时发给彭县主簿，责成他们监督人犯缴纳前粮以及罪谷。

到了这一年的十月份，这四户人家总算把没完成的解额与罪谷缴纳完成，逃过一劫。

只有杜山陷入了绝望。

当初户房安排给他的解额是二十五石，尚且完不成，更别说还有追加的三十六石罪谷。杜山在后来的供状里，自承当时自己"陷入死地"。

就在这时，杜山忽然听说，那四家人是靠陈佐捏造出一户假人才得以过关的。他大为愤怒，如果当初陶、陈二人没有收取贿赂，如果王廷用没来敲诈，他说不定能完成自己的解额，不用受这么多罪。

这两个人是罪魁祸首，拼上自己破产，也不能饶过他们！杜山暗暗下了决心，可是县里有王主簿一手遮天，要告，只能去成都府里投诉。

可告官也不是那么容易。杜山的案子已有了定论，想要翻案太难，而且也没什么可翻的，他确实没完成。得选一个好切入点，才能引起上级高度重视。

杜山大概得了一位高人指点，他向成都府提告的状子，对自己的事只是约略一提，重点放在了"李代桃僵"这件事上。他控诉陈佐这个刁吏，明知胡知县前来盘查钱粮，仍收取贿赂，伪造户籍，替那四户遮掩罪行。

这一招特别狠。领导不介意你糊弄百姓，但非常介意你糊弄他。平日鱼肉百姓也就算了，上峰来查账也敢弄虚作假？也太不把成都府放在眼里了。

这一剑，就戳到了要害。

杜山的招数不仅如此。他在状纸里还特意提了一句，说彭县上一任杨知县，曾经打算要革除陈佐、陶成、王廷用、刘本敖等人，结果反被他们联手陷害而死。这些人至今仍逍遥法外，剥害乡民。

这一招就更狠了。

这几个人到底有没有陷害杨知县、怎么陷害的，后人永远不可能知道了。但这种事情，在当时很有可能发生。

知县是科举出身，精熟典籍，却未必了解庶务，何况他又是流官，干几年就要调走。胥吏们虽然地位卑贱，却深谙乡情，彼此抱团，把持着大部分基层政务。所以在县衙的生态圈里，胥吏集团可以和县太爷相颉颃。真逼急了，胥吏们施展手段，甚至可以把知县生生逼走。

在崇祯朝的广州府新安县，曾有过这么一个案例：新安县里有个胥吏叫陆荣祖，想要谋求一个职位，可负责选拔的承行吏员陶一魁秉公行事，拒绝了他的要求。陆荣祖大怒，竟然活活把陶一魁殴打致死。这么一起严重的人命官司，新安知县居然不敢管，生怕得罪了陆荣祖。直到苦主上告广州府，凶手才得以伏法。当时的广州府推官颜俊彦在判决里感慨："吏之如虎也，令之如羊也。"可见有时候知县也是弱势群体。

《吏治悬镜》里对胥吏的凶悍，描述得更加精准："本官稍有瑕疵，辄指为把柄，讲呈说告，恐吓多端，卖访勾窝，陷害无罪。于是长厚受其挟制，莫敢伊何；严刻者化为痴呆，惮于用罚。"

知县上任，往往会带至少两个师爷幕友，一个精通刑名，一个精通钱粮，分派到六房，就是为了从胥吏手里稍微夺回主动权。

不过胥吏欺官这种事，很少会拿到明面上来说。朝廷体面还要不要了？官员威严还留不留了？杜山一纸状书戳破了这一层窗户纸，直接指控陶成、陈佐等几个人欺官，操控县治，连知县都坑死了。结果整个案子从一桩贿赂小事上升到了"彭县还姓不姓朱"的问题，不由得上峰不上心。

这一份状书，于嘉靖二十九年十月二十三日递交给成都府。

一般来说，此类案件会交由成都府推官负责审理。不过推官业务很多，未必每天都在，因此在这之前，公堂还有一个预审环节。

成都府的公堂，每天会有两名刑房吏员值守，一个叫直堂吏，一个叫直印吏。直堂吏负责预读上交的诉状，初步判断其性质，并签发牌票，召唤涉案人员等；直印吏则负责记录公文往来，他的手里有一个簿子，上面写今天哪一房收到公文几道，用了几次印，有几封诉状上交，有几道牌票发出，等等。两者互相配合，也互相监督。

二十三日这一天，值班的直堂吏叫杨汉采。他收到杜山的诉状，先读了一遍，并没有急着转交。这个指控很敏感，不能偏听一面之词。推官老爷就算要审，也得等原告被告到齐了再说。直堂吏的主要工作，就是预先把相关人等材料准备齐全，让老爷可以直接升堂断案。

于是杨汉采当堂写了一道牌票，交给防夫刘景高——防夫也是一个役职，可以视为保安与邮递员的合体——让他在本月二十五日之前赶到彭县，把陶成、陈佐等人提到成都来问话。

刘景高拿着牌票，一路从成都赶到彭县。二十五日他一进县城，迎头就看到两个衙役走过来，看穿戴，一个是快手，一个是皂隶。他们俩特别热情，说设下了宴席，非要拽着刘景高去吃酒。刘景高问他们俩是谁，两位自我介绍了一下，一个叫刘本敖，一个叫王廷用。

原来杜山上告这事，早就被陶成、陈佐发现了。两个人很惊慌，成都府不是他们的势力范围，断然不能去。好在他们熟悉政务，知道成都府一定会派人来提审问话，只要把这个持牌票的人多拖住几日，说不定就能把这事给拖没了。

于是陶成把刘本敖、王廷用叫过来，让他们二人等在县城门口，专等刘景高抵达，务必死死拖住。刘、王久在公门做事，对这一套惯熟得很。他们在城门附近找了一处房子，弄了半坛子酒、两斤肉还有一盘面，等着刘景高到来。

刘景高不过一介防夫，平时也是有一顿没一顿的，看到有人设宴款待，自无推辞之理。三个人在房子里推杯换盏，吃得十分尽兴。言谈之间，刘本敖听出来这位防夫颇好女色，心里立刻有了一个主意。

他假意殷勤，请刘景高去自家安歇，然后直接敲开了对门的门。刘本敖的对门住着一个小媳妇赵氏，闺名叫八儿，平时生活不怎么检点，跟刘本敖有一腿。刘本敖给了赵氏五分银子，要借她美色来羁留来人。

刘景高在刘家舒舒服服睡了一宿，次日起来，准备拿牌票去衙门提人。刘本敖却说不急，拽着他去了赵氏家里喝茶。收了银子的赵氏稍一撩拨，刘景高立刻把持不住了，当晚便奸宿在她家里。牌票哪及白嫖好，办事不如办人忙，从此深陷温柔乡中，此间乐，不思蜀。

刘景高不光免费享受美色，还不停地问刘本敖他们要钱。于是陈佐出了一两五钱，陶成出了一两二钱，王廷用、刘本敖各自出了一钱，凑了二两九钱，送给刘景高。刘景高给了赵氏五钱买吃食，自己留下了二两四钱在身上，日子过得美美的。

这边厢刘本敖用美色拖延，那边厢王廷用偷出成都府的牌票，仔细研读了一下，发现一件怪事：这个牌票上面，陶、陈、刘、王等人俱在其上，可是唯独缺了王廷美的名字。

前面说了，王廷美是王廷用的亲戚，之前借陶、陈之力进了户房，也属于这个小集团成员之一。不过最近几年因为一些琐事，王廷美跟他们的关系并不算和睦。

王廷用一直怀疑，杜山一个泥腿汉子怎么知道去成都府上告，诉状怎么写得如此犀利？一定是有精通刑名之人从中指点。如今看来，八成就是王廷美，不然怎么牌票上没他的名字？

好哇，你做初一，我做十五，别怪我不顾亲戚情面。

王廷用大怒之下，向陶、陈二人说明真相，那两个人又连忙禀明主簿王仲杰。几个人头碰头，想出一个坏主意。在这之前，正好有彭县乡民控诉衙门小吏私收纸罪银五钱四分，王仲杰直接把这个罪过栽到王廷美头上，不容申辩，直接打了他二十大板，投入牢狱里。

这一招釜底抽薪，断绝了杜山的法律咨询之路。没有王廷美支着，一个老百姓能折腾出什么花样？

一来二去，时间进入了嘉靖二十九年的十一月份。赵氏再漂亮，刘景高也睡得差不多了，无论如何要提人回成都了。十一月初一，刘本敫在街上溜达，琢磨着该用什么办法继续拖延。他忽然一抬头，看到自家一个亲戚。

这个亲戚叫鄢乾，跟刘本敫是表兄弟，家里尚算殷实。早在嘉靖二十五年九月，家里人出了十五两银子，给鄢乾捐了一个彭州司狱司的候缺吏，那一年他才十二岁。

地方吏员的选拔，一般有三种途径。一是佥充，即选拔有文化的民间百姓，轮候任职，陶成、陈佐、王廷美就是这么进来；二是通过罚充，即把犯了过错的生员、举人、监生等读书人，罚为小吏；从景泰年之后，还多了一个选项，叫作告纳，说白了，就是所谓捐钱买职。

到了嘉靖年间，告纳变得非常泛滥，年龄、能力什么都不考核，交钱就给。当时的价格是，州县典吏二十两，卫所典吏十五两。所以鄢乾捐了十五两银子，遂以十二岁冲龄成了公务员。

鄢乾在彭县候缺了几年，转任成都府，仍为司狱司候缺吏。到了嘉靖二十九年，鄢乾不过是个十六岁的少年。这一年的十一月，他刚刚轮完值，请假返回彭县，打算问家里要点零花钱。

刘本敖一看是他，大喜过望。这个表弟在成都司狱司，正好能用得上。于是刘本敖热情地拽着鄢乾回到家里，吃喝一通，然后提出了要求。

他希望鄢乾能利用手里的职权，把成都府催问的牌票再拖上一拖。当然，亲兄弟，明算账，陶、陈、王几个人凑了三两七钱银子，给鄢乾作为酬劳。鄢乾却碍不过亲戚面子，自家又有钱拿，便欣然答应下来。

这事果然办得及时。

十一月初三，杜山见久提人犯不到，再次上堂提告。成都府于初四发下第二张牌票，交给一个叫杜廷玉的差役，去彭县拘人。也恰好在同一日，鄢乾匆匆赶回成都府销假。

不过鄢乾是在司狱司，没法直接干预牌票。他走到四川布政司衙门前的洗墨池街，撞见一个老同僚。这同僚叫黄德，在成都府户房做吏，两个人平日关系不错。鄢乾想到，杜山的案子事涉钱粮，一定会落到户房做审验，便问黄德，能不能请他在户房拖延一下。

黄德当时的表情应该很骇异。这个年轻人胆子太大了吧？事涉钱粮，多大干系，他怎么就敢在布政司门口随意谈论？黄德有心推辞，说户房里没看到这件案子的案卷，估计还留在一堂，没有落房。

他是个老成持重的人，有心劝了鄢乾一句："本府老爷法度甚严，你年小不知利害，快莫坏事。"

黄德这句话，绝非虚言恫吓。因为此时担任成都知府的官员，叫蒋宗鲁。

蒋宗鲁是贵州人，普安卫军籍出身，是有史以来普安州第一个进士。此人能文能武，行事极端方。驻守成都时，蒋宗鲁每逢初一、十五日，总要焚香起誓，诵读祷词："贪婪害民，天必谴之；忠君爱民，天必佑之；有利即兴，有弊即革，凡我僚属，相以勉之。"

这个不是政治作秀。蒋宗鲁在成都知府任上一直兢兢业业，做了很多实事。后来他转任云南，严嵩要当地运输大理石入京做屏风，他深感民众负担太重，愤而上了一封《奏罢石屏疏》，冒死直谏。这事终于作罢，他也因为得罪了严嵩，被迫告老回家。

赶上这么一位有风骨的上司，你还想舞弊挑事，疯了吧？

说完这话，黄德便离开成都出差去了。鄢乾对蒋老爷心存忌惮，有心把三两七钱贿款退还刘本敖，可他有本职责工作，不敢擅自回彭县，便把银子留在办公室内，寻思着下次回家捎回。

这边黄德办完差回来，心里可犯了难。按道理，他既然知道了这个行为，应该立刻举报。可这样做，等于跟鄢乾结了仇。可不举报，万一鄢乾真是失心疯，收了钱去拖延了牌票，事发一审，他也会落得一个知情不报。黄德心下犹豫，便去堂前查了一下，看这案子到底办得如何了。

一查才知道，还好，鄢乾没办成这事，黄德也就放下心来。

这时成都府发出了第二张牌票，由杜廷玉前往催促彭县提人。彭县这边一看催票要到，陶、陈、刘几个人急得像热锅上的蚂蚁。他们久知蒋宗鲁的威名，知道自己若去了成都府，事情怕是要坏。他们商量不出结果，决定去找主簿王仲杰拿主意。

谁知这些人走在街上，无意中被杜山的老婆陈氏看到了。

陈氏对自家丈夫的官司很上心，一看牌票里要提的这些人居然还敢在街上闲逛，上前一把抓住刘本敖去王仲杰那里见官。王仲杰自然是偏袒自家小弟，把陈氏打了一顿，撵出公堂。杜山听说以后，心里更是恼怒，等着第二张牌票到彭县，有你们好看。

说话间，杜廷玉抵达了彭县。代理县事的主簿王仲杰痛快地接了牌票，派出一个叫刘兴二的快手，赶往杜山家里。刘兴二先吆喝杜山请他吃了一顿酒肉，然后将其当场锁拿，送进了县狱里头。

等会儿，牌票上要提的不是陶、陈、刘、王四个人吗？抓杜山干吗？

因为杜山是整个案子的源头，必须先把他控制住，然后才好幕后操作。王仲杰老于宦海，深知关键所在。他明面上催促刘兴二继续去拘拿另外四个人，做做样子，暗地里却安排这四个人尽快脱罪。

怎么脱罪？

陶成、陈佐二人当晚找了本县的三个平头百姓，分别叫高汝冲、赵伟和段自成。陶、陈在赵伟家摆下一桌酒席，请三位吃饱喝足，然后说出了脱罪的计划。

首先陶、陈二人会设法说服杜山承认是诬告。既然是诬告，这个案子自然也就撤销了。

可是撤销之后，杜山所积欠的解粮和罪谷，还得如数交清。杜山显然出不起这个钱，接下来高、赵、段三人会站出来，说我们平日跟杜山关系良好，情愿替他缴纳解粮和罪谷，替他免罪。

这笔粮食，亦不用他们三人真出。陶成、陈佐各出十四石二斗五升，刘本敦、王廷用各出五石，凑出三十八石五斗，恰好可以抵消杜山积欠的二石五斗解粮和三十六石罪谷。

换句话说，这几个人打算花钱免灾，自己掏腰包把缺额补上，换杜山闭嘴。这个方案代价不菲，可为了避免触怒蒋宗鲁这尊大神，他们也只得忍痛出血了。

杜山被关在彭县监牢里，吃了不少苦头。他听到陶成、陈佐提出的方案之后，虽然心中不爽，可这已是能争取到的最好的结果，只好点头同意。几方面都疏通好了之后，陶、陈先去禀明主簿王仲杰，说杜山自承诬告，自愿销案。然后段自成出面，把杜山从监狱里保出来，表示愿意交粮赎罪。

这一套手续做得滴水不漏。王仲杰和刘兴二解释了几句，说案子是一场误会，县里已经解决，让他不必提人。一场危机就此弭平。

可让彭县小集团没想到的是，这边刚安排妥当，那边又出事了。

事情出在刘景高身上。

他贪恋赵氏八儿，一直滞留彭县不归，这引起了成都府的关注。当初发下牌票的直堂吏杨汉采一查记录，发现十月二十三日发出的牌票，到十一月中还未缴还，持票人刘景高也一直没回来。杨汉采当即又发出一张牌票，派出成都府直属的快手王童生，去拘刘景高的歇家张万益。

歇家在明代是个特别的职业，营业范围很宽泛，举凡生意买卖、说媒拉纤、荐工借贷、诉讼写状之类的都能做，可以说是一个代办各类业务的公司。尤其在官府事务上，歇家很重要。比如老百姓告状时，得有歇家作保，官府才收你的呈状；比如官府收押犯人，怕监狱条件太差囚犯死掉，就由歇家作保领回去关着；再比如官府要解送或提审人犯，歇家可以包当防夫或解户，为其押送犯人作保。

刘景高和张万益的关系，就是最后一种。张万益是解户歇家，是他推荐的刘景高担任防夫，负责官府的各种解送任务，张万益则为刘作保。现在刘景高迟迟不归，官府自然要找张万益的麻烦。

可惜张万益外出未归，于是成都府派了一个叫刘永敖的水夫，把他母亲章氏锁拿关入府仓。章氏在里头战战兢兢地待了好几天，直到蒋知府清理仓犯才放出来。张万益回来以后，看到母亲如此遭遇，吓得魂飞魄散，只好承诺要亲自去彭县找那个浑蛋。

经过这么一闹，成都府想起来了，怎么彭县要提的犯人还没到？本府第一次发牌票没到，是因为刘景高失踪，情有可原；可本府明明派刘兴二送去了第二道牌票，怎么还是寂静无声？

结果，成都府又发出了第三道牌票，由一个叫齐表的快手持票，会同张万益一起，迅速前往彭县查看刘景高的下落，兼提人犯。

这一次牌票，谁也躲不过去了。

张万益把刘景高从赵氏闺房里拎出来，气哼哼地往成都拽。齐表还要把涉案四人带走，可王仲杰出面解释，说案子已经销了，要不我派他们去成都府解释一下吧。

于是在十一月二十六日，陶成和陈佐分别派了堂侄陶田、父亲陈春，会同张万益、齐表、刘景高先去成都。陶、陈、刘、王四人承诺晚一日即至。

这一行人抵达大安门内，陈春、陶田主动花了六分银子，在一户叫王台的酒家里买了一坛酒，请刘景高、齐表、张万益喝。喝完以后，这一行人来到铁五显庙街，寻了一处旅店投宿。到了二十七日，刘、齐、张三人来到承流坊下，等着陶成他们到来。

这时刘永敖，就是拘捕张万益母亲的那个水夫，跑过来，责问刘景高为何这么晚才回来，从成都到彭县也就一天路程，你拖延了整整一个月。刘景高面不改色地解释，说那些人犯俱各有事，我得等人凑齐了，才好回来缴牌。

刘永敖说我为了你这事，几次被上司责问，你得赔我点人情。刘景高本不想给，可是他的歇家张万益坚持让他给，他只好从陈佐贿赂自己的银两里分出四分，给了刘永敩。张万益表示为了你的事我妈也去牢里待了几天，你看着办。刘景高只好又吐出两钱五分，算是给章氏压惊。

刘景高打点完这些人，继续站在承流坊下等。可左等不来，右等不来，陶、陈、刘、王都不见踪影。他起了急，只好再返回彭县，继续催提。那四位却一点不急，反正杜山那边也打点好了，粮食都补缴了，再拖几日，一俟粮食入了府库，账簿一平，这事便能抹个干净。

摆平了刘景高，这几个人松了一口气，觉得有惊无险，这趟麻烦算遮过去了。可陶、陈二人万万没想到，在这个节骨眼上，手下那两个闲汉却坏了事。

前面说了，他们四个人合资替杜山还了那笔粮食，其中刘本敩、王廷用各出了五石。这俩货平时只吃不吐，这次被迫割肉，简直心疼到不行，觉得必须从别处找补回来。于是他们俩又跑去恐吓王廷美，说他犯了侵收纸银的重罪，讹了三钱五分银子、价值六钱的十二斤茶叶、价值三钱七分的八斗黄豆。

要说王廷美也挺无辜的，好好在户房干着，只因为被人怀疑是杜山的幕后推手，便被打入监牢，吃了几天牢饭，还被刘本敩、王廷用几个宵小反复敲诈，出血甚多。

泥人也有土性。王廷美愤愤想到，你们不是怀疑我唆使杜山去告状吗？行，爷这次就亲自去告一回！他径直跑来成都府，把陶、陈二人强迫杜山承认诬告，又找了三个人替他补粮的勾当，一股脑全说了出来。

这次接状的，仍是直堂吏杨汉采。他一看，咦，这案子有点眼熟，好像是之前那桩久提人犯不到的杜山案后续。杨汉采觉得这事自己没法自专，上报给了知府蒋宗鲁。蒋知府一看，好嘛，钱粮这么大的事，你们都敢肆意篡改挪移，还有什么事干不出来？简直视《大明律》如无物！

蒋知府异常震怒，亲自做了批示。仍由杨汉采写了一张牌票，派人再去彭县提人。这一次成都府派的是正经差吏，而且要即提即走，不得耽搁。

这么大动静，成都府内部先传了遍。鄢乾很快听说蒋知府震怒，非常惊慌。倘若刘本敩把行贿之事说出来，自己必然不保。他猛然想起，刘本敩给自己的贿银三两七钱还扔在办公室，赶紧跑回去拿。

拿到了银子之后，鄢乾不知该怎么处理。他思前想后，居然想出一个令人匪夷所思的计策。他趁着晚上公廨无人，偷偷把这封银子扔到户房黄德的桌子上，要行栽赃嫁祸之事。

黄德原本出于好意，没去举报，却没想到农夫碰到了蛇，反而要被鄢乾陷害。好在黄家有一个亲戚黄春童恰在附近，看到有人影扔下银子在老爷桌上就走，心中生疑，紧追过去连问是谁。鄢乾不敢回答，只得闷头跑，跑到库楼下面时，一不小心，自己头上的吏巾掉落在地。

吏巾不是头巾，是吏员专用的软帽，平顶露额，正中一道折，背面一对乌纱帽翅。这种帽子的主体是庶民样式，但又多了一对官员用的帽翅，正好符合吏在官民之间的地位。

黄春童当即把这吏巾捡起来，连同那一封银子送到户房收好，然后把黄德叫过来。黄德一看，便知道是怎么回事。他对鄢乾再无什么愧疚之心，把这两样东西直接交到了知府蒋宗鲁手里。

蒋知府闻言，立刻派人将鄢乾收押审问。这个鄢乾别看只有十六岁，心思却颇歹毒，自己都已经陷进来了，还要胡乱攀咬，说陈佐的父亲陈春送了杨汉采白银七钱五分云云，结果这谎话当场被揭穿。

蒋知府把鄢乾收在监狱里，又追了一道牌票到彭县，叮嘱务必拿涉案人员到府。

两道知府亲发牌票相继抵达，在彭县的影响力堪比炸弹。这一次再无侥幸，陶成、陈佐、刘本敖、王廷用以及陶田、陈春等人，乖乖被解到了成都府。

成都府调来杜山、王廷美的诉状，一一审问，很快把所有的事情都审了个清楚。陶、陈、刘、王四人要挟杜山自承诬告之事；刘、王二人诬告讹诈王廷美之事；刘本敖贿赂鄢乾之事；刘本敖等贿赂刘景高阻挠公务之事；陶、陈将四个解户捏成一户欺骗胡知县之事；陶、陈二人敲诈六十二个解户之事；甚至连刘本敖、王廷用两人买闲，王廷美越次争参等旧事也被翻了出来。

蒋知府没想到，区区一件解粮案，牵扯出这么多隐情。若无上官庇护，这些人岂能在彭县如此嚣张？他立刻发下一道措辞严厉的文书，责令彭县主簿王仲杰来府上问话。

其实蒋宗鲁并没打算把案子办到主簿这一级，彭县知县、县丞一直空缺，主簿再落马，县里群龙无首了。所以他在文书里还特意说了一句"如查无干，即放供职"。

可王仲杰的心理素质实在太差了。陶、陈等四人被解往成都府以后，他惶惶不可终日。蒋宗鲁的文书一送到，成了压垮骆驼的最后一根稻草。嘉靖二十九年十二月初三夜里二更时分，堂堂的彭县主簿王仲杰居然绕过成都府派来的耳目，翻过衙门后墙跑了。

这可真是多少年都没出过的奇闻。

成都府没奈何，只好先把其他相关人等拘押起来，解送府上。

又是一轮审下来，把陶、陈等人多年来敲诈勒索的一桩桩事情全抖搂出来，王仲杰庇护纵容刁吏的事情也被相继揭发。这个彭县小利益集团的积年龌龊，终于被完全掀开。

等到了这桩案子审结之时，一共有十八个人被判刑。除了陶、陈、刘、王四名主犯之外，还有那四个未完解粮的解户，那三个自愿替杜山赎买的百姓，彭县主簿手下的几个小吏，成都府先后派去彭县提人的几个防夫、快手、水夫，包括陪刘景高睡觉的赵氏八儿、受贿栽赃的鄢乾、被刘景高连累的歇家张万益，连苦主杜山与王廷美，都被关起来了——他们俩一个解粮未完，一个当初贿赂主犯越次进入户房，这些罪行不会因为他们是受害者而免除。

所有涉案人犯里，最无辜的要数那位户房老吏黄德。他虽然举报有功，可在审理中发现，他当初听见鄢乾徇私的要求，没有及时报官，也要判罪。

这件案子虽然涉事甚繁，但内情不算复杂。很快成都府推官便宣布了判决结果：陶成、陈佐两人，杖一百，徒三年，而且要先在衙门前站枷号一个月，以儆效尤；刘本敖罪减一等，杖八十，徒两年；王廷用再减一等，杖七十，徒一年半。不过刘、王二人最终免去了杖刑，代价是发配到附近的卫所，终身充军。

赵氏八儿、杜山、刘景高、张万益等十几个人，分别判处杖八十，但允许用钱粮折免。只有王廷美和黄德，他们虽然犯律，但情节轻微，态度又好，蒋知府法外开恩，将他们无罪开释了。

至于鄢乾，他先被判杖八十，然后被褫夺了候缺吏的身份，革役为民，这辈子也别想做官吏了。

这个判决，应该说是很公允的。毕竟案子里没闹出人命，涉案金额也不大。人犯们忙来忙去，都是几分几钱地抠着银子，最大的一笔赃款，也不过陶、陈向那六十二个解户索要的四两九钱六分……

有意思的是，在这份档案后，还附了一份"照出"。

"照出"里开列的，是犯人需要承担的诉讼费用——术语叫纸银——以及各种赃银的最终去向，每一个人都不一样。比如鄢乾、黄德等人，得掏纸银二钱，其他彭县犯人要掏纸银一钱。"照出"里还特意写明，刘本敫贿赂鄢乾的那三两七钱银子，由黄德上缴，充入府库。

一干费用，算得清清楚楚。

唯一在逃的犯人，只有一个前彭县主簿王仲杰。这位腿脚挺灵便，出逃之后，成都府一直没逮住他。蒋知府没办法，给王仲杰的原籍西安府行了一道公文，提请当地有关部门注意，一发现他的踪迹，立刻拘拿。至于后来到底王仲杰有无归案，这个就实在不知道了。

纵观这一桩彭县窝案，案情一点也不曲折离奇，也没什么诡谲凶残的情节，动静只限成都一府一县。但它相当具有代表性，我们从中可以清楚地看到明代胥吏们的日常生态。

从户房的算手到府衙的防夫，从公堂上的皂隶到奔走乡间的快手，只要有那么一点点权力在手，他们便会挖空心思，在每一个细处寻租，从每一件政务里讹诈。更可怕的是，这几乎已成为一种不假思索的习惯。陈佐得知胡知县查侵欺案时，第一反应不是惶恐，而是借机敲诈杜山；刘景高奸宿之余，还不忘问刘本敫讨要零花钱；刘本敫、王廷用补交了赔款之后，一定要再勒索王廷美来找补；就连负责催促牌票的小角色刘永敫，见到刘景高回成都之后的第一个反应，就是问他讨要辛苦费。

整个案子里，充满了小人物挥舞着小权力的身影。

胥吏之害、之贪，在这么一件普通案子里可谓表现得淋漓尽致。

这是一种细致无声而又无处躲藏的恐怖，驱之不尽，挥之不去。你的生活，随时可能处于威胁之中；你辛苦积攒的钱粮，随时可能被啃噬。这个案子，被蒋知府雷霆万钧地打灭了，可陶成、陈佐这样的胥吏，在全国每个地方都有。

他们密密麻麻地攀附在各地府县的底层，肆无忌惮地剥害生民。不是每一个人，都有杜山那么好的运气。

所谓青蘋之末，即指于此。

按照惯例，最后还是要说说史料来源。

这个案子，是我在《四川地方司法档案》里翻出来的，编号九十一号。这套资料特别有趣，它以《明嘉靖年钱粮册》和《四川各地勘案及其他事宜档册》为基础合编而成，里面是嘉靖二十八年（1549年）至三十年在四川布政司各地办理的案子，一共九十八件。按照规矩，地方办完的每一件案子，都要提交布政司留底，因此得以保存下来。

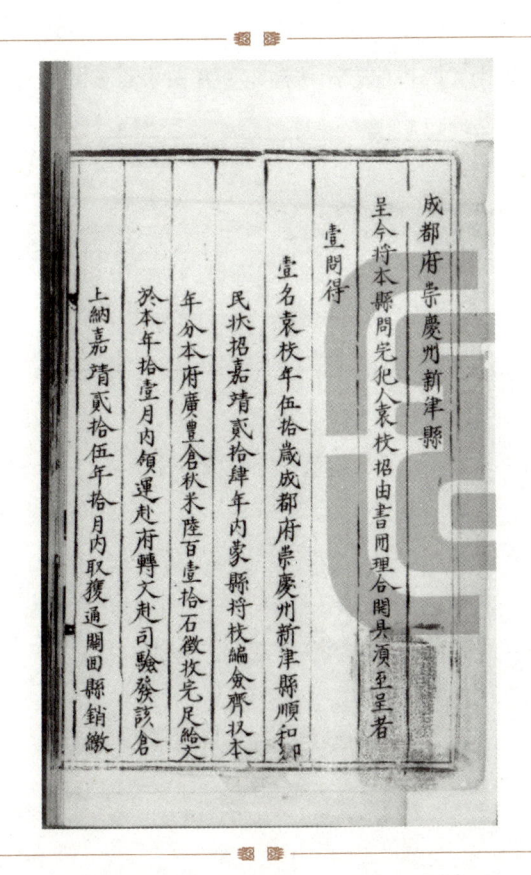

图五·1《四川各地勘案及其他事宜档册》书影（藏于国家图书馆）

档案里收录的，全是当时官府判决的司法文书原件。四川的司法官吏们的态度很严谨，每一份案卷记录都非常详尽，细节充实，很多案情经过跟写小说似的。本文里提及的细节，不是笔者脑补，而是皆来自这些记录。比如鄢乾在布政司衙门前的洗墨池街遇到黄德，有地点，有对话，有心理活动，看似小说，其实是出自当时的供状。

　　这些案子都不是大案，案情也不曲折，但我们从中可以看到四川官吏和平民的日常生活、经济物价、风土人情，甚至还能看到很多当时社会上的潜规则。不记得19世纪哪位法国小说家说过，想要了解一个社会的形态，去法院里坐几天就够了，那里是最容易看到人生百态的地方。《四川地方司法档案》也有相同的功效。

　　感谢那些保留下《四川地方司法档案》并做了点校的学者，大明底层社会的鲜活，就藏在这里。

正统年间的四条冤魂

《都公谭纂》里记载了一个司法故事，至今读之，仍叫人心惊。

正统年间，北京有个忠勇前卫的百户，叫杨安。杨安的老婆姓岳，长得很漂亮。有一个锦衣卫校尉垂涎她的美色，想要侵犯，结果没能得逞。半年以后，杨安染疾而死，怀恨在心的校尉跳出来，指控岳氏谋杀亲夫。他有鼻子有眼地编造说，岳氏早和她的女婿邱永有染，杨安得病之后，这一对奸夫淫妇通过邻居郝氏找来术士沈荣，把符纸烧成灰混入汤药中，害死了杨安。

按《大明律》，妻妾谋杀亲夫，要判斩决；如果杀人动机是与人通奸的话，则会被判处凌迟之刑，奸夫一并处斩。比如说湖南曾经有个案子，有一对兄弟袁应春、袁应节，弟弟袁应节和大嫂丘氏通奸，被袁应春撞破了。丘氏大怒，把袁应春灌醉杀死，烧屋掩盖罪行。后来东窗事发，丘氏被判凌迟，袁应节虽然没参与犯罪，但也以奸夫罪名被砍了脑袋……

可见在大明，"伙同奸夫谋杀亲夫"是至为严重的大案。锦衣卫校尉诬告这个罪名，可谓阴毒到了极点，直接要人绝户。

此案事涉人命，顺天府第一时间将岳氏、邱永、郝氏、沈荣四人收押。四个人在牢狱里自然大叫冤屈，可官府偏信了校尉的证词，动了刑，将四人屈打成招。

依律这几人都要判死刑，不过大明对死刑案一向很重视。顺天府虽然受理此案，但无权裁定，得把人犯以及卷宗移交中枢，由刑部、都察院、大理寺三轮覆审。三个部门一致同意了，再请皇帝来勾决。有了刑科奉旨签发的驾帖，才能执行死刑。

杨安这个案子,先被移交给都察院,御史覆审之后,认定死刑得当,又交给刑部,也是同样意见。可到了大理寺这儿,却卡住了。

也算岳氏等人运气好,这一年大理寺的主官叫薛瑄。薛瑄这个人来头不小,他上承朱子理学,号称"开明初道学之基",所开创的河东学派,后来甚至发展到可以与阳明学并称"有明两文脉"。

除了学问,薛瑄做官也颇有手段,以光明俊伟著称。他曾只身前往湖广银场,硬是把当地弊案荡涤一空。总之,这是个正直、靠谱而且颇有手段的官员。

在正统六年(1441年),薛瑄被任命为大理寺少卿,正好接到了杨安案的覆审。他本着负责任的态度,仔细研究了顺天府的审问卷宗,发现岳氏的供词前后不一,也和其他人的供词细节对不上。薛瑄一看就明白了,这显然是屈打成招啊。

大理寺号称慎刑,职责就是要对刑部的判决进行审查,如果有"情词不明或失出入者",有权驳回刑部要求再议。于是薛瑄立刻将此案驳回,让刑部再琢磨琢磨。刑部很快发回,说覆审没问题。薛瑄一看,不行,又一次驳回,赫然形成了拉锯战。

刑部还没说什么,都察院可不高兴了。这个案子,刑部和都察院都已批准了,你们大理寺不批,那就是说我们两部工作没做好呗?为了这事,都御史王文跑到大理寺拍了好几次桌子,薛瑄却岿然不动,驳回如旧。

王文这么动怒,是有原因的。

当时权倾朝野的,是大明第一位权宦王振。薛瑄刚就任大理寺少卿时,王振想拉拢他,给他送了贺礼,结果被谢绝。杨士奇劝薛瑄好歹登门拜谢。薛瑄眼皮一翻:"我是朝廷授予的官职,谢私人算什么道理?不去!"甚至上朝的时候,别人看见王振都行跪拜礼,薛瑄拱拱手,就走过去了。

都御史王文一直和王振走得很近,从他看来,薛瑄卡这个案子就是为难自己,为难自己显然就是打王公公的脸啊。再者说,这件案子的首告是锦衣卫的校尉,而锦衣卫的头头马顺也是王振的人。薛瑄说这案子有问题,那就是说锦衣卫校尉不靠谱,锦衣卫校尉不靠谱,那自然是说马顺管理不利,也是扫王公公的面子。

说薛瑄有意针对王振，不至于；但说他不肯和阉党沆瀣一气，倒有可能。

反正他连王振都不甩，更不会怕王文。任凭对方如何拍桌子，薛瑄一支大笔，就是不落下去批准。案子陷入僵局。

大理寺一部独扛刑部和都察院的压力，时间久了，也颇有吃力。薛瑄有一个手下的评事，叫张枙，一看这么下去也不是个办法，出了一条妙计。

张枙说在宣德年间曾经有一个死刑案，也是大理寺和刑部打拉锯战，谁也不肯松口，最后干脆请出皇上来裁定，结束两部争端。薛瑄觉得不错，立刻上奏正统帝，说这个案子有疑难决，三司意见不同，请皇上您睿断定夺。

正统皇帝一点都不傻。你们底下都弄不清楚的案子，朕怎么"睿断"啊？你们这是把决策责任的大锅甩给朕啊？于是他一脚把锅又踢下去了："着都察院老成御史一员，体访得实来说。"

朕可不下结论，你们派人去查吧，查明白再上奏。

于是都察院派了一个叫潘洪的御史，重新去查杨安案。潘洪应该和都御史王文不是一路，居然很认真地做了调查。这位"明朝柯南"仔细比对犯人供词，又左邻右舍打听了一圈，还把经手医师找来细细询问，最后得出结论：杨安半年前得了泻痢，久病不愈，就吩咐岳氏通过邻居郝氏找来术士沈荣，在家里作法驱逐邪魔。半年之后，杨安病死。锦衣卫校尉所说通奸、谋害之事，纯属捏造。

潘洪把报告递交朝廷。正统帝一看，事实简单清楚，证据确凿，没有可疑之处，就下旨说既然是冤枉的，就都放了吧。

为这么一件小事，还得劳动皇上下两道旨意，下面都这么办事，皇上还有时间干别的吗？正统帝不大高兴，说这案子最初是谁审的？刑部是吧？经手官员罚俸三个月。

刑部很委屈，说都察院在覆审时是下属的四川道负责审犯人——这个"四川道"只是机构名，不是只负责四川的案子。我们没查明真相，他们也没有啊，要罚大家一起罚。都察院一听，好，这案子首告是谁来着？锦衣卫的校尉，都是他惹出来的事，锦衣卫也得罚。

三四个部门互相攀咬，咬出长长一串责任人来。正统帝觉得这事打击面有点广，把话吞回去了，全数宽宥。

本来到这里，杨安案就算是完满大结局了，可突然平地里又起了一阵大波澜。

锦衣卫指挥使马顺觉得自己真是躺着中枪，明明什么坏事没做，却被牵连进这个案子，还差点被皇上罚了俸禄。

尤其这事还是自己的仇家薛瑄搞的，马顺就更气不过了。

就在前不久，锦衣卫爆出过一件丑闻。有个指挥去世，留下一妻一妾。王振有个干儿子叫王山，在锦衣卫供职。王山想把这个指挥的小妾娶回去，可按礼法，得指挥的正妻贺氏同意才行。贺氏说老公去世不满三年，你孝未服满就想改嫁？不许。这个妾在王山挑唆之下，诬告贺氏用巫术咒死了自己老公——和杨安案如出一辙。

王山是王振的干儿子，这种事打点起来轻而易举，直接把贺氏送进了都察院，很快就审出一个死罪。到了大理寺这儿覆审，薛瑄果然又给拦下来了，认为此案荒唐，予以驳回，还弹劾那些监察御史渎职，搞得都察院和锦衣卫特别被动。

这该死的薛瑄，如今还想再玩一次？

马顺越想越气，派人把那个校尉抓过来，一顿鞭子狠抽。校尉知道，自己若坦白诬告，只怕死无葬身之地，便死死咬住潘洪，说他奏事不实。

马顺一听，意识到这是个打击薛瑄的好机会。他是王振的党羽，稍一运作，就可以把潘洪打成欺君罔上之罪，远远发配到了大同威远卫。然后他又把岳氏等四人拽到午门之外，狠狠拷打。一边打一边审，硬是让他们四人第二次被迫认罪。

得了四人供词，马顺算是拿到了实锤，大理寺这是集体枉法啊。王振一党趁机动手。不到一日，薛瑄、张杭与右少卿顾惟敬、贺祖嗣、寺副费敬、周观等皆被拿下，整个大理寺的高级官员几乎全军覆没。他们被关在都察院台狱之中，由都御史王文负责审问。王文得意扬扬地下令鞭笞这些对头，好好报一下自己受辱之仇。

刑讯之下，饶是大理寺的官员也扛不住。最后被王文审出一个特别荒谬的结果：术士沈荣，是苏州府常熟县人，而顾惟敬、周观、张枆这几个官员也都是苏州人，为了包庇同乡，不惜作弊云云。

皇上一听还有这事，大怒，让锦衣卫把他们分别关押，单独受审。可怜这批大理寺官员才离狼穴，又入虎口。马顺对付他们，比王文更有办法，一边打一边让他们招出更多的人，株连甚广。

最无辜的一个，是大理寺的司丞仰瞻。他当时甚至不在京城，而是去淮上视察当地蝗灾。同僚周观被马顺打得实在挨不过了，把仰瞻也供了出来，说他也是苏州人。可怜仰司丞本来正忙着考察，突然被莫名其妙提回京城，直接下狱，严刑拷打。他熬不过去，只得莫名其妙地招供。

锦衣卫拿到这些供词，交给刑部议罪。刑部战战兢兢，哪里敢不从，很快拿出了判决：岳氏、邱永凌迟处死；郝氏、沈荣绞罪。仰瞻充军去大同，和潘洪一样，顾惟敬等官员连降三级。

至于薛瑄，同样问了死罪，秋后开斩。

薛瑄到底是一代宗师，气定神闲，在监狱里慢慢读着《易经》，被赶去探监的同僚称为"铁汉"。等到了午门会审时，他还有余力把主审官王文骂得无言以对。

整个朝廷，都被薛瑄的遭遇震动了。

马、王二人的作为，实在已过了官场的底线。原本观望的官员们，纷纷设法营救。在临近行刑之时，王振家的老仆人，做着饭忽然哭了。王振问他为啥，老仆人说："闻今日薛夫子将刑也。"

王振有点发怵，自家仆人都这样，外头舆论的态度不问可知。他是第一代权宦，经验不足，不敢犯众怒，便约束手下，没有继续追杀。这边态度消极，那边兵部侍郎王伟等人频频上书鸣不平，薛瑄自己也上书自辩。

双方一退一进。最后，薛瑄的死刑，在覆审时被驳回。他本身削官为民，回了老家。

至于其他被连累的倒霉官员，就不知下场如何了。

最可怜的，是那四个无辜百姓。他们平白蒙受冤屈不说，眼看碰到几个靠谱官员，可以脱罪回家，却因为朝廷斗争，重新堕入地狱，在极度痛苦和恐惧中死去。时人记录此案的笔记，多津津乐道于薛瑄与王振的斗争，却对这四个人鲜有关注。他们说过什么，他们想过什么，他们被拷打时有无求饶，临死前是什么表情，连一句控诉或呐喊都没有记载。仿佛这些人只是引发大案的若干棋子，仿佛这起案子，跟这些不幸的人已经无关。

土木堡之后，景泰即位。愤怒的朝臣们要求清算王振的罪孽，在午门将马顺活活打死，让他成为锦衣卫历史上唯一被殴打至死的指挥使。王振的干儿子王山，很快也完蛋了。

薛瑄很快被起用，先任南京大理丞，然后转北京少卿。

但讽刺的是，他却不如当年的仇人王文混得好。王文紧抱景泰大腿，坚决反对把英宗接回来，很快以吏部尚书、文渊阁大学士入阁，创了二品大臣入阁的记录。

薛瑄、王文两个人，在景泰年还交过一次手。景泰四年（1453年），苏州发生饥民抢粮事件。王文受命弹压，一口气抄了五百多户，抓了两百多人，统统以谋反罪名押解京城问斩。薛瑄又一次站出来，为这些人鸣冤。

王文无奈地表示"此老倔强犹昔"，只好惩处了为首的三四人，其他人都放了。

夺门之变发生之后，朝局又一次大地震。英宗复位，着手清洗旧臣。王文被诬谋反，和于谦一并处斩。

于谦之冤，天下为之不平，而王文之冤呢？

"文之死，人皆知其诬。以素刻忮，且迎驾、复储之议不惬舆论，故冤死而民不思。"

"冤死而民不思"意思是老百姓知道你是冤枉的，可是一点都不同情。王文能得到这样的评价，可实在是太讽刺了。

更讽刺的是，诛杀王文的圣旨，正是薛瑄亲自送过去的。其实薛瑄这时候并未挟私报复，反而极力营救，为此事也恶了皇帝，很快就告老还乡了。

不知道他们两个面对面会说些什么，会不会谈起许多年前，那四个无辜的冤魂。

图书在版编目（CIP）数据

显微镜下的大明 / 马伯庸著 . — 长沙：湖南文艺出版社，2019.1（2024.12 重印）
ISBN 978-7-5404-8847-5

Ⅰ.①显⋯ Ⅱ.①马⋯ Ⅲ.①中国历史—明代—通俗读物 Ⅳ.① K248.09

中国版本图书馆 CIP 数据核字（2018）第 217286 号

© 中南博集天卷文化传媒有限公司。本书版权受法律保护。未经权利人许可，任何人不得以任何方式使用本书包括正文、插图、封面、版式等任何部分内容，违者将受到法律制裁。

上架建议：畅销·文化随笔

XIANWEIJING XIA DE DAMING
显微镜下的大明

作　者：	马伯庸
出 版 人：	陈新文
责任编辑：	薛　健　刘诗哲
监　　制：	蔡明菲　邢越超
出 品 人：	周行文　陶　翠
特约策划：	王　维　李　荡
营销支持：	刘斯文　周　茜
封面设计：	好谢翔工作室
版式设计：	李　洁
书名题字：	仓　鼠
内文排版：	百朗文化
出版发行：	湖南文艺出版社
	（长沙市雨花区东二环一段 508 号　邮编：410014）
网　　址：	www.hnwy.net
印　　刷：	三河市中晟雅豪印务有限公司
经　　销：	新华书店
开　　本：	700mm×980mm　1/16
字　　数：	327 千字
印　　张：	21.5
版　　次：	2019 年 1 月第 1 版
印　　次：	2024 年 12 月第 15 次印刷
书　　号：	ISBN 978-7-5404-8847-5
定　　价：	52.00 元

若有质量问题，请致电质量监督电话：010-59096394
团购电话：010-59320018